塚本式中国語仕事術

現場でそのまま使える
事例別
ビジネス中国語フレーズ集

塚本慶一
石田智子　著

ask

はじめに

北京オリンピック、上海万博など、中国が注目を浴びるイベントが増えています。中国が東アジアでの存在感を増す中、中国ビジネスも裾野が広がってきました。大企業から中小規模の会社・事業所へ、商社からメーカーへ、海外営業担当から国内業務担当者・技術者へ——中国進出、中国での仕事はもはや他人事ではなくなっています。

明日から中国出張、来月から異動・赴任、そんな話もよく聞くようになりました。また、中国を相手に仕事をしようとして、中国語をひとことも話さなかったらまったく相手にされなかった、ということもしばしば耳にします。また、姉妹書『中国語仕事術　やさしい会話』（アスク）を出版後、はじめの一歩を学習された読者から「現場ですぐに使える実践的な表現を学びたい」という声を多数頂きました。

そこで、

1. 国内業務の経験しかなく、今度初めて中国とビジネスをする方
2. 海外業務経験はあったが、中国ビジネスは初めての方
3. これまで英語や日本語だけで中国とビジネスをしてきた方
4. 中国語学習歴、中国語圏滞在歴はあるが、中国ビジネスは未経験の方

『中国語で中国ビジネスに挑戦する』みなさんへの応援本として本書を世に送り出すことにいたしました。

ビジネス中国語といえばこれまで、交渉の最前線に立つ、中国語に不自由しない営業マン向けの書籍がほとんどでした。本書では、上記のとおり今後中国と仕事をするあらゆる立場・職種の方を想定し、中国の方とのコミュニケーションをしたい方に使える内容をめざしました。このため、込み入った内容や事前準備が可能な内容を一切省き、「とっさに・すぐに使えるひとことフレーズ」に徹してまとめました。

中国の方とのコミュニケーションから技術現場まで、150の場面に分け、言いたいことが伝わるフレーズをレベル別に並べました。本書を使って、場面ごとにあらゆる表現を身につける方法もあり、また、レベルが同じ表現だけを選んで学習し、ステップアップすることも可能です。

言い換え表現も極力ＣＤ音声収録に努め、テキストでも置き換え部分に網をかけてわかりやすくしました。また、表現を理解いただく助けとして ポイント 解説をつけました。コラムとともに中国文化やビジネス事情を知っていただく一助となれば幸いです。

言葉は『習うより慣れよ』です。なるだけ短期間で表現を身につけていただくため、付属CDでフレーズの音声を聞き、それをまねして口に出すことにより、学習できるしくみになっています。いちばんの近道はやはり「まねる」こと。どうぞ何度も聞いて、音に慣れたらまねして口に出される　この繰り返しから必要な「すぐに使えるフレーズ」を自分のものになさってください。

中国の方を相手に本書で学習された「みなさんのフレーズ」を口に出されれば、中国のビジネスパートナーはみなさんの「本気」を感じとることでしょう。こうなればしめたもの！一生懸命さが相手に伝わるとき、もうみなさんは『中国語で中国ビジネス』のスタートラインに立てているはずです。みなさんのスタートにエールを送り、ビジネス最前線でのご活躍を願っています。

2005年2月

塚本　慶一

塚本式中国語仕事術

現場でそのまま使える 事例別ビジネス中国語フレーズ集

目 次

はじめに …… iii
目次 …… v
本書の構成と使用方法 …… xiii

I すぐに活用！コミュニケーションフレーズ編

第1章 オフィスでよく使うフレーズ

1-1 自己紹介とあいさつ
UNIT1 自己紹介 …… 2
UNIT2 社内あいさつ …… 4
UNIT3 朝や帰りのあいさつ …… 6

1-2 休暇・早退の申請
UNIT4 休暇や早退などの許可を求める …… 8
UNIT5 休暇や早退などの理由を説明する …… 10

1-3 社内コミュニケーション
UNIT6 たずねる・たずねられる …… 12
UNIT7 連絡をする・連絡を受ける …… 14

1-4 仕事の手伝いを頼む
UNIT8 手伝いを頼む・引き受ける …… 16
UNIT9 手伝いを申し出る・申し出を受ける …… 18
UNIT10 依頼・申し出を断る …… 19

1-5 仕事の指示
UNIT11 仕事を指示する …… 20
UNIT12 コピーをとる …… 22
UNIT13 ファックス・郵便・Eメール …… 24

UNIT14　その他の実務 …… 26
UNIT15　指示後のフォロー …… 28

1-6　アドバイス
UNIT16　アドバイスをする …… 30

1-7　ミーティング
UNIT17　ミーティングをする …… 32
UNIT18　意見を求める・言う …… 34

第2章　電話でよく使うフレーズ

2-1　電話を受けるときの基本トーク
UNIT19　最初のあいさつ …… 38
UNIT20　電話を取り次ぐ …… 40
UNIT21　本人に取り次ぐとき …… 42
UNIT22　本人が出られないとき …… 44
UNIT23　取り次げないときのフォロー …… 46
UNIT24　伝言を受ける …… 48

2-2　電話をかけるときの基本トーク
UNIT25　取り次いでもらう …… 50
UNIT26　相手の都合をたずねる …… 52
UNIT27　用件を提示する …… 54
UNIT28　相手が都合を答える …… 55
UNIT29　折り返しの電話をかける …… 56
UNIT30　話し中・不在のとき …… 58
UNIT31　すぐに連絡をとりたい …… 60
UNIT32　伝言を頼む・断る …… 62

2-3　電話のトラブル
UNIT33　言い直しを依頼する …… 64
UNIT34　説明や確認を求める …… 66
UNIT35　間違い・迷惑電話 …… 68

2-4　その他の電話表現
UNIT36　ボイスメールに伝言を残す …… 70

2-5 電話を切る

UNIT37 電話を普通に切る …… 73
UNIT38 途中で電話を切り上げる …… 74

2-6 電話でアポイント

UNIT39 アポイントをとる …… 76
UNIT40 申し入れへの返答 …… 78
UNIT41 日程を調整する …… 80
UNIT42 アポイントを変更する …… 82

第3章 海外出張でよく使うフレーズ

3-1 出入国手続き・乗り継ぎ

UNIT43 入国審査 …… 86
UNIT44 税関を通る …… 88
UNIT45 乗り継ぎ …… 90
UNIT46 搭乗手続き …… 92
UNIT47 セキュリティ・チェックで …… 94

3-2 宿泊先での滞在

UNIT48 チェックイン …… 96
UNIT49 支払い方法の確認 …… 98
UNIT50 滞在予定の変更・取り消し …… 99
UNIT51 両替 …… 100
UNIT52 チェックアウト …… 102
UNIT53 チェックアウトへの応対 …… 104

3-3 交通機関を使う

UNIT54 リコンファーム …… 106
UNIT55 交通手段をたずねる …… 108
UNIT56 行き先を確かめる …… 110
UNIT57 タクシーに乗る …… 112

3-4 道に迷ったとき

UNIT58 行き方をたずねる・答える …… 116

3-5　レストランに行く
UNIT59　レストランに入る …… 118
UNIT60　注文をとる …… 120
UNIT61　注文する①　料理についてたずねる …… 122
UNIT62　注文する②　調理法・銘柄など指定 …… 124
UNIT63　追加注文 …… 126
UNIT64　注文品の確認と支払い …… 128

3-6　買い物をする
UNIT65　買い物客として …… 130
UNIT66　売り場担当者として …… 132

3-7　病気
UNIT67　不調を訴える …… 134
UNIT68　薬局の店頭で …… 136

Ⅱ　現場に直結！実践フレーズ編

第4章　取引先とよく使うフレーズ

4-1　会社訪問
UNIT69　受付で面会を申し出る …… 140
UNIT70　取引先の人に会う①　初対面 …… 142
UNIT71　取引先の人に会う②　顔見知り …… 144
UNIT72　訪問の目的を告げる …… 146
UNIT73　名前や勤務先を確認する …… 147
UNIT74　自分の会社について話す …… 148
UNIT75　自社製品をPRする …… 150

4-2　商品の注文
UNIT76　受注 …… 152
UNIT77　発注 …… 154
UNIT78　在庫について説明する …… 156

4-3　クレーム
UNIT79　問題点を伝える・聞く …… 158
UNIT80　問題への対処法を示す …… 160

UNIT81　詫びる …… 162

4-4　取引先・販売店訪問

UNIT82　取引先・ユーザーへの訪問 …… 163
UNIT83　販売店・代理店への訪問 …… 164

第5章　接待でよく使うフレーズ

5-1　空港での出迎え

UNIT84　出迎えのあいさつ …… 166
UNIT85　空港からの移動 …… 168

5-2　宿泊先への案内

UNIT86　道中のスモールトーク …… 170
UNIT87　別れのあいさつ …… 172

5-3　受付での応対

UNIT88　用件をたずねる …… 174
UNIT89　担当者に取り次ぐ …… 176
UNIT90　社内を案内する …… 178

5-4　応接室での応対

UNIT91　自分から来客にあいさつする …… 180
UNIT92　メンバーを紹介する …… 182
UNIT93　本題に入る …… 184
UNIT94　日程の打ち合わせ …… 185

5-5　宴会・会食への招待

UNIT95　予定を聞き、食事に誘う …… 186
UNIT96　食事の誘いを受ける・断る …… 188
UNIT97　会食・酒宴でもてなす …… 190
UNIT98　招待されたとき …… 192

5-6　会食

UNIT99　注文を決める …… 196
UNIT100　食事中のやりとり …… 200
UNIT101　支払い …… 202

5-7 日本の食事を楽しむ
UNIT102 食べ物・食べ方の説明 …… 204
UNIT103 食べ物・飲み物をすすめる …… 208

第6章 会議・プレゼンテーションでよく使うフレーズ

6-1 会議の準備
UNIT104 会議のセッティング …… 212
UNIT105 会議への出席を依頼する …… 214

6-2 会議を進める
UNIT106 会議を始める …… 216
UNIT107 外部参加者を紹介する …… 218
UNIT108 会議のテーマを示す …… 220
UNIT109 意見の交換を促す …… 222
UNIT110 発言の許可を求める …… 224
UNIT111 発言を整理し、議事を進行する …… 226
UNIT112 発言内容を確認する …… 228
UNIT113 時間を計る …… 230

6-3 まとめと採決
UNIT114 結論をまとめる …… 231
UNIT115 採決をする …… 232

6-4 会議を締めくくる
UNIT116 会議の終了と次回の予定 …… 234

6-5 プレゼンテーションの準備
UNIT117 会場設営を確認する …… 236

6-6 プレゼンテーションを進める
UNIT118 冒頭のあいさつと自己紹介 …… 238
UNIT119 概要を説明する …… 240
UNIT120 質問を受ける …… 242

6-7 プレゼンテーションを締めくくる
UNIT121 プレゼンテーションの終了 …… 244

第7章 商談・交渉でよく使うフレーズ

7-1 入札

UNIT122 入札公告・入札条件確認 …… 248
UNIT123 応札資料準備 …… 250
UNIT124 開札・入札評価 …… 252

7-2 交渉の準備

UNIT125 日程を確認・調整する …… 254

7-3 交渉を始める

UNIT126 交渉の開始とテーマの確認 …… 256
UNIT127 自分の立場を明らかにする …… 258
UNIT128 相手の立場をたずねる …… 260
UNIT129 問題点の所在を確認する …… 262
UNIT130 合意内容を整理する …… 264
UNIT131 次のステップを提示する …… 266

7-4 交渉を終える

UNIT132 交渉を終える① 商談成立 …… 268
UNIT133 交渉を終える② 商談見送り …… 270

7-5 プロジェクトの終了

UNIT134 懸案事項の確認 …… 272
UNIT135 最終引渡し …… 274

第8章 技術現場でよく使うフレーズ

8-1 施設見学

UNIT136 見学内容を説明する …… 278
UNIT137 見学① 工場到着・移動 …… 280
UNIT138 見学② 場内注意・見学終了 …… 282

8-2 立ち会い検査

UNIT139 進行を確認する …… 284
UNIT140 納入機器の確認 …… 286
UNIT141 温度特性試験 …… 288
UNIT142 単体試験 …… 292

UNIT143　システム試験 ………………………………………… 296
UNIT144　検査の完了 ………………………………………… 297

8-3　**納入品据え付け・現地調整**
UNIT145　工事開始 ………………………………………… 299
UNIT146　開梱・員数検査 ………………………………………… 300
UNIT147　据え付け・図面確認 ………………………………………… 302
UNIT148　動作確認 ………………………………………… 306
UNIT149　既設装置との接続 ………………………………………… 308
UNIT150　エラーへの対応 ………………………………………… 310

索引 ………………………………………………………………… 312

章コラム

信頼関係の構築が第一歩　36／　見えない相手を恐れずに　84／
中国滞在の心得　138／　セールストーク　157／
中国式宴会とは　210／　会議に臨む　246／　技術者の交流こそ最先端の現場
311／

コラム・ミニコラム

『电车』と『火车』の違い　15　／　日本人特有の名前　39／
『喂』の発音～wéiとwèiの区別　65／　水について　127／　訪問時の工夫　141／
出迎えの演出　167／　お酒の席では・中国料理のお箸が長いのは　195／　食事の
支払い　203／　役職について　235／　プロジェクトの引渡し　275／
比べてみよう『工场』『工厂』『车间』　278／　移動時間の活用　281／
当日変更への対応　295／　検査証明書類　298／　コンセントと電圧　302・303／

関連語句・関連表現

週　8／　日にちの表現　9／　FAX・Eメール用語　25／　インターネット用語　27／
名前を聞く表現　43／　伝言の必須要素　57／『祝』で始まる決まり文句　87／
かばんの種類　89／　搭乗便の遅延・欠航に関するフレーズ　93／通貨　101／
車両　111／　お酒の種類　125／　体の症状　135／　薬　137／
パソコン用語　149／　歓迎のあいさつ　167／　方向をあらわす言葉　179／　調味
料　199／　交渉の棚上げ・ペンディング　行き詰まったときのフレーズ　276／

本書の構成と使用方法

1. 本書の構成

「Ⅰ　すぐに活用！コミュニケーションフレーズ編」＜1～3章＞

オフィスや海外出張の場で必要となる、自己表現をより豊かにするための会話表現を学習します。

1章「オフィスでよく使うフレーズ」
2章「電話でよく使うフレーズ」
3章「海外出張でよく使うフレーズ」

「Ⅱ　現場に直結！実践フレーズ編」＜4～8章＞

中国ビジネスの対外活動の現場で必要となる会話表現を学習します。

4章「取引先とよく使うフレーズ」
5章「接待でよく使うフレーズ」
6章「会議・プレゼンテーションでよく使うフレーズ」
7章「商談・交渉でよく使うフレーズ」
8章「技術現場でよく使うフレーズ」

150の各UNITは、実際に起こりうるシチュエーションを、細かく設定しています。

●付属CD2枚

◉のマークがある部分の音声が中国語の標準音で収録されています。(2.各章の構成⑥参照)ネイティブスピーカーの美しい音声を繰り返し聴き、スムーズに発音できるよう繰り返し練習してください。

・各フレーズの音声を1回ずつ(　)内を含めて収録しています。単語や語句を置き換えることで類似表現が可能な場合は、続けて語句を置き換えた文章を収録しています。但し、単純な人称代名詞の置き換えなどの場合は、置き換えた音声は収録されていません。
・フレーズナンバーの音声は収録されていません。日本語でUNIT番号を読みあげたあと、フレーズごとに男性、女性とほぼ交互に読みあげています。
・UNITごとに別トラックになっています。本文UNIT番号の下に、CDトラックナンバーを示してあります。(2.各章の構成②参照)

・ＣＤ－Ａには1章＜A-02～19＞・2章＜A-20～43＞・3章＜A-44～69＞・4章＜A-70～84＞をナチュラルスピードよりゆっくりと読みあげています
・ＣＤ－Ｂには5章＜B-01～20＞・6章＜B-21～38＞・7章＜B-39～52＞・8章＜B-53～67＞をほぼナチュラルスピードで収録しています。
・日本語部分・関連語句・関連表現・コラムなどの音声は収録されていません。

●コラム・ミニコラム・関連語句・関連表現

コラムでは、中国ビジネスの現場で必要となる基本心得や知っておくべき情報などを掲載しています。

関連語句・関連表現では、フレーズに派生するその他の語句や関連する表現を紹介しています。

●索引

150のUNITタイトルとは違う角度で言いたいフレーズをさがせるように工夫した日本語索引です。対応するフレーズがわかります。

2．各章の構成

①　UNIT No.・タイトル　UNITリード

そのUNITの場面設定や学習目標を最初に解説しています。

②　トラックナンバー

は、この音声が付属CD－Aのトラック30に収録されていることを示します。

③　レベル指示マーク

はそのフレーズの難易度を示しています。人の数が多いほど難易度が高いことを示しています。IとIIではレベルに違いがあるため、マークが違っています。

（レベル１）　これだけは言いたい！
最低限で相手に意思が通じる基本表現です。

（レベル2）　バリエーション
基本表現をより自然な中国語に近づけた、さまざまな基礎表現です。

（レベル3）　ステップアップ
レベル1,2を組み合わせた、またはその他の内容を追加した応用表現です。

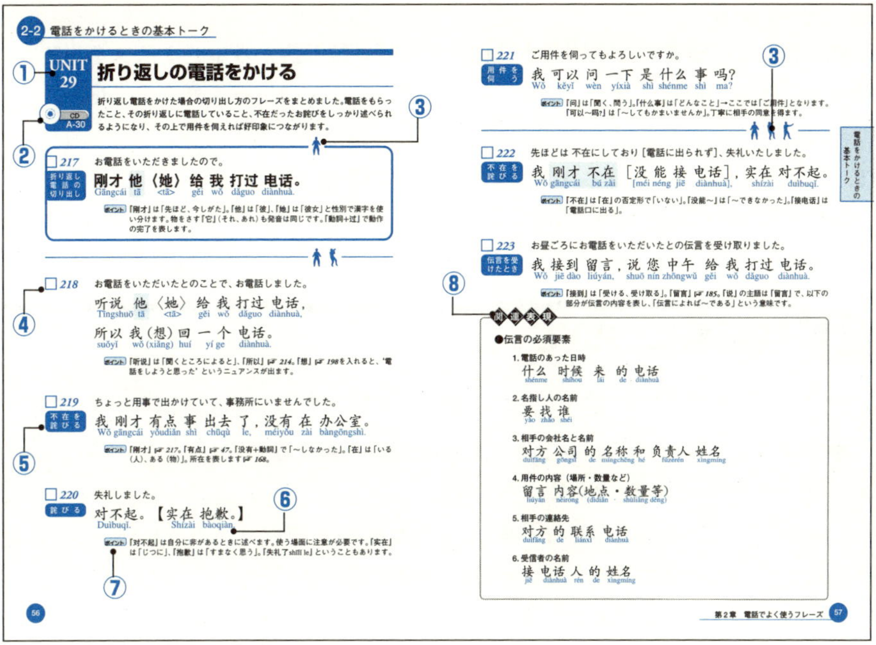

2-2 電話をかけるときの基本トーク

①
UNIT 29
折り返しの電話をかける

②
CD A-30

折り返し電話をかけた場合の切り出し方のフレーズをまとめました。電話をもらったこと、その折り返しに電話していること、不在だったお詫びをしっかり述べられるようになり、その上で用件を伺えれば好印象につながります。

③

□217 お電話をいただきましたので。
折り返し電話の切り出し
刚才 他〈她〉给 我 打过 电话。
Gāngcái tā <tā> gěi wǒ dǎguo diànhuà.
ポイント 「刚才」は「先ほど、今しがた」。「他」は「彼」、「她」は「彼女」と性別で漢字を使い分けます。物をさす「它」(それ、あれ)も発音は同じです。「動詞+过」で動作の完了を表します。

④
□218 お電話をいただいたとのことで、お電話しました。
听说 他〈她〉给 我 打过 电话，
Tīngshuō tā <tā> gěi wǒ dǎguo diànhuà,
所以 我(想)回 一 个 电话。
suǒyǐ wǒ (xiǎng) huí yí ge diànhuà.
ポイント 「听说」は「聞くところによると」、「所以」☞ 214。「想」☞ 198を入れると、'電話をしようと思った' というニュアンスが出ます。

⑤
□219 ちょっと用事で出かけていて、事務所にいませんでした。
不在を詫びる
我 刚才 有点 事 出去 了，没有 在 办公室。
Wǒ gāngcái yǒudiǎn shì chūqù le, méiyǒu zài bàngōngshì.
ポイント 「刚才」☞ 217。「有点」☞ 47。「没有+動詞」で「～しなかった」。「在」は「いる(人)、ある(物)」。所在を表します☞ 168。

⑥
□220 失礼しました。
詫びる
对不起。【实在 抱歉。】
Duìbuqǐ. Shízài bàoqiàn.
ポイント 「对不起」は自分に非があるときに述べます。使う場面に注意が必要です。「实在」は「じつに」、「抱歉」は「すまなく思う」。「失礼了shīlǐ le」ということもあります。

⑦

56

□221 ご用件を伺ってもよろしいですか。
用件を伺う
我 可以 问 一下 是 什么 事 吗?
Wǒ kěyǐ wèn yíxià shì shénme shì ma?
ポイント 「问」は「聞く、問う」。「什么事」は「どんなこと」→ここでは「ご用件」となります。「可以～吗?」は「～してもかまいませんか」。丁寧に相手の同意を得ます。

③

□222 先ほどは 不在にしており［電話に出られず］、失礼いたしました。
不在を詫びる
我 刚才 不在［没 能 接 电话］，实在 对不起。
Wǒ gāngcái bú zài [méi néng jiē diànhuà], shízài duìbuqǐ.
ポイント 「不在」は「在」の否定形で「いない」。「没能～」は「～できなかった」。「接电话」は「電話口に出る」。

電話をかけるときの基本トーク

□223 お昼ごろにお電話をいただいたとの伝言を受け取りました。
伝言を受けたとき
我 接到 留言，说 您 中午 给 我 打过 电话。
Wǒ jiē dào liúyán, shuō nín zhōngwǔ gěi wǒ dǎguo diànhuà.
ポイント 「接到」は「受ける、受け取る」。「留言」☞ 185。「说」の主語は「留言」で、以下の部分が伝言の内容を表し、「伝言によれば～である」という意味です。

⑧
関連表現

●伝言の必須要素

1. 電話のあった日時
什么 时候 来 的 电话
shénme shíhou lái de diànhuà

2. 名指し人の名前
要 找 谁
yào zhǎo shéi

3. 相手の会社名と名前
对方 公司 的 名称 和 负责人 姓名
duìfāng gōngsī de míngchēng hé fùzérén xìngmíng

4. 用件の内容（場所・数量など）
留言 内容(地点・数量等)
liúyán nèiróng (dìdiǎn · shùliàng děng)

5. 相手の連絡先
对方 的 联系 电话
duìfāng de liánxì diànhuà

6. 受信者の名前
接 电话 人 的 姓名
jiē diànhuà rén de xìngmíng

第2章 電話でよく使うフレーズ 57

(レベル4) もっと頑張る人のために

この場面の発展として、知っておくと役立つ関連表現です。

④ フレーズナンバー

本書で学習する、全フレーズに対し、1章～8章まで通し番号をつけています。全部で1140フレーズあります。

⑤ フレーズタイトル

必要なフレーズを見つけやすいよう、フレーズの表現する内容をまとめています。

⑥ ピンイン(発音表記)

中国語の発音をローマ字表記で示しています。詳しくは「塚本式中国語仕事術　やさしい会話」(アスク)をご覧ください。CDを聴きながら発音を勉強すると効果的です。

同じ漢字に対して複数の発音がある『这(zhè/zhèi)』については、読者の学習上の便宜を図るため、2種類の発音を収録しています。ただし、テキストの発音表記はzhèに統一しています。

⑦ ポイント

各フレーズに出てくる中国語本文に対する日本語解説が基本的なスタイルです。語句や語法面の解説のほか、フレーズの背景になる関連情報を紹介しています。

⑧ コラム・ミニコラム・関連語句・関連表現

章・UNIT全体やフレーズに関係するコラム・関連語句および表現を掲載しています。

3. 各記号について

中国語本文で使用している記号の意味は以下の通りです。

【　】：文章全体の置き換え可能

＜　＞：同じ意味で置き換えが可能な単語・語句

［　］：同じ文型で置き換えが可能な関連単語・語句

（　）：省略可能な単語・語句

　　　：置き換える箇所の対象部分

ポイント 解説で使用している記号の意味は以下の通りです。

『　』：解説対象となる中国語

「　」：『　』の中国語に対応する日本語

‘　’：語釈を補足する日本語

類：類似している単語・語句

反：反対の意味の単語・語句

参考：参考可能な語句・表現

例：例

☞：関連する表現で参照可能な箇所を紹介。

第1章

オフィスでよく使うフレーズ

1-1 ▶ 自己紹介とあいさつ 2
1-2 ▶ 休暇・早退の申請 8
1-3 ▶ 社内コミュニケーション 12
1-4 ▶ 仕事の手伝いを頼む 16
1-5 ▶ 仕事の指示 20
1-6 ▶ アドバイス 30
1-7 ▶ ミーティング 32

UNIT 1 自己紹介

CD A-02

自分の名前を伝え、相手に覚えてもらう——ビジネスで中国語を使う第一歩は何といっても自己紹介です。社名・所属まで言える表現をここではとりあげます。

□ *1*

姓名を名乗る

鈴木弘です。

我 是〈叫〉铃木 弘。

Wǒ shì <jiào> Língmù Hóng.

ポイント フルネームを答える表現です。『我是～』で「私は～です」、『叫』で「～という名前です」という意味になります。

□ *2*

どうぞよろしく

どうぞよろしくお願いします。

请 多 关照。

Qǐng duō guānzhào.

ポイント 決まり文句ですのでこのまま覚えましょう。『请～』は「どうぞ～してください」、『多』は「大いに」、『关照』は「世話をする」という意味です。

□ *3*

姓名を名乗る（一般的）

鈴木弘と申します（姓を鈴木、名を弘と申します）。

我 姓 铃木，（名）叫 弘。

Wǒ xìng Língmù, (míng) jiào Hóng.

ポイント 中国の方が名乗る、最も一般的な表現です。『姓』は「姓を～という」、『（名）叫～』で「名を～という」と別々に名乗るのが普通です。

□ *4*

社名・勤務先

ABC社の者です。／ABC社に勤務しております。

我 是 ABC公司 的（职员）。／我 在 ABC公司 工作。

Wǒ shì ABC gōngsī de (zhíyuán). Wǒ zài ABC gōngsī gōngzuò.

ポイント 『是～的』は「～である」の強調表現。『职员』は「職員」という意味です。☞ *5*

□ *5*

所属部署

営業部におります。

我 在 营业部 工作。

Wǒ zài yíngyèbù gōngzuò.

ポイント 『在～工作』で「～で働いている」という意味になります。「～」に社名を入れれば勤務先を表す表現になります。☞ *4*

□ **6**

初対面

はじめまして。

你 〈您〉 好!
Nǐ <Nín> hǎo!

ポイント 中国の方は初対面でも『您好!』を使うのが一般的です。『初次见面。Chūcì jiànmiàn.』(はじめまして)より自然で簡単なこちらを覚えましょう。

□ **7**

会社・名前・担当業務

日本のABC社の鈴木弘と申します。アジアの営業を担当しております。

我 是 日本 ABC 公司 的 铃木 弘。
Wǒ shì Rìběn ABC gōngsī de Língmù Hóng.

我 负责 亚洲 地区 的 营业 工作。
Wǒ fùzé Yàzhōu dìqū de yíngyè gōngzuò.

ポイント 会社名と氏名を言うときは『我是～』となり、『是』は『叫』に置き換えられないので注意!『负责』は「責任を負う」。後ろに業務内容を続けます。

□ **8**

名前・会社・担当業務

私は佐藤洋子と申します。
日本のABC社の広報を担当しております。

我 叫 佐藤 洋子。
Wǒ jiào Zuǒténg Yángzǐ.

我 在 日本 ABC 公司 负责 宣传 业务。
Wǒ zài Rìběn ABC gōngsī fùzé xuānchuán yèwù.

ポイント 社名と担当業務はこの順序で話します。『在～公司』で「～社で」と場所を表し、そのあとに『负责～业务』と担当業務を述べます。

□ **9**

自己紹介を切り出す

自己紹介をさせてください。

请 让 我 做 一下 自我 介绍。
Qǐng ràng wǒ zuò yíxià zìwǒ jièshào.

ポイント 『让A(人)B(動詞)』で「AにBさせる」。『做自我介绍』は「自己紹介をする」という意味です。自己紹介冒頭の決まり文句として使います。

□ **10**

指導のお願い

よろしくご指導ください。

请 多多 指教。
Qǐng duō duō zhǐjiào.

ポイント 『多』☞ *2* はあいさつ言葉の中ではこのようによく重ね型で使われます。『指教』は「指導する、教示する」という意味です。

UNIT 2 社内あいさつ

CD A-03

自分の名前が言えたところで、今度は会社の中で自分を覚えてもらいましょう。ここでは自分の役職や職種の言い方と、入社や人事異動といった節目のときのあいさつを覚えます。

☐ ***11***

役職名・職種の説明

私は新入社員［社員・従業員　／　あなたの上司　／
販売員　／　オーナー　／　社長］　です。

我 是 刚 进 公司 的
Wǒ shì gāng jìn gōngsī de

[职员〈职工〉／你 的 上司〈领导〉／
zhíyuán <zhígōng> / nǐ de shàngsī < lǐngdǎo> /

推销员 ／ 经营者 ／ 总经理]。
tuīxiāoyuán / jīngyíngzhě / zǒngjīnglǐ

ポイント 『刚』は「～したばかりである」という意味です。『职工』は『职员zhíyuán』☞ *4* と『工人gōngrén』（労働者）を合わせた従業員をさします。

☐ ***12***

入社

今年の4月に入社いたしました。

我 是 今年 4月 进 公司 的。
Wǒ shì jīnnián sì yuè jìn gōngsī de.

ポイント 『进公司』で「入社する」という意味です。『今年』は「今年」。「去年」なら『去年qùnián』、「来年」なら『明年míngnián』になります。

☐ ***13***

着任

1日付で営業部に着任いたしました。

我 是 1号 到 营业部 就任 的。
Wǒ shì yī hào dào yíngyèbù jiùrèn de.

ポイント 「1日」は話し言葉では『1号』となります。『1日rì』は書き言葉で使います。『就任』は「就任する、着任する」という意味です。

☐ ***14***

転任

宮崎支店よりまいりました。

我 是 从 宫崎分公司 来 的。
Wǒ shì cóng Gōngqí fēn gōngsī lái de.

ポイント 『从～』は「～から」。『分公司』は「支店」、「本社」なら『总zǒng公司』になります。『从～来』で「～から来る」、前任地を表します。

□ 15 帰任

上海支店より帰任いたしました。

我 是 从 上海 分公司 回来 的。
Wǒ shì cóng Shànghǎi fēn gōngsī huílái de.

ポイント『回来』は「戻る」という意味です。『是〜的』☞4。

□ 16 退職

今月末をもって定年退職することになりました。

我 这个 月底 要 退休 了。
Wǒ zhège yuèdǐ yào tuìxiū le.

ポイント『退休』は「定年や公傷による障害のために退職する」。『退职tuìzhí』は依願退職も含んだ概念になります。『要〜了』は「まもなく〜する」という意味です。

□ 17 昇進

今日から課長を務めることになりました、田中と申します。

我 叫 田中。 从 今天 开始 我 作为 科长
Wǒ jiào Tiánzhōng. Cóng jīntiān kāishǐ wǒ zuòwéi kēzhǎng
将 在 这里（和 大家 一起）工作。
jiāng zài zhèli (hé dàjiā yìqǐ) gōngzuò.

ポイント『从今天开始』は「今日から」、『作为』は「〜として」、『科长』は「課長」。肩書きは訳さずそのまま中国語読みするほうが誤解がなく無難です。☞P.235ミニコラム。

□ 18 出向

来月より子会社ABCフーズに出向することになりました、渡辺です。

我 是 渡边。 从 下个月（开始）我 将 被
Wǒ shì Dùbiān. Cóng xià ge yuè (kāishǐ) wǒ jiāng bèi
借调〈调遣〉到 子公司 的 ABC 食品公司。
jièdiào <diàoqiǎn> dào zǐ gōngsī de ABC shípǐn gōngsī.

ポイント『借调』は「出向する」、『调遣』は「異動させ、配属する」。『子公司』は「子会社」、「親会社」は『母mǔ公司』といいます。

UNIT 3 朝や帰りのあいさつ

CD A-04

顔なじみになった同僚と声をかけあう――ひとことが自然に口をついて出てくれば、よい仕事ができる雰囲気がオフィスにみなぎることでしょう。ここでは出社・外出・退社の場面を中心にしたあいさつをマスターします。

□ **19** 朝のあいさつ

おはようございます。

你〈您〉早！【早上 好!】
Nǐ <Nín> zǎo! Zǎoshang hǎo!

ポイント 『您』は『你』の尊敬表現です。相手が複数なら『你们nǐmen』その尊敬表現が『各位gèwèi』です。『你好nǐhǎo』はどの時間でも使えます。

□ **20** 帰りのあいさつ

お先に失礼します。

我 先 走 了。
Wǒ xiān zǒu le.

ポイント 『先』は「先に」、『走』は「（ある場所から）離れる」。『了』は事態に変化が起ころうとしていることを表します。「先に帰ります」ということですね。

□ **21**

お疲れさまでした。

（辛苦 了。）再见。
(Xīnkǔ le.) Zàijiàn.

ポイント 『再见』は「さようなら、また会いましょう」というあいさつ言葉。別れ際には『再见』と言うのが通常です。『辛苦了』☞ *26*。

□ **22** 外出

行ってきます。

我 出去 了。
Wǒ chūqù le.

ポイント 『出去』は「出かける」という意味です。反『回来』☞ *24*

□ **23** 行ってらっしゃい。

送り出し

一路 好 走。

Yílù hǎo zǒu.

ポイント 『一路』は「道中」、『好』は「よく」。『(请) 慢走。(Qǐng) màn zǒu.』(気をつけて行かれて＜お帰り＞ください) も使われます。

□ **24** ただいま帰りました。

帰 社

我 回来 了。

Wǒ huílái le.

ポイント 『回来』は「もとのところへ戻る」という意味です。反『出去』☞ *22*

□ **25** おかえりなさい。

你 回来 了?

Nǐ huílái le?

ポイント *24* の主語を『我』から『你』にとりかえただけで「おかえりなさい」になります。

□ **26** お疲れさまでした。

辛苦 了。

Xīnkǔ le.

ポイント 労をねぎらう日本の「お疲れさま」を知る人や会社が、中国語に訳し取り入れた表現です。二度くり返すこともあります。もともと中国語ではあまり使われていません。

UNIT 4 休暇や早退などの許可を求める

CD A-05

欠勤・遅刻・早退――働いていれば必ず出くわすシチュエーションです。あらかじめ申し出ておくことはビジネスパーソンのマナー。その許可を求める表現を集めました。場面に応じて使えるようにぜひ覚えましょう。

□ **27** 休暇申請

お休みをいただきたいのですが。

我 想 请 一下 假。

Wǒ xiǎng qǐng yíxià jià.

ポイント 丁寧な許可申請表現です。『想』は「～したいと思う」、『请假』は「休暇をもらう・とる」、『一下』は「ちょっと～してみる」という意味です。

□ **28** 早退・遅刻申請

早退［遅刻］させてください。

请 允许 我 提前 回去［晚来］一下。

Qǐng yǔnxǔ wǒ tíqián huíqù [wǎnlái] yíxià.

ポイント 『允许』は「許す」、『提前』は「前もって」、『晚来』は「遅く来る」という意味です。「～することをお許しください」と丁寧に頼む表現です。

□ **29** 休暇申請（日付）

明日お休みをいただいてもよろしいでしょうか。

明天 我 想 请假，可以 吗？

Míngtiān wǒ xiǎng qǐngjià, kěyǐ ma?

ポイント 27の最初に日にちをつけた表現です。『明天』は「あす」、『可以吗?』は「よろしいですか」という意味です。

□ **30** 休暇申請・曜日（日付）

来週の水曜日［明日］に休暇をとってもよろしいでしょうか。

我 下星期三［明天］想 请 一下 假，可以 吗？

Wǒ xià xīngqīsān [míngtiān] xiǎng qǐng yíxià jià, kěyǐ ma?

ポイント 曜日で具体的な日を示すこともありますね。主語のあとに言うこともできます。『下星期～』で「来週の～曜日」となります。

関連語句

●週

先週	今週	来週
上星期	这星期	下星期
shàng xīngqī	zhè xīngqī	xià xīngqī

□ ***31*** 早退申請（日付）

今日私は早退しなければなりません。

今天 我 必须 提前 回去。
Jīntiān wǒ bìxū tíqián huíqù.

ポイント 『必须』は「必ず～しなければならない」という意味です。『今天』は「今日」。「昨日」なら『昨天zuótiān』になります。☞ *29*

□ ***32*** 午後出社

明日は午後から出社します。

明天 我 下午 去 公司〈上班〉。
Míngtiān wǒ xiàwǔ qù gōngsī <shàngbān>.

ポイント 『下午』は「午後」。「午前」は『上午shàngwǔ』といいます。『上班』は「出勤する」、その反対に「退勤する」は『下班xiàbān』となります。

□ ***33*** 早退申請（日時）

今日は4時に退社させていただきます。

我 想 今天 4点 回家。
Wǒ xiǎng jīntiān sì diǎn huíjiā.

ポイント 時刻は『～点』（～時）で表します。「～分」は『分fēn』、このほかに15分を１単位とする『刻kè』もあり、「15分」なら『一刻yíkè』となります。

□ ***34*** 遅刻申請

火曜日は出社時間を遅くさせていただきたいのですが。

星期二 我 想 晚 一点 上班。
Xīngqī'èr wǒ xiǎng wǎn yìdiǎn shàngbān.

ポイント 『晚一点』は「すこし遅く」。『晚』は「遅い」、『一点』は「少し」という意味です。

関連語句

●日にちの表現

おととい	きのう	きょう	あす	あさって
前天	昨天	今天	明天	后天
qiántiān	zuótiān	jīntiān	míngtiān	hòutiān

UNIT 5 休暇や早退などの理由を説明する

CD A-06

許可申請のときに必ず理由の説明が必要になります。とっさのハプニングで事後承諾を得るケースにも対応できるようにしましょう。また、申請を受ける立場の表現もとりあげます。UNIT4と一緒にマスターしましょう。

●理由説明

□ **35** 妻が入院したのですが。

申請理由の説明

因为 我 妻子 住院 了。
Yīnwèi wǒ qīzi zhùyuàn le.

ポイント 『因为』は「～なので」原因・理由の最初につけます。『妻子』は「妻」。『住院』は「入院する」という意味です。反『出院chūyuàn』（退院する）

□ **36** 市役所に寄りたいのです。

因为 我 想 去 一下 市政府。
Yīnwèi wǒ xiǎng qù yíxià shìzhèngfǔ.

ポイント 『政府』は政府・行政機関をさし、『市政府』で「市役所」という意味になります。『一下』☞ 27。

□ **37** おじの葬儀に出席しなければなりません。

因为 我 要 参加 我 叔叔 的 丧礼。
Yīnwèi wǒ yào cānjiā wǒ shūshu de sānglǐ.

ポイント 『要』は「～しなければならない」。必要・義務を表します。『参加』は「参加する」、『叔叔』は「叔父（父の弟）・小父」、父の兄は『伯伯bóbo』です。

□ **38** 体調が悪いので、お休みさせていただきます。

我 有点 不 舒服，想 请 一下 假。
Wǒ yǒudiǎn bù shūfu, xiǎng qǐng yíxià jià.

ポイント 『有点』は「すこし、どうも」。後ろに消極的・否定的な動詞・形容詞が続きます。『不舒服』は「気分・体調が悪い」、『请假』☞ 27。

□ **39** 両親が、アメリカから戻ってくるのです。(できれば)空港に迎えに行きたいと思いまして。

因为 我 父母 从 美国 回来 了，
Yīnwèi wǒ fùmǔ cóng Měiguó huílái le,

(可以 的 话，) 我 想 去 机场 接 他们。
(kěyǐ de huà,) wǒ xiǎng qù jīchǎng jiē tāmen.

ポイント 『可以』は「かまわない」、『～的话』は仮定形、『可以的话』で「よろしければ」となります。『机场』は「空港」、『接』は「出迎える」という意味です。

□ **40** 遅くなって申し訳ないです。実は電車が遅れまして。

遅刻のお詫びと理由

我 来 晚 了，实在 对不起。因为 电车 误点 了。
Wǒ lái wǎn le, shízài duìbuqǐ. Yīnwèi diànchē wùdiǎn le.

ポイント 『晚点了』で「来るのが遅くなった」、『实在』は「本当に」。『误点』は列車・飛行機などが定刻に遅れることで、『晚点wǎndiǎn』ともいいます。

●申請への許可・見送り

□ **41** それはもっともですね。その日に休みをとってもいいですよ。

申請許可

没 问题，那天 你 可以 休息。
Méi wèntí, nàtiān nǐ kěyǐ xiūxi.

ポイント 『没问题』は「問題ない」。ここでは休暇を許可する意味合いです。『休息』は「仕事を休む」という意味です。『可以』☞ *39*。

□ **42** 大丈夫だと思いますよ。来週はあまり忙しくないでしょうから。

我 想 大概 没 问题，下星期 想必 不 太 忙。
Wǒ xiǎng dàgài méi wèntí, xià xīngqī xiǎngbì bú tài máng.

ポイント 『想』は「～と思う」。意見を述べます。『大概』は「おそらく」、『想必』は「きっと～だろう」という意味です。

□ **43** 再来週の入札までは休暇を控えてください。

申請見送り

下星期 投标 以前，最好 不要 请假〈休息〉。
Xià xīngqī tóubiāo yǐqián, zuìhǎo búyào qǐngjià <xiūxi>.

ポイント 『投标』は「応札する」☞ UNIT122。『最好』は「～がいちばんよい」という意味で、『不要』(～するな) の前につけ、語気を和らげています。

UNIT 6 たずねる・たずねられる

CD A-07

わからないことを聞きたい——その出だしをスムーズにする表現を集めました。また その逆に、聞かれたことがわかるかどうかを答える表現を3種類とりあげました。状況判断して使い分けられることをめざします。

●たずねるとき

□ **44** 教えていただけますか。

たずねるとき

可以 请教 一下 吗?
Kěyǐ qǐngjiào yíxià ma?

ポイント 『请教』は「教えを請う」、『一下』☞27。『可以～吗?』で「～できますか」。可否をたずねる形をとり、「教えてください」より一段丁寧なフレーズです。

□ **45** お仕事中、申し訳ないです。

たずねるときの前置き

对不起，打扰 您 一下。【对不起，打扰 一下 您 的 工作。】
Duìbuqǐ, dǎrǎo nín yíxià.　Duìbuqǐ, dǎrǎo yíxià nín de gōngzuò.

ポイント 『打扰』は「邪魔をする」。『对不起』は「申し訳ない」。ここでは‘仕事の邪魔をすることが申し訳ない’という気持ちですね。☞ UNIT81

□ **46** お忙しいところをすみません。

相手が忙しそうなとき

您 正 忙 的 时候，真 不好意思。
Nín zhèng máng de shíhou, zhēn bù hǎoyìsi.

ポイント 『正+形容詞』で「ちょうど～である」、『真』は「本当に」。『不好意思』は「申し訳ない、恐れ入ります」という意味です。

□ **47** 恐れ入ります、少々おたずねしたいことがあるのですが。

实在 抱歉，我 有点 事 想 请教 您。
Shízài bàoqiàn, wǒ yǒudiǎn shì xiǎng qǐngjiào nín.

ポイント 『实在抱歉』は「まことにすまなく思う」。*45*よりさらに丁寧です。ここの『有点』は『有一点』（動詞+数量詞）の省略形で、「少し～がある」。『请教』☞ *49*。

□ **48** お手すきのときに教えていただけますか。

急ぎではないとき

麻烦 您，有 空 的 时候 告诉 我 一下。
Máfan nín, yǒu kòng de shíhou gàosu wǒ yíxià.

ポイント 『麻烦您』は「お手を煩わせますが」。『有空』は「暇がある」。『～的时候』は「～のとき」、『告诉』は「告げる、教える」という意味です☞ *96*。

□ *49*

緊急のとき

お仕事中、申し訳ないのですが、C社の出荷件数について教えていただけますか。

对不起，打扰 一下 您 的 工作。
Duìbuqǐ, dǎrǎo yíxià nín de gōngzuò.

可以 请教 一下 有关 C 公司 出货 件数 吗?
Kěyǐ qǐngjiào yíxià yǒuguān C gōngsī chūhuò jiànshù ma?

ポイント 『工作』は「仕事」。『请教』は「教えを請う」。『有关』は「〜に関する」。『出货』は「出荷（する）」。フレーズは次の*50*に続くこともあります。

□ *50*

C社の小島様がいらしてますので。

C 公司 的 小岛 先生 正好 在 这里。
C gōngsī de Xiǎodǎo xiānsheng zhènghǎo zài zhèli.

ポイント *49*に続けて、緊急である理由を添えます。男性の「〜さん」には『先生』をつけます。☞ *277,393*。『正好』は「折りよく、ちょうど」という意味です。

●たずねられたとき

□ *51*

すぐに答えられるとき

はい、出荷実績の件ですね。それは…。

是 出货 实绩 的 事 吧。那 是…。
Shì chūhuò shíjì de shì ba. Nà shì….

ポイント 『吧』は確認と同意を求める語気を含んでいます。たずねられた内容を復唱するのは答える前のエチケットですね。

□ *52*

調べれば、分かるとき

はい、その件でしたら、前回の会議のメモを見ればわかります［お答えできます］。

那件 事，我 想 只要 看 一下 上次 的 会议 记录，
Nà jiàn shì, wǒ xiǎng zhǐyào kàn yíxià shàngcì de huìyì jìlù,

就 明白 了［可以 答复］。
jiù míngbai le [kěyǐ dáfù].

ポイント 『只要〜』は「〜さえすれば」、『可以』は「〜できる」。『答复』は「回答・返答する」。"dáfu" とも発音します。

□ *53*

知らないとき

申し訳ないです。その件については私にはわかりません。

对不起，那 件 事 我 不 太 明白。
Duìbuqǐ, nà jiàn shì wǒ bú tài míngbai.

ポイント 『件』はことがらに用いる助数詞です。『不太+動詞・形容詞』で「あまり〜ではない」、『明白』は「わかる」という意味です。

UNIT 7 連絡をする・連絡を受ける

CD A-08

「連絡をする」では、外出先から自社に連絡を入れる、取引先に連絡を入れる　の両ケースを学びます。また、「連絡を受ける」では、メモをとり、復唱ができ、不明点を確認できることを目標にしています。

●外出先から連絡を入れる

□ 54　帰社予定

10分以内に社に戻ります。

我 10 分钟　之内 回 公司。

Wǒ shí fēnzhōng zhīnèi huí gōngsī.

ポイント 『～分钟』で「～分間」。時間の長さを表します。「～時間」なら『～个小时～ge xiǎoshí』になります。『之内』は「以内」という意味です。

□ 55　不在中の連絡

何か私への連絡などはございますか。

有 没有 什么 找 我 的 事?

Yǒu meiyou shénme zhǎo wǒ de shì?

ポイント 『有没有』と肯定・否定を重ねると疑問文になります。『找』は「(用件・頼みごとの依頼相手を) 訪ねる」。直接面会のほか電話の問い合わせなども含みます。

□ 56　仕事を終えたとき

服部工業さんとの打ち合わせが、いま終わったところです。

和 服部工业公司 的 洽谈，现在 刚刚 结束。

Hé Fúbù Gōngyè Gōngsī de qiàtán, xiànzài gānggāng jiéshù.

ポイント 『和』は「～と」。相手を表します。『洽谈』は「打ち合わせ」、『刚刚』で「たったいま～したばかり」。『结束』は「終わる」という意味です。図 开始kāishǐ (始まる)

□ 57　遅れそうなとき

申し訳ないです。電車事故があり、まだ日比谷駅にいます。

实在 抱歉。路上 出现 电车 事故, 我 现在 还 在 日比谷 车站 呢。

Shízài bàoqiàn. Lùshang chūxiàn diànchē shìgù, wǒ xiànzài hái zài Rìbǐgǔ chēzhàn ne.

ポイント 『路上』は「道中、途中」、『出现』は「発生する」。『电车』は「電車」。『车站』は「(電車の) 駅」の意味です。☞P.15ミニコラム

□ 58

15分ほど遅れそうなのですが、お待ちいただけますか。

我 要 晚　15 分钟　左右。你〈你们〉可以 等 我 一下 吗?

Wǒ yào wǎn shíwǔ fēnzhōng zuǒyòu. Nǐ <Nǐmen> kěyǐ děng wǒ yíxià ma?

ポイント 『要』は「～しそうだ」。『晚』は「決められた時間や適切な時期よりも遅い、遅れる」図『早zǎo』(早い)。『～左右』は「～前後、約～」という意味です。

●連絡を受ける

□ ***59***

メモ取り・要点復唱

わかりました。A社の結果しだいでB社ですね。

我 明白 了。根据 A公司 的 结果

Wǒ míngbai le. Gēnjù A gōngsī de jiéguǒ

来 决定 B公司，对 吗?

lái juédìng B gōngsī, duì ma?

ポイント 『根据～来…』は「～に基づいて…」、『对吗?』は「そうですね、あっていますね」。聞いた話をそのまま復唱するのではなく、なるだけ簡潔に要点を捕らえて確認することがカギです。ここは例えば、『如果RúguǒA公司的报价bàojià高，就买mǎiB公司的，是吧。』（A社の見積もり価格が高かったら，B社から買うことに決めるということですね）を縮めた確認表現として使えます。

□ ***60***

聞き間違いを防ぐ

『shíjī』？「チャンスをつかむ」の『時機(shíjī)』ですね？

"Shíjī"? '抓住 时机' 的 "时机"?

Shíjī? Zhuāzhù shíjī de shíjī?

ポイント 音として聞けても正しく理解しているか自信がないときに、あっているか確認する表現です。その単語を使ったイディオムを例に出して聞いています。

□ ***61***

連絡事項の補足

わかりました。つまり、サンプル不足ということですね。あと何個ご用意いたしましょうか。

我 明白 了。也 就是 说 样品 不 够，是 吗?

Wǒ míngbai le. Yě jiùshi shuō yàngpǐn bú gòu, shì ma?

您 还 需要 几个 呢?

Nín hái xūyào jǐ ge ne?

ポイント 『也就是说』は「つまり、すなわち」。『样品』は「サンプル」。『几个』は答えが10以下と想定される場合に使い、それ以上の数や想定できない場合には『多少duōshao』を使います。

ミニコラム

○『电车』と『火车』の違い

『火车huǒchē』は火力で走る車両。中国の列車は機関車に引っ張られていることが多く、中国の方にとって日本の電車もこちらのイメージです。『电车』は電力で走る車両。中国の方はむしろトロリーバスをイメージします。

UNIT 8 手伝いを頼む・引き受ける

CD A-09

担当している仕事の一部を手伝ってもらうときの頼み方、頼まれたときの引き受け方、引き受けてもらったときの謝辞をとりあげます。丁寧な表現ができると頼む側も受ける側も気持ちがいいですね。

□ 62　お願いしたいことがあるのです。

頼むときの前置き

我 有 件 事 想 麻烦 您。

Wǒ yǒu jiàn shì xiǎng máfan nín.

ポイント　助数詞『件』☞ *53*の前に『一yī』が省略されています。『麻烦』は「手を煩わせる」。お手を煩わせたいことがある、と遠慮がちな依頼のしかたです。

□ 63　ちょっと頼みたいことがあります。

有 件 事 想 求 您 帮 个 忙。

Yǒu jiàn shì xiǎng qiú nín bāng ge máng.

ポイント　『求＋（人）＋動詞』で「(人)に…してもらいたい」。『帮忙』☞ *64*。動詞と目的語の間の『个』は動作を軽い気持ちで行う「ちょっと…、ひとつ…」というニュアンスです。

□ 64　ちょっと手を貸してもらえませんか。

能 帮 个 忙 吗?

Néng bāng ge máng ma?

ポイント　『帮忙』は「手伝う、手助けする」。『能～吗?』は「～していただくことはできますか」。依頼を受けるか相手に決めてもらう言い回しです。

□ 65　この企画を手伝っていただけますか。

手伝いを頼む

您 能 为 我们 这个 规划 帮 个 忙 吗?

Nín néng wèi wǒmen zhège guīhuà bāng ge máng ma?

ポイント　『为～』は「～のために」、『规划』は「企画、計画」という意味です。

□ **66** 誰か手伝ってくれる人はいませんか。

哪位 能 帮 个 忙?
Nǎwèi néng bāng ge máng?

ポイント 『哪位』は「どなた」。『谁shéi』の尊敬表現です。ビジネスシーンでは自然に出てくるようにしましょう。

□ **67** もしあまりご迷惑でなかったら、手伝っていただけませんか。

配慮ある依頼

如果 不 太 麻烦 的 话, 能 劳驾 您 帮 个 忙 吗?
Rúguǒ bú tài máfan de huà, néng láojià nín bāng ge máng ma?

ポイント 『麻烦』は「面倒をかける」。『劳驾』は頼みごとの切り出しで「すみませんが、恐れ入りますが」という意味です。

□ **68** ええ、いいですよ。私にできることでしたら。

手伝いを引き受ける

可以 啊。如果 是 我 能 做到 的。
Kěyǐ a. Rúguǒ shì wǒ néng zuòdào de.

ポイント 『如果』は「もしも〜であれば」。仮定を表します。『〜的话』と呼応して使われることもあります。☞ 39

□ **69** どんなことでしょうか。すぐに取りかかりましょう。

什么 事? 我们 马上 就 可以 开始。
Shénme shì? Wǒmen mǎshàng jiù kěyǐ kāishǐ.

ポイント 『马上』は「すぐに」、『开始』は「始める」という意味です。

□ **70** ありがとう。助かります。

手伝いへの謝辞

谢谢 你。这 可 帮 了 我 大 忙。
Xièxie nǐ. Zhè kě bāng le wǒ dà máng.

ポイント 『谢谢你〈您〉』はいちばん簡単な謝辞です。『大忙』とすることで「私にとって大きな助けになる」→「大いに助かる」という表現になります。

UNIT 9 手伝いを申し出る・申し出を受ける

CD A-10

とても忙しそうにしている同僚の力になりたい——そんなときにかけられる言葉をぜひ身につけたいですね。申し出を受けた側もまた、丁寧なお礼が述べられるよう、合わせて覚えましょう。

□ 71

手伝いを申し出る

お手伝いしましょうか。

要 不 要 我 帮忙?

Yào bu yao wǒ bāngmáng?

ポイント 『要』は「必要がある」。『要不要』で「～する必要があるかどうか」を聞く疑問文になり、ソフトな申し出の切り出しになります。

□ 72

私に手伝わせてください。

让 我 帮 你 一下，好 吗?

Ràng wǒ bāng nǐ yíxià, hǎo ma?

ポイント 『好吗?』は「よろしいですか」と前出の内容がよいか確認する語気です。『让～』（～させてください）と切り出したあとにつけ、さらに丁寧な申し出になっています。

□ 73

何か私にお手伝いできることはありますか。

有 什么 需要 我 帮忙 的 吗?

Yǒu shénme xūyào wǒ bāngmáng de ma?

ポイント 『有什么～吗?』は「何か～がありますか」。ここの『～的』は『～的事』「～（する）こと」の略になっています。

□ 74

申し出を受ける

ご親切にありがとうございます。

谢谢 你 这么 亲切 待人。

Xièxie nǐ zhème qīnqiè dàirén.

ポイント 『这么』は「こんなにも」。『亲切』は「心がこもっている」。ここは副詞的用法で「親切に」となります。『待人』は「人に接する」という意味です。

UNIT 10 依頼・申し出を断る

CD A-11

依頼や申し出をいつも受けられるとは限りません。断りながらも相手を気遣う表現ができるかどうかが、ビジネスパーソンとして問われます。ここでは失礼にあたらない断り方を覚えます。

□ 75

依頼を断る

申し訳ないことですが、できません。

对不起，我（现在）不 行。

Duìbuqǐ, wǒ (xiànzài) bù xíng.

ポイント 『不行』は『行』（よろしい、大丈夫だ）の否定形です。いまは依頼などを受けられる状態にないということです。中国語では、はっきりとYes／Noを伝えても失礼になりません。

□ 76

あいにくですが、お手伝いできません。

对不起，我 帮不了 你。

Duìbuqǐ, wǒ bāngbuliǎo nǐ.

ポイント 『帮不了』は「手伝えない」。『動詞+不了』は量的に完了・完結しきれないという意味です。反『-得了-deliǎo』☞ *112*

□ 77

申し出を断る

ありがとう。でも、今はけっこうです。

谢谢 你 的 好意。不过 现在 还 不 需要。

Xièxie nǐ de hǎoyì. Búguò xiànzài hái bù xūyào.

ポイント ここの『谢谢～』は「～に感謝する」という動詞です☞ *248*。『不过』は「しかし」、『还不～』は「まだ～ではない」という意味です。

UNIT 11 仕事を指示する

CD A-12

仕事を頼むときにはその内容・期限を伝えることが必要になります。その上でできるかどうか確認する。指示する側とそれを受ける側の表現を、一連の流れとともに覚えます。命令調にならない、節度ある表現をマスターしましょう。

□ 78

仕事を指示する（丁寧）

呉さん、レポートを書いてもらえますか。

小吴，您 能 把 这个 写 成 一个〈份〉报告 吗？
Xiǎo Wú, nín néng bǎ zhège xiě chéng yí ge <fèn> bàogào ma?

ポイント 『小吴』の『小』は自分と同年代または年下の人へ呼びかける呼称「～さん」です。年代『辈bèi』が上の人へは『老lǎo』をつけます。『份』は書類につける助数詞。

□ 79

承諾する

― はい、わかりました。

― 好 的。我 明白 了。
Hǎo de. Wǒ míngbai le.

ポイント 『好的』は文頭によく用いられ、同意を表します。『明白』☞ *53*。

□ 80

締め切りをたずねる

いつまでですか。

需要 什么 时候 交（报告）呢？
Xūyào shénme shíhou jiāo (bàogào) ne?

ポイント 『需要』は「～する必要がある」、『什么时候』は「いつ」。『交报告』で「レポートを提出する」という意味です。『呢』は疑問文末につけて答えを催促するニュアンスがあります。

□ 81

締め切りを答える

― 来週の火曜日です。

― 下 星期二。
Xià xīngqī 'èr.

ポイント 『下星期～』で「来週の～曜日」。今週なら『这zhè星期』、先週なら『上shàng星期』になります。

□ 82

できるかどうか確認する

大丈夫ですか。

你 能 完成 吗？
Nǐ néng wánchéng ma?

ポイント 『完成』で「終わらせる、完成させる」という意味です。

□ **83**

できる場合

―できると思います。

―我想可以。

Wǒ xiǎng kěyǐ.

ポイント 『想』は「～（する）と思う」という意味です。『可以』は可能を表しています。

□ **84**

できる答えを受けて

それはよかった。よろしくお願いします。

太好了。那就拜托你了。

Tài hǎo le. Nà jiù bàituō nǐ le.

ポイント 『太～了』は「すごく、たいへん、とても～だ」。『太好了』はさまざまな場面で使えます。『那』は「それでは」『拜托』は「お願いする、お頼みする」という意味です。

□ **85**

難しい場合

白川部長の案件があり、いたしかねます。

我有(一件)白川部长托我的事，很难做到。

Wǒ yǒu (yí jiàn) Báichuān bùzhǎng tuō wǒ de shì, hěn nán zuòdào.

ポイント 『托』は「託する、頼む」、『难』は「難しい」。『很难做到』はここでは「するのがたいへん難しい」という意味になります。

□ **86**

仕事の優先度を伝える

こちらを優先させてください。／ではそちらを優先してください。

请你先做这件事，好吗？ ／

Qǐng nǐ xiān zuò zhè jiàn shì, hǎo ma?

请你先做那件事，可以吗？

Qǐng nǐ xiān zuò nà jiàn shì, kěyǐ ma?

ポイント *85*のように依頼相手が別件をすでに抱えていて、どちらの仕事が優先か伝える表現です。『做』は「行う」。『件』☞ *53*。

□ **87**

仕事を指示する（丁寧）

呉さん、先月行った調査について、レポートを書いてもらえますか。

小吴，麻烦你把上月的调查

Xiǎo Wú, máfan nǐ bǎ shàngyuè de diàochá

写成一个〈份〉报告。

xiě chéng yí ge <fèn> bàogào.

ポイント 『把＋～（名詞）＋…（動詞）』は動詞の前に目的語を出す介詞で「～を…する」。『上月』＝『上个月』は「先月」、『写成』は「書いて仕上げる」という意味です。

UNIT 12 コピーをとる

CD A-13

ここからは実務の場面を取り上げます。オフィスワークの基本、コピーをとる場面から始めましょう。何をどうコピーするか、コピーのしかたや、コピーのとり直しを伝えられる表現を中心に学びます。

□ **88** レポートのコピーを3部とってください。

部数

请 把 这个 报告 复印 3 份。

Qǐng bǎ zhège bàogào fùyìn sān fèn.

ポイント 『复印』は「コピーする」。『份』は書類を数える助数詞なのでコピーの部数にも用いられます。紙の枚数を数える『张』(枚)という助数詞も使えます。

□ **89** この資料をB4 [A4] サイズに 拡大 [縮小] してください。

拡大・縮小

请 把 这个 资料 放大 [缩小] 成 B4 [A4] 大小。

Qǐng bǎ zhège zīliào fàngdà [suōxiǎo] chéng Bsì [A sì] dàxiǎo.

ポイント 『動詞+成』で「～にする、～となる」。『大小』は「大きさ」という意味です。

□ **90** 両面コピーしてください。

両面コピー

请 把 这个 双面 复印 一下。

Qǐng bǎ zhège shuāngmiàn fùyìn yíxià.

ポイント 『双面』は「両面」。 反 单面dānmiàn (片面)。『两面liǎngmiàn』(両面) には『一面yímiàn』(片面) が呼応します。

□ **91** コピーが 薄 [濃] すぎますね。

コピー濃度

这个 复印 得 太 淡 [浓] 了 一点。

Zhège fùyìn de tài dàn [nóng] le yìdiǎn.

ポイント 『得』は『复印』の程度補語を導いています。濃淡の表現としてこのほかに、『深shēn』(濃い)『浅qiǎn』(薄い) の組み合わせも使えます。『一点』☞ 92。

□ *92*

とり直し

もう少し濃く［薄く］とり直してもらえますか。

麻烦 你 再 复印 浓［淡］一点，好 吗?

Máfan nǐ zài fùyìn nóng [dàn] yìdiǎn, hǎo ma?

ポイント 『再』は形容詞の前におき「さらに、もっと」。『一点』は形容詞のあとにおいて「少し～、ちょっと～」と比較のニュアンスを表します。ここではちょうどいい濃さとの比較です。

□ *93*

両端が切れています。コピーし直してください。

两边 没有 复印 上。请 你 再 重新 复印 一下。

Liǎngbiān méiyǒu fùyìnshàng. Qǐng nǐ zài chóngxīn fùyìn yíxià.

ポイント 『重新』は「改めて」。『两边』は左右両端をさします。上下の切れなら『上下shàngxià边』に、片方の切れなら『有yǒu一yì边』に置き換えます。『上』☞ *94*。

□ *94*

ホチキス留め

資料を1セットづつホチキスで留めてください。

请 把 每套 资料 用 钉书器 钉上。

Qǐng bǎ měi tào zīliào yòng dìngshūqì dìngshàng.

ポイント 『每』は「各」、『套』は助数詞の「セット」、『用』は「～を用いて」。『钉』は「とじつける」。『上』は動詞のあとに用いて、ある一定の目標・程度に到達することを表します。

UNIT 13 ファックス・郵便・Eメール

CD A-14

オフィスワークで頻出の事務を依頼する表現をまとめました。値段や枚数などの数字、社名・人名などの固有名詞も出てきます。名前や数字が言えたり聞きとったりできるよう、ご自身のケースに置き換えて練習しましょう。

□ **95** ファックス

この地図をY社の山田さんに、ファックスで送ってもらえますか。

请 把 这 张 地图 传真 给 Y公司 的 山田 先生。

Qǐng bǎ zhè zhāng dìtú chuánzhēn gěi Y gōngsī de Shāntián xiānsheng.

ポイント 『张』☞ 88。『传真』は「ファックス、ファックスを送る」。『動詞+给～』は「～に」。後ろに受け手を導きます。

□ **96**

彼［彼女］のファックス番号を教えてください。

请 告诉 我 他［她］的 传真 号码。

Qǐng gàosu wǒ tā [tā] de chuánzhēn hàomǎ.

ポイント 『告诉～…』は「～（人）に…（物）を告げる」。人のみ目的語とする場合もあります。☞ 48。『号码』は「番号」の意味です。

□ **97** 郵 便

郵便局に行って、120円切手を10枚買ってきていただけますか。

麻烦 你 去 邮局 帮 我 买 10 张 120 日元 的 邮票。

Máfan nǐ qù yóujú bāng wǒ mǎi shí zhāng yìbǎi'èrshí Rìyuán de yóupiào.

ポイント 『邮局』は「郵便局」。『帮～（人）+…（動詞）』で「～の代わりに…する、～が…するのを手伝う」。『日元』は「日本円」☞P.101関連語句。『邮票』は「郵便切手」。はがきなら『明信片míngxìnpiàn』です。

□ **98**

この書類を吉田さんに郵送してもらえますか。

麻烦 你 把 这个 文件 寄给 吉田 先生，可以 吗？

Máfan nǐ bǎ zhège wénjiàn jìgěi Jítián xiānsheng, kěyǐ ma?

ポイント 『文件』は「書類」。『寄』は「郵送する」、『给』☞ 95、『寄给』で「～に郵便で送る」。『可以吗?』（よろしいですか）をつけて丁寧に頼みます。

□ **99** 速達で送ってください。

请 寄 快件。【请 寄 一个 加急】。
Qǐng jì kuàijiàn. Qǐng jì yí ge jiājí.

ポイント 『快件』は「速達」。『加急』はもともと「急を要する」という意味です。「書留」は『挂号（信）guàhào（xìn）』、「小包」は『包裹bāoguǒ』。速達は専用ポスト『黄帽子邮筒huáng màozi yóutǒng』に投函します。

□ **100** それについてEメールで送ってもらえますか。

Eメール

请 用 电子邮件 给 我 传过来，好 吗？
Qǐng yòng diànzi yóujiàn gěi wǒ chuánguolai, hǎo ma?

ポイント 『电子邮件』は「電子メール、Eメール」。☞ 下欄関連語句 『传』は「（メールを）送る」。ほかの人に送るなら『传过去guoqu』と置き換えます。

□ **101** この文書を添付ファイルにして小宮さんにメールしてください。

请 附上 这个 文件，E-mail 给 小宫 先生。
Qǐng fùshàng zhège wénjiàn, E-mail gěi Xiǎogōng xiānsheng.

ポイント 『附上』は「付け加える、同封する」。「添付ファイル」は『附件fùjiàn』といいます。"E-mail"がそのまま中国語に入って「Eメールを送る」という意味に使われています。

仕事の指示

関連語句

● **FAX・Eメール用語**

FAXを送る	FAXを受け取る	用紙トレイ
发[发送]传真 fā [fāsòng] chuánzhēn	收[接收]传真 shōu [jiēshōu] chuánzhēn	纸盒 zhǐhé
Eメール	**メールアドレス**	
伊妹儿 yīmèir	电子信箱地址 diànzi xìnxiāng dìzhǐ	

UNIT 14 その他の実務

CD A-15

UNIT12,13でとりあげた以外の実務で、おもにデスクワークで使われることが多い表現を集めました。中国語での文書の作成や調べものなど、中国語ネイティブのスタッフの力を借りて作業ができることをめざします。

□ **102** 佐々木さんの電話番号を調べてもらえますか。

電話番号を調べる

你 能 帮 我 查 一下 佐佐木 先生 的 电话 号码 吗?
Nǐ néng bāng wǒ chá yíxià Zuǒzuǒmù xiānsheng de diànhuà hàomǎ ma?

ポイント 『查』は「調べる」。『号码』☞ 96。「々」は前の文字の繰り返しという意味ですから、この例のように、直前の文字を繰り返し読んで中国語に直します。

□ **103** それについてインターネットで調べてください。

ネット検索

请 在 网上 查 一 查(这个)。
Qǐng zài wǎng shàng chá yi chá (zhège).

ポイント 『网』は『互联网hùliánwǎng』(インターネット)のこと。『在～上』で「～(の上)で」。『動詞+一+動詞』と同じ動詞を重ねると「ちょっと…する」という意味になります。

□ **104** データをこのフロッピーディスク[CD-ROM/CD-RW/HD]に保存してください。

データ保存

请 把 数据 存 在 软盘 [光盘/可擦写 光盘/硬盘] 里。
Qǐng bǎ shùjù cún zài ruǎnpán [guāngpán / kě cāxiě guāngpán /yìngpán] li.

ポイント 『存』は「保存する」。数値データなら『数据shùjù』といいます。OA化に伴い、コンピュータ用語は不可欠。必要なところから覚えるといいでしょう。

□ **105** 松本さんにこの写真を届けてもらえますか。

送付

请 把 这张 照片 送 到 松本 先生 那儿。
Qǐng bǎ zhè zhāng zhàopiàn sòng dào Sōngběn xiānsheng nàr.

ポイント 『送』は「送り届ける」。『動詞+到+場所』でその場所への到達を表します。『人名+那儿』で「～さんのところ」という意味です。

106 提出

レポートを山口さんに提出してください。

请 把 报告 交给 山口 先生。
Qǐng bǎ bàogào jiāogěi Shānkǒu xiānsheng.

ポイント 『交给』は「手渡す、渡す」という意味です。

107 資料要約

この英文の書類を読んで、要約を作成してもらえますか。

请 把 这 英文 资料 看 一下，
Qǐng bǎ zhè Yīngwén zīliào kàn yíxià,

然后 把 它 扼要 地 总结 一下。
ránhòu bǎ tā èyào de zǒngjié yíxià.

ポイント 『然后』は「それから」。前段に『先xiān』『首先shǒuxiān』（まず）など、後ろには『再zài』『还hái』（さらに）などを多く用います。『扼要地』は「要点をおさえて」、『总结』は「まとめる」という意味です。

108 入力

この手書き原稿をWord文書にしてください。

把 这 手写 的 原稿 打到 Word 文件 里。
Bǎ zhè shǒuxiě de yuángǎo dǎ dào Word wénjiàn li.

ポイント 『打』はさまざまな意味で使われる動詞です。ここでは『打字zì』（入力する）の意味です。「入力する」はこのほかに『输入shūrù』も使われます。反『输出shūchū』（出力する）

仕事の指示

関連語句

●インターネット用語

インターネット	サイト	ホームページ	URL
互联网 hùliánwǎng	网站 wǎngzhàn	主页 zhǔyè	网址 wǎngzhǐ

UNIT 15 指示後のフォロー

CD A-16

仕事を頼んだら頼みっぱなし——というわけにはいきません。締め切りに間に合うように作業しているか、指示を理解して作業を進めているか——進捗状況を聞き、状況に応じて指示・対処できる受け答えを学びます。

□ *109* 作業の進み具合はどうですか。

進捗状況を聞く

工作 的 进展 怎么样?

Gōngzuò de jìnzhǎn zěnmeyàng?

ポイント 『进展』は「進展（する）、進捗」という意味です。『怎么样』は「どうですか」と状況を問う決まり文句です。

□ *110* 9割方終わりました。

進度を伝える

百分之九十 已经 完成 了。

Bǎi fēn zhī jiǔshí yǐjing wánchéng le.

ポイント パーセントは『百分之～』で表します。「9割」というなら『九成jiǔ chéng』となります。『已经』は「すでに」という意味です。

□ *111* 残りは印刷と製本だけです。

残務を伝える

剩下 的 只有 印刷 和 装订 了。

Shèngxià de zhǐyǒu yìnshuā hé zhuāngdìng le.

ポイント 『剩下的』は「残ったもの（＝作業）」。『只有』は「～だけある→～だけしかない」という意味です。

□ *112* 締め切りに間に合いそうですか。

業務(作業)の見通し

期限 内 完成得了 吗?

Qīxiàn nèi wánchéngdeliǎo ma?

ポイント 『動詞+得了』はその動作を量的に完了・完結できるという意味を表します。
反『動詞+不了buliǎo』☞ 76

□ **113** 間に合うと思います。／間に合わせます。／厳しいと思います。

見込みを答える

完成得了。／我 会（把 这个）完成 的。
Wánchéngdeliǎo.　Wǒ huì (bǎ zhège) wánchéng de.

／我 觉得 很 困难。
Wǒ juéde hěn kùnnan.

ポイント 『觉得』は「〜と思う」で、『认为rènwéi』（〜と考える、思う）より軽い語気で使われます。『困难』は「（仕事・状況などが）難しい、困難である」という意味です。

□ **114** もう1人お手伝いの人をつけましょう。

状況への対処・指示

我 再 找 一个 人 帮助 你 吧。
Wǒ zài zhǎo yí ge rén bāngzhù nǐ ba.

ポイント 『帮助』は「手伝う、手助けする」。『帮助你』が『人』を修飾しています。

□ **115** 必ず締め切りまでに終わらせてください。

你 务必 在 期限 内 做 好。
Nǐ wùbì zài qīxiàn nèi zuò hǎo.

ポイント 『务必』は「必ず、きっと〜しなければならない」。『動詞+好』で「〜し終わる」。動作の完了を表します。

□ **116** 泊まりがけ［休日返上］でもやり遂げてください。

就是 住在 公司［假日 不 休息］，
Jiùshi zhù zài gōngsī [jiàrì bù xiūxi],

也 要 把 这个 完成。
yě yào bǎ zhège wánchéng.

ポイント 『就是〜+也…』で「たとえ〜でも…」。『假日』は「休日」、『要』は「〜しなければならない」という意味です。

仕事の指示

UNIT 16 アドバイスをする

CD A-17

相手が受け入れやすいアドバイスをする表現と、その逆に助言を求める言い方、さらにふたたび助言を受けられるようなお礼のフレーズをとりあげます。いずれもコミュニケーションのエッセンスです。ぜひマスターしましょう。

□ ***117*** この機能を使ってみたほうがいいですよ。

忠告・助言する

最好 用 一下 这个 功能。
Zuìhǎo yòng yíxià zhège gōngnéng.

ポイント 『**最好**』は「～がいちばんよい」、『**用**』は「使う」、『**功能**』は「機能」。『**机能**jīnéng』は生物学的な機能をさし、ここでは用いませんので注意してください。

□ ***118*** 山手線で行ったほうがいいですよ。

坐 山手线 去 最好。
Zuò Shānshǒuxiàn qù zuìhǎo.

ポイント 『**坐**』は「（乗り物に）乗る」。『**最好**』 ☞ *117*。山手線のような都市循環型の鉄道路線を『**环城铁路**huánchéng tiělù』（環状線）といいます。

□ ***119*** インターネットを私用で使わないようにしてください。

不要 私用 〈个人 使用〉 互联网。
Bú yào sīyòng ＜gèrén shǐyòng＞ hùliánwǎng.

ポイント 『**不要**』は「～してはいけない」。『**私用**』は「無断で使う」という意味があります。

□ ***120*** もう少し急いでやってもらえますか。

这个 工作 你 能 再 快 一点 做 吗?
Zhège gōngzuò nǐ néng zài kuài yìdiǎn zuò ma?

ポイント 『**再**』『**一点**』☞ *92*。『**快**』は「速度が速い」 反『**慢**màn』（ゆっくりである）。『**能～吗?**』は「～できますか」という疑問形。

□ **121** この問題について、あなたのご意見をお聞かせいただけますか。

助言を求める

能 不能 请教 一下 您 对 这个 问题 的 看法?
Néng bu neng qǐngjiào yíxià nín duì zhège wèntí de kànfǎ?

ポイント 『能不能』は「～できますか」。肯定・否定を重ねて疑問形を作ります。『请教』☞ *44*。『对』は「～について（の）」、『看法』は「考え方、意見」という意味です。☞ *122*

□ **122** 何かよいアドバイスをいただけますか。

能 不能 麻烦 您 提供 一些 好 的 建议?
Néng bu neng máfan nín tígōng yìxiē hǎo de jiànyì?

ポイント 『提供』は「提供する」。『一些』は「いくつかの、複数の」。『建议』は「提案・意見（を出す）」。『意见yìjian』は不満・異議などの批判的意見の意味合いが強いので要注意です。

□ **123** ご忠告ありがとうございます。

忠告・助言を受け入れる

谢谢 您 的 指教。
Xièxie nín de zhǐjiào.

ポイント 『指教』☞ *10*。『您』の後ろは動詞がくることもあります。相手に関する感謝を述べる句として応用範囲が広い表現です。誠意をすぐ直接伝えることが大切です。

□ **124** コツを教えてくれてありがとう。

谢谢 你 告诉（我）怎么 做。
Xièxie nǐ gàosu (wǒ) zěnme zuò.

ポイント 『怎么+動詞』で「どのように～する」。方法を問う表現です。『怎么做』で「どのようにするか」。「コツ」という名詞には『窍门儿qiàoménr』もあります。

□ **125** 気を悪くしないでほしいのですが、これからは注意してください。

忠告・助言のフォロー

希望 你 不要 不 高兴。
Xīwàng nǐ búyào bù gāoxìng.

今后 还是 请 你 多 注意 一下。
Jīnhòu háishi qǐng nǐ duō zhùyì yíxià.

ポイント 『不高兴』は『高兴』（機嫌がよい）の否定形で「気分を害する」。『还是』は「やはり」、『多』は「十分に」、『注意』は「注意する」という意味です。

UNIT 17 ミーティングをする

CD A-18

おもに社内の課単位のミーティングを想定し、司会進行ができる表現をまとめてあります。ここでは打ち合わせの開始、議題説明、終了の表現を覚えましょう。発言を促す表現はUNIT18に続きます。

□ **126** 打ち合わせを始めましょう。

会議の開始

那，我们 开始 〈开会〉 吧。
Nà, wǒmen kāishǐ <kāihuì> ba.

ポイント 『那』は「それでは」。『开始』は「始める」、『开会』は「会議を開く・始める」という意味になります。『吧』は提案のニュアンスを含みます。

□ **127** 林《リン》さん、どうぞ話を始めてください。

林 先生，请 您 发言。
Lín xiānsheng, qǐng nín fāyán.

ポイント 『请』は「ひとに～するように頼む」意味で「どうぞ～して下さい」☞ 2。『发言』は「発言する」という意味です。

□ **128** 今日の討議事項は何項目かあります。

議題

今天 我们 有 几项 需要 讨论 的 议题。
Jīntiān wǒmen yǒu jǐ xiàng xūyào tǎolùn de yìtí.

ポイント 『几』は「いくつかの」。10以下の不定の数をさします。『项』は項に分けた事物を表す助数詞。『议题』は『议程yìchéng』ともいいます。

□ **129** 最初の議題は…、次に…、最後が…です。

第一个 议题 是 …，下 一个 是 …，
Dì yī ge yìtí shì …, xià yí ge shì … ,

最后 一个 议题 是 …。
zuìhòu yí ge yìtí shì … .

ポイント 『第一个』は「第一番目の」。『下一个』は「次のひとつ」园『上一个shàng yí ge』(前のひとつ)。『最后』は「最後の」。『第一…, 第二…』(第一に…, 第二には…)ときて『最后』(最後に)と締めくくることもあります。

□ **130** 中心となる議題は…。

我们 的 中心 议题 是…。
Wǒmen de zhōngxīn yìtí shì … .

ポイント 『中心』は「中心の、中心となる」。『最重要的zuì zhòngyào de』(最も重要な) なども使われることがあります。

□ **131** 長谷川が1から10までの議題を説明します。

下面 由 长谷川 讲解 一下 1 到〈至〉10 的 议题。
Xiàmian yóu Chánggǔchuān jiǎngjiě yíxià yī dào <zhì> shí de yìtí.

ポイント 『下面』は「次に」。議事進行で次の段階に移るときや話題を変えるときによく使います。『由+(人)+～』は「(人) が～する」。動作を主体的に行うことを表します。

□ **132** 昼食休憩をとってから、またここで会議をしましょう。

会議の中断・終了

我们 午餐 休息 一下 后，还 在 这儿 开会 吧。
Wǒmen wǔcān xiūxi yíxià hòu, hái zài zhèr kāihuì ba.

ポイント 『午餐』は「昼食」。朝食は『早zǎo餐』、夕食なら『晚wǎn餐』です。『餐』は『饭fàn』にも置き換えられます。『这儿』は「ここ」。自分に近い場所を表します。少し遠くなれば『那儿』となります。

□ **133** 今日の会議は、これで終わりにします。

今天 的 会议 到此 结束。
Jīntiān de huìyì dào cǐ jiéshù.

ポイント 『到此』は「ここまで、これにて」。‘この時点まで’ ということです。『结束』は「終わる」。終了を告げる決まり文句として覚えましょう。

UNIT 18 意見を求める・言う

CD A-19

意見を聞く表現と、賛成・反対の意思表示をできる表現をとりあげています。難しい意見は言えなくても、賛否の意思表示ができればミーティングに参加できます。マスターしたら第6章の「会議」に進んでください。

□ ***134*** 江さん、あなたはどうですか。

意見を求める

江　先生，您 怎么 认为？
Jiāng xiānsheng, nín zěnme rènwéi?

【江　先生，您 对 这个 问题 怎么 看？】
Jiāng xiānsheng, nín duì zhège wèntí zěnme kàn?

ポイント 『怎么』は「どう、どのように」。『认为』は「～と思う、考える」。人や事物に対する見方・判断を聞いているフレーズです。『対』☞ *135*。

□ ***135*** この件について何かご意見はありますか。

对 这 件 事 各位 有 什么 意见 吗？
Duì zhè jiàn shì gèwèi yǒu shénme yìjian ma?

ポイント 『对』(～について) とテーマを掲げます。文頭にも主語の後ろにも置けます ☞ *134*。『各位』は『您』の複数形で「みなさん」。『什么』は「何か」。

□ ***136*** 異議のある方はいませんか。

有 没有 不 同意 的？
Yǒu meiyou bù tóngyì de?

ポイント 『有没有』は「ありますか」。肯定・否定を重ねた疑問文です。『不同意』は『同意』(同意する) の否定形。

□ **137**

意見を言う

私はあなたに賛成です。

我 赞成 你 的 意见。

Wǒ zànchéng nǐ de yìjian.

ポイント 『赞成』は「賛成する」。賛同の意を示す表現です。

□ **138**

私は賛成できません。

我 不 能 同意。

Wǒ bù néng tóngyì.

ポイント 『不能』は「～できない」。反対の意思表示です。

□ **139**

私はあなたの意見を支持します。

我 支持 你 的 观点。

Wǒ zhīchí nǐ de guāndiǎn.

ポイント 支持表明の表現です。『支持』は「支持する」、『观点』は「見方、観点」という意味です。

□ **140**

再討議

その項目は、(明日)もう一度討議すべきです。

这个 问题 我们 (明天) 应该 再 讨论 一次。

Zhège wèntí wǒmen (míngtiān) yīnggāi zài tǎolùn yí cì.

ポイント 『应该』は「～しなければならない、～するべきである」。『再』は「また」、『一次』は「一回、一度」。ここでは『再～一次』で「もう一度」となります。

□ **141**

別の議題に移る

次のテーマに移りましょう。

让 我们 讨论 下 一个 题目 吧。

Ràng wǒmen tǎolùn xià yí ge tímù ba.

ポイント 『让』☞ *9*。『讨论』は「討論する」。『下一个』☞ *129*。『题目』は「テーマ」。

信頼関係の構築が第一歩

1章では主に、自社内でのコミュニケーション場面をとりあげました。出張や駐在で中国の拠点に出向いた場合、現地のスタッフといかに息を合わせるかが、よい仕事をするカギです。

自己紹介、事務の依頼など、現地の方と話す機会もあるでしょう。中国語以外の言語でコミュニケーションをしているうちは、中国の方は心を開かないともいわれます。そのすべてを日本語・英語で話すより、たとえひとことでも中国語で話してみましょう。どんなにつたなくても、こちらの言葉を使って意思を伝えようとしている、という姿勢が、中国側のスタッフとの距離を縮める最良の処方箋です。一生懸命さが言葉を超えて相手に伝わったとき、信頼関係を築く第一歩が始まるのではないでしょうか。

郷に入っては郷に従え——中国とのビジネスにおいては異文化である中国を知ることも必要不可欠です。その大切なブレーンとして信頼の置ける中国人スタッフをどれだけ持てるかで、客先に入り込めるチャンスをつかめるかが決まるといっても過言ではありません。相手を信じてこそ、相手から信頼されるビジネスパートナーになれる——そのためにもまずは社内での足固めから、あせらずに始めてはいかがでしょうか。

第2章

電話でよく使うフレーズ

2-1 ▶電話を受けるときの基本トーク... 38
2-2 ▶電話をかけるときの基本トーク.... 50
2-3 ▶電話のトラブル............................ 64
2-4 ▶その他の電話表現 70
2-5 ▶電話を切る 73
2-6 ▶電話でアポイント 76

UNIT 19 最初のあいさつ

CD A-20

電話を受けたときの第一声として使う表現を集めました。直通・転送・取り次がれて出るなど、場面に応じた切り出し方の表現を学びましょう。電話を取った瞬間からあなたは会社の顔です。ぜひ習得しましょう。

□ **142** 社名を名乗る

はい、港北産業です。

这里 是 港北产业。

Zhèli shì Gǎngběi Chǎnyè.

ポイント 『这里』は「ここ、こちら」比較的近くの場所をさします。「はい」の意味合いとして『您好』を入れることもあります☞ *149*。

□ **143** 担当直通のとき

港北産業営業部です。

这里 是 港北产业 营业部。

Zhèli shì Gǎngběi Chǎnyè yíngyèbù.

ポイント 部署直通の場合には社名の後ろに部門名をつけます。☞ *142*

□ **144** 代表番号経由のとき

営業部です。

这里 是 营业部。

Zhèli shì yíngyèbù.

ポイント 代表電話からつながれた場合には社名は必要ありません。☞ *143*

□ **145** 個人直通（他人あて）

こちら齋藤部長席です。

这里 是 斋藤 部长 办公 电话。

Zhèli shì Zhāiténg bùzhǎng bàngōng diànhuà.

ポイント 『办公』は「事務をとる、業務を行う」。'齋藤部長の業務用電話である' という中国語の文ですから、「齋藤部長席です」の意味になります。「斉藤さん」「齋藤さん」どちらでも通常『斋藤』にしています。

□ **146** 小川取締役のオフィスです。田村です。

这里 是 小川 董事 办公室。我 是 田村。
Zhèli shì Xiǎochuān dǒngshì bàngōngshì. Wǒ shì Tiáncūn.

ポイント 『**董事**』は「取締役」。『**办公室**』は「オフィス、事務所」。オフィス名を名乗ったあと、本人ではないときにはスタッフ名を名乗ります。

□ **147** 私ですが。

自分あての電話

是 我。
Shì wǒ.

ポイント 文頭に『**你找的(人)** nǐ zhǎo de(rén)』(あなたがお探しの人)が省略されていて「(それ) は私です」という表現です。

□ **148** FCMテクノロジー [経理部]、近藤です。

社名・名前を名乗る

FCM 技术公司 ［会计部］ 的 近藤。
FCM Jìshù Gōngsī [kuàijìbù] de Jìnténg.

ポイント 社名または部署名のあとに名前を名乗るときには『**的**』でつなぎます。

□ **149** おはようございます。FCMテクノロジーです。

朝の電話応対

早晨 好。这里 是 FCM技术公司。
Zǎochen hǎo. Zhèli shì FCM Jìshù Gōngsī.

ポイント 『**早晨好**』は「おはようございます」。朝いちばん9時ごろまでによく使うあいさつです。『**您好**』は時間帯に関係なく使えます。

ミニコラム

○日本人特有の名前

日本人の姓名には日本特有の漢字を含むものや、ひらがな名があります。中国語読みするときの対処は？

§日本特有の漢字――字の一部分の音で読む

(例)¶辻（つじ）shí（『**十**』の音で） ¶柾（まさき）zhèng（『**正**』の音で）

§ひらがな名――漢字を当てはめて発音する

(例)¶まゆみ⇒真由美 zhēnyóuměi

UNIT 20 電話を取り次ぐ

前半では話し手の社名・所属、用件などを聞いて確かめる表現を、後半では電話を取り次ぐことを話し手に伝える表現をとりあげています。いずれもマスターできるよう、繰り返し練習しましょう。

CD A-21

□ **150** 一般的な電話の取り次ぎ

はい、内田でございますね。

您 找 内田，是 吧?

Nín zhǎo Nèitián, shì ba?

ポイント 『找』☞ *55*。『是吧?』は「そうですよね」。この前に述べた内容が正しいか確認を求めるニュアンスです。

□ **151**

少々お待ちください。

请 稍 候。

Qǐng shāo hòu.

ポイント 『稍』＝『稍微shāowēi』(少々)、『候』＝『等děng』、『等候』(待つ)。よく使うフレーズですのでこのまま覚えましょう ☞ *156*。

□ **152** 相手の名前を確認する

どちら様でしょうか。

请 问，您 贵姓?

Qǐngwèn, nín guìxìng?

ポイント 『请问』は「おたずねします」で、人に聞く切り出しとしてよく使います。『您贵姓?』は相手の姓を聞く決まり文句です。

□ **153** 用件をたずねる

失礼ですが、どのようなご用件でしょうか。

对不起，请问，是 什么 事?

Duìbuqǐ, qǐngwèn, shì shénme shì?

ポイント 聞きたいことが主で、すまない気持ちがない場合には『请问』だけでも十分に「失礼ですが」の意味になります。『对不起』は省略してもかまいません。

□ **154** 担当者に取り次ぐ

それでは担当の者と代わります。

那么 由 负责（这个 业务 的）人 来 和 您 通 电话。

Nàme yóu fùzé (zhège yèwù de) rén lái hé nín tōng diànhuà.

ポイント 『那么』は「それでは」。『由』☞ *131*。『业务』は「業務、仕事」。『和』は「～と」。動作の対象を示します。『通电话』は「電話が通じる」。ここでは電話をつなぐことです。☞ *156*

□ *155* 吉野は2人おりますが、主任の吉野でしょうか。

同姓が複数いるとき

我们 这里 有 两 个 叫 吉野 的，
Wǒmen zhèli yǒu liǎng ge jiào Jíyě de,
您 是 找 主任 的 吉野 吗?
nín shì zhǎo zhǔrèn de Jíyě ma?

ポイント 『我们这里』は「私どものところ」。自分の部署をさします。『叫～的』は「～という名前の者」。このように肩書きか、ファーストネームで区別をつけるといいですね。

□ *156* かしこまりました。それでは担当の者と代わりますので、少々お待ちください。

担当者に取り次ぐ（丁寧）

我 明白 了。那么 我 找 负责人 和 您 通 电话，
Wǒ míngbai le. Nàme wǒ zhǎo fùzérén hé nín tōng diànhuà,
请 稍 等 一下。
qǐng shāo děng yíxià.

ポイント 『负责』は「責任を持つ」。『负责人』は「担当者」のほかに「責任者」という意味でも使われます。☞ *154,212*

□ *157* お電話を回しますので、そのまましばらくお待ちください。

我 把 电话 给 您 转过去，请 您 稍微 等 一下。
Wǒ bǎ diànhuà gěi nín zhuǎnguoqu, qǐng nín shāowēi děng yíxià.

ポイント 『给』は「…のために、…に」。動作・行為の受け手を導きます。『转』は「（第三者を経て）回す、転送する」という意味です。

□ *158* 申し訳ないのですが、そのご用件でしたら営業部のほうで承っております。

担当違いの電話

实在 对不起，这 件 事 是 由 我们 的 营业部 负责 的。
Shízài duìbuqǐ, zhè jiàn shì shì yóu wǒmen de yíngyèbù fùzé de.

ポイント 『实在』☞ *40*。『件』☞ *53*。『负责』☞ *156*。自分の会社あてに電話をくださったお客様です。ただ、「ちがいます」と言うのではなく、丁寧な案内を心がけましょう。

UNIT 21 本人に取り次ぐとき

CD A-22

取り次ぐ相手に電話が入っていることを伝える表現、取り次ぐ相手が電話に出ることを話し手に伝える表現、自分が取り次ぎの電話に出るときの切り出し方の表現を学びます。自分のものになるまで繰り返し練習してください。

□ 159　電話が入ったと伝える

陳さん、お電話です。

小　陈，你 的 电话。

Xiǎo Chén,　nǐ　de　diànhuà.

ポイント 『小～』☞78。『你的电话』は「あなたへの電話です」に対応する中国語です。言い方の発想の違いに注目です。

□ 160　誰からの電話かを伝える

ABCコンピュータの李さんからです。

是 ABC 电脑 公司 李 先生 打来 的 电话。

Shì　ABC　Diànnǎo　Gōngsī　Lǐ　xiānsheng　dǎlái　de　diànhuà.

ポイント 『打电话』は「電話をかける」。『打来』で「かけてくる」となります。

□ 161

ABCコンピュータの李さんからお電話が入っています。

ABC 电脑 公司 的 李 先生 打 电话 找 你。

ABC　Diànnǎo Gōngsī　de　Lǐ　xiānsheng　dǎ　diànhuà　zhǎo　nǐ.

ポイント 『打电话』は「電話をする」。

□ 162　用件を伝える

うちの新製品についてのおたずねです。

是 询问 我们 公司 新产品 的 情况。

Shì　xúnwèn　wǒmen　gōngsī　xīnchǎnpǐn　de　qíngkuàng.

ポイント 『询问』は「聞く、たずねる、問う」。『新产品』は「新製品」、『情况』は「状況、様子」という意味です。

□ **163** 陳偉におつなぎいたします。

電話をつなぐと伝える

好的，我把电话 接到陈伟 那里。
Hǎo de, wǒ bǎ diànhuà jiē dào Chén Wěi nàli.

ポイント 『好的』☞ *79*。『接电话』は「電話をつなぐ」。中国の人名は1文字姓が圧倒的に多いため、フルネームで人名を話すのが普通です。『那里』＝『那儿』☞ *105*。

□ **164** お待たせしました、橋本です。

取り次ぎ経由の電話に出る

让您久等了。我是桥本。
Ràng nín jiǔ děng le. Wǒ shì Qiáoběn.

ポイント 『久』は「長い」。ここでは動詞を修飾し「長らく」。『让您久等了』で人を待たせたときの決まり文句です。『是』は『姓』にも置き換えられます ☞ *3*。

□ **165** お電話代わりました、橋本です。

我就是桥本。
Wǒ jiùshì Qiáoběn.

ポイント 『我就是』は「ほかの誰でもなく私が」というニュアンスです。

関連表現

●名前を聞く表現

2つの聞き方と、答え方の違いを覚えましょう。

＜最低限姓は答える＞

Q.您 贵姓? —— A.我 姓 铃木，名 叫 弘。
Nín guì xìng? Wǒ xìng Língmù, míng jiào Hóng.

＜フルネームで答える＞

Q.您 叫 什么 名字? — A.我 叫 川村 惠美。
Nín jiào shénme míngzi? Wǒ jiào Chuāncūn Huìměi.

UNIT 22

本人が出られないとき

CD A-23

取り次ぐ相手が電話に出られないことを伝える表現です。その理由をはっきり伝えられるよう、さまざまなケースをとりあげました。次回電話する目安となるよう、話し手に担当者が戻る予定も伝えられることが目標です。

□ *166* あいにく今、鈴木は電話に出られないのですが。

電話に出られないと伝える

不 凑巧，铃木 现在 接不了 电话。

Bú còuqiǎo, Língmù xiànzài jiēbuliǎo diànhuà.

ポイント 『不凑巧』は「あいにく」反『凑巧』(都合がよい、折よく)。『接』は「電話口に出る」。『接不了』は「電話に出られない別の用事が他に重なり電話に出きれない」という意味です☞ *76*。

□ *167* あいにく今、別の電話に出ております／電話中です［話し中になっています］。

電話中

他 正在 接 别的 电话。／现在 占线。

Tā zhèngzài jiē biéde diànhuà. Xiànzài zhànxiàn.

ポイント 『正在』は「ちょうど～している」。『接』☞ *166*。『占线』は「電話が話し中でふさがっている」という意味です。

□ *168* あいにく今、席をはずしております［接客中です／会議中です］。

離席中・接客中・会議中

不 凑巧，他 现在 不 在 坐位 上

Bú còuqiǎo, tā xiànzài bú zài zuòwèi shàng

［正在 会客／正在 开会］。

[zhèngzài huìkè / zhèngzài kāihuì].

ポイント 『A在B』は「AはBにいる」。人や事物の所在を表します。ここでは否定形です。『坐位』(＝座位)は「(自分の)座席」。『会客』は「客に会う」。『开会』☞ *126*。

□ *169* あいにくまだ出社しておりません。

不在

对不起，他 还 没有 来 公司〈上班〉。

Duìbuqǐ, tā hái méiyǒu lái gōngsī <shàngbān >.

ポイント 『还没有～』は「まだ～していない」。『有』が省略されることもあります。『公司』は『会社』。『上班』☞ *32*。『对不起』☞ *45*。

□ **170** あいにく外出中です［昼食で出ております／出張中です］。

外出・昼食・出張

他 出去 了［去 吃 午饭 了／出差 了］。
Tā chūqù le [qù chī wǔfàn le / chūchāi le].

ポイント 『出去』☞ *22*。『去+動詞』で「～しに行く」。『吃』は「食べる」。『午饭』は「昼食」☞ *132*。『出差』は「出張する」。

□ **171** すみません、本日は帰らせていただきました［お休みを頂戴しております］。

帰宅・休暇

对不起，他 今天 已经 回去 了［休息］。
Duìbuqǐ, tā jīntiān yǐjing huíqù le [xiūxi].

ポイント 『今天』☞ *31*。『已经』は「すでに、もう」。『回去』は「帰る」。『下班』にも置き換えられます ☞ *32, 169*。『休息』☞ *41*。

□ **172** 山崎は外出中です。3時すぎに戻るかと思います。

帰社予定を伝える

山崎 出去 了，大概 3 点 以后 回来。
Shānqí chūqù le, dàgài sān diǎn yǐhòu huílái.

ポイント 『大概』は「だいたい、おおよそ」。『～点』は時間の単位「～時」。「分」は『分 fēn』です。時間の長さの場合 ☞ *54*。『以后』は「～以降、以後」。「3時過ぎ」は『三点多钟 sān diǎn duō zhōng』とも言います。

□ **173** あいにく長期の出張で出ておりまして、戻ってくるのは来週の月曜になります。

不巧，他 一直 在 出差，下星期一 回来。
Bù qiǎo, tā yìzhí zài chūchāi, xià xīngqīyī huílái.

ポイント 『不巧』=『不凑巧』☞ *166*。『一直』は「ずっと」、『在』は「～している」という意味です ☞ *167*『正在』。

□ **174** すみません、当人は今週いっぱい休暇を頂戴しております。

長期休暇

对不起，他 这 星期 一直 都 休息。
Duìbuqǐ, tā zhè xīngqī yìzhí dōu xiūxi.

ポイント 『这星期』は「今週」☞ P.8関連語句。『都』は「みな、すべて」。ここでは『这星期』をさします。

UNIT 23 取り次げないときのフォロー

CD A-24

取り次げない理由と戻りの予定を伝えることができたら、話し手にかけ直しを依頼することや、相手の意向を聞くことに挑戦しましょう。相手の用件の緊急度に応じた臨機応変な応対ができることが目標です。

☐ **175** あとでかけ直してくださいますか。

かけ直し依頼

麻烦 您 过 一会儿 再 打来，可以 吗？
Máfan nín guò yíhuìr zài dǎlái, kěyǐ ma?

ポイント 『过一会儿』は「少しあとに」。『过后』（あとに）とも言います ☞ *177*。『再』は「再び」。『打来』は「電話をかけてくる」というニュアンスです。

☐ **176** いかがいたしましょうか。

相手の意向をたずねる

您 有 什么 要求 吗？
Nín yǒu shénme yāoqiú ma?

ポイント 『要求』は「要望、希望」。日本語の「要求」とはニュアンスが違います。

☐ **177** このままお待ちになりますか。それともおかけ直しになりますか。

您 是 这样 稍微 等 一会儿，还是 过后 再 打来？
Nín shì zhèyàng shāowēi děng yíhuìr, háishi guòhòu zài dǎlái?

ポイント 『这样』は「このように」。『稍微』『等』☞ *151*。『一会儿』は「ちょっとの間、しばらく」☞ *175*。『主語＋是A, 还是B?』で「Aですか。それともBですか」。『过后』☞ *175*。

☐ **178** 彼女にかけ直させるようにいたしましょうか。

かけ直す打診

让 她 给 您 回 电话，好 吗？
Ràng tā gěi nín huí diànhuà, hǎo ma?

ポイント 『让』☞ *9*。『回电话』は「折り返し電話する」。よく『回个ge(＝一个yíge)电话』ともいいます。『好吗?』☞ *72*。

☐ **179** 彼女の同僚［アシスタント］におつなぎしましょうか。

同僚へつなぐ

我 把 您 的 电话 接到 她 的 同事［助理］那里 去 吧。
Wǒ bǎ nín de diànhuà jiē dào tā de tóngshì [zhùlǐ] nàli qù ba.

ポイント 『到～去』は「～へ行く」。この場合は電話をつなぐ相手先を示します。『同事』は「同僚」。『助理』は「助手、補佐役」で、役職名につけて「～代理」などとしてよく使われます。

□ **180** 誰か事情をわかっている者をご存じですか。

事情がわかる者をたずねる

您 知道 有 谁 了解 这 件 事 吗?
Nín zhīdao yǒu shéi liǎojiě zhè jiàn shì ma?

ポイント 『知道』は「知っている」。『有』は「ある（物）、いる（人）」、『谁』は「誰」、『了解』は「理解している」。『件』☞ *53*。

□ **181** 申し訳ないことに彼女は退職いたしました。後任の者につなぎましょうか。

後任へつなぐ

对不起，她 已经 辞 了 职，不 在 这里 了。
Duìbuqǐ, tā yǐjing cí le zhí, bú zài zhèli le.

我 把 电话 转 给 接替 她 工作 的 人，好 吗?
Wǒ bǎ diànhuà zhuǎn gěi jiētì tā gōngzuò de rén, hǎo ma?

ポイント 『辞职』は「辞職する」。自己都合などの場合に用います。定年退職の場合 ☞ *16*。『转』☞ *157*。『替A+動詞』は「Aの代わりに～する」。

□ **182** お急ぎでしたら、こちらから出先［自宅］に連絡を入れてみますが。

急ぎへの対処

如果 您 比较 急，我 可以 试着〈试一下〉和 她
Rúguǒ nín bǐjiào jí, wǒ kěyǐ shìzhe <shì yíxià> hé tā

外出 的地方［家里］联系 一下。
wàichū de dìfang [jiāli] liánxì yíxià.

ポイント 『如果』☞ *68*。『比较』は「比較的」、『急』は「急いでいる」、『试着+動詞』で「試しに～する」、『地方』は「場所」、『联系』は「連絡する」という意味です。

□ **183** お待ちくださりありがとうございます。中村はまだもう少しかかりそうですが。

保留のまま待たせたとき

让 您 久等 了，实在 不好意思。
Ràng nín jiǔděng le, shízài bù hǎoyìsi.

中村 还 要 再 过 一会儿 才 能 接 电话。
Zhōngcūn hái yào zài guò yíhuìr cái néng jiē diànhuà.

ポイント 『久等』は「長い間待つ」。『实在』☞ *40*。『不好意思』は「きまりが悪い」。『A才能B』は「Aしてはじめて Bできる」。社外の方に自社職員の話をするときには敬称をつけません。中国人スタッフならフルネームで。

UNIT 24 伝言を受ける

CD A-25

取り次げないときには、話し手の氏名や連絡先は最低限聞いておきたいものです。ここでは、話し手が伝言しやすい雰囲気作りの表現を学習します。また、伝言を復唱・確認できてこそ行き届いた対応といえます。ぜひ挑戦してください。

□ **184** 何か申し伝えましょうか。

伝言を聞く

您 有 什么 需要 我 转告 的 吗?
Nín yǒu shénme xūyào wǒ zhuǎngào de ma?

ポイント 『转告的』のあとに『事』(ことがら) が省略されています。『什么』☞ *135*。『需要』は「～すべきである」、『转告』は「伝言する、代わりに告げる」という意味です。

□ **185** よろしかったらメッセージを承りますが。

如果 您 不 介意, 我 可以 把 您 的 留言 转告 给 他。
Rúguǒ nín bú jièyì, wǒ kěyǐ bǎ nín de liúyán zhuǎngào gěi tā.

ポイント 『不介意』は「気にかけない」、『留言』は「伝言、書き置き」、『转告』☞ *184*。

□ **186** よろしければお名前と電話番号を頂戴できますか。

名前・電話番号を聞く

我 可以 请教 一下 您 的 姓名 和 电话 号码 吗?
Wǒ kěyǐ qǐngjiào yíxià nín de xìngmíng hé diànhuà hàomǎ ma?

ポイント 『请教』☞ *44*。『姓名』は「氏名、フルネーム」という意味です。

□ **187** 15時までに、阿部製薬へビタミンA剤を50個ですね。

用件を確認する

下午 3 点 以前 把 50 瓶 维生素 A 送到
Xiàwǔ sān diǎn yǐqián bǎ wǔshí píng wéishēngsù A sòng dào
阿部 制药 公司, 对 吧。
Ābù Zhìyào Gōngsī, duì ba.

ポイント 『下午』☞ *32*。『以前』は「～より前」。『瓶』は瓶状のものをさす助数詞。日本語では「個」ですませているものも、形状の違いで助数詞を使い分けています。

□ **188**　念のため、復唱します。

復唱する切り出し

为了 慎重 起见，让 我 复述 一遍。

Wèile shènzhòng qǐjiàn, ràng wǒ fùshù yíbiàn.

ポイント 『为了～起见』は「～の点から見て」。『慎重』は「慎重である」。『复述』は「復唱する」、『遍』は「回」。動作の初めから終わりまでの全過程を強調する助数詞です。

□ **189**　お時間は何時にいたしましょうか。

伝言漏れ補充質問

时间 安排 在 几点 合适 呢？

Shíjiān ānpái zài jǐ diǎn héshì ne?

ポイント 伝言に時間情報が抜けていたら、こう質問します。伝言の必須要素☞ P.57関連語句。『安排』はここでは「スケジュールを組む」、『几点』は「何時」、『合适』は「適している」という意味です。『呢』はYes/No以外の疑問文で答えを促します。

□ **190**　かしこまりました。田村が戻りしだい申し伝えます。

相手が復唱を確認後

我 明白 了。田村 一回来，我 就 马上 转告 给 他。

Wǒ míngbai le. Tiáncūn yì huílái, wǒ jiù mǎshàng zhuǎngào gěi tā.

ポイント 『明白了』で「わかりました」☞ *53*。『一～就…』で「～してすぐに…」、『马上』は「すぐ」。この例のように『给』が動詞の後ろにくることもあります☞ *95,157*。

□ **191**　私は中島と申します。お電話をありがとうございました。失礼します。

我 是 中岛。谢谢 您 来 电话。再见。

Wǒ shì Zhōngdǎo. Xièxie nín lái diànhuà. Zàijiàn.

ポイント 『是』は『叫』・『姓』に置き換え可能です。電話の切り際に電話をいただいたことへの御礼を忘れず述べたい場面です。

> ※伝言を聞いている中で必要な情報が抜けているときには、**189**のように質問できるように備えをしましょう。
> 伝言の必須要素 ☞ P.57 関連表現を参考にして下さい。

UNIT 25 取り次いでもらう

CD A-26

電話をかけるときにまず必要なのは、社名・氏名を名乗ること、話したい相手の氏名を伝えることです。直通電話ではない場合は、さらに部署名や内線番号なども言う必要が出てきますので、いろいろな表現を覚えましょう。

□ **192** 社名・名前を名乗る

私はニッポン・コンピュータの鈴木太郎と申します。

我 是 日本计算机公司 的 铃木 太郎。

Wǒ shì Rìběn Jìsuànjī Gōngsī de Língmù Tàiláng.

ポイント 『计算机』は「コンピュータ」。『电脑diànnǎo』も同じ意味です。社名・氏名を名乗る☞ *7*。

□ **193** 相手を呼ぶ（部署直通）

張さんをお願いします。

我 要 找 张 先生。

Wǒ yào zhǎo Zhāng xiānsheng.

ポイント 『要』は「～したい」。自分の意思を示すための必須語句です。『找』☞ *55*。

□ **194** 内線のとき

内線123をお願いできますか。

请 转 内线 123。

Qǐng zhuǎn nèixiàn yāo èr sān.

ポイント 『内线』は「内線」。『分机fēnjī』ともいいます。代表電話なら『总机zǒngjī』といいます。

□ **195** 受け手が名乗らないとき

恐れ入ります。城東電機さんでいらっしゃいますか。

对不起，请问，是 城东电机公司 吗？

Duìbuqǐ, qǐngwèn, shì Chéngdōng Diànjī Gōngsī ma?

ポイント ‘恐れ入ります＝お伺いします’と発想を変えて中国語に直します。『请问』だけでも通じます。『请问』と『是』のあいだに「そちらは」を省略していますので、少しポーズを置いて話すといいでしょう。

□ ***196*** 池田さんでいらっしゃいますか。

请问，是 池田 先生 吗?

Qǐngwèn, shì Chítián xiānsheng ma?

ポイント ***195***の社名を個人名に置き換えた表現です。担当直通電話や、取り次ぎを待っていたときに相手を確認する表現として使えます。

□ ***197*** 恐れ入りますが、総務部の池田さんをお願いします。

特定の相手を呼ぶ（部署・氏名）

麻烦 你 帮 我 找 一下 总务部 池田 先生。

Máfan nǐ bāng wǒ zhǎo yíxià zǒngwùbù Chítián xiānsheng.

ポイント 『麻烦你〈您〉』☞ *48*、『帮』☞ *97*、『找』☞ *55*。相手の部署名と氏名はあいだに『的』を入れず、このように続けて話してかまいません。

□ ***198*** リサーチご担当の方とお話ししたいのですが。

担当者を呼ぶ

我 想 和 负责 研究 的 人员 通 一下 电话。

Wǒ xiǎng hé fùzé yánjiū de rényuán tōng yíxià diànhuà.

ポイント 『想』は「～したいと思う」。小さい子供が『要』を使うのに比べ、より洗練されたイメージがあります☞ *193*。『研究』は「事物の真相・性質・法則などを探求する」ことです。

□ ***199*** 私は日本から電話しております大沢と申します。

国際電話だと告げる

我 是 从 日本 打来 的。我 叫 大泽。

Wǒ shì cóng Rìběn dǎlái de. Wǒ jiào Dàzé.

ポイント この文では『是～的』が述語部分（日本からかけている）をはっきり示しています。沈黙しても電話を切られず、また取り次ぎを早めてもらう効果があります。☞ ***192,208***

□ ***200*** いつもお世話になっております。

名乗ったあとで

谢谢 您 经常 给予 关照。

Xièxie nín jīngcháng jǐyǔ guānzhào.

ポイント 『经常』は「いつも」、『承蒙』は「賜る、～にあずかる」、『照顾』は「世話をする」。『非常』は「たいへん、非常に」。客先への丁寧なあいさつとして幅広く使えます。

UNIT 26 相手の都合をたずねる

CD A-27

相手の都合のよい時間に電話をかけているとは限りません。そこで、相手に話す時間があるか確認する表現や、都合が悪い場合にかけ直すと告げる表現を学びましょう。名乗った後でこれらのフレーズが使えれば、マナー向上間違いなしです。

□ **201** 都合を聞く

今、お時間はありますか。

您〈你〉现在 有 空 〈时间〉 吗?

Nín <nǐ> xiànzài yǒu kòng <shíjiān> ma?

ポイント 『现在』は「今」。『空』は「空き時間」☞ *48*、『时间』は「時間」。『工夫gōngfu』(暇)とも置き換えることもできます。

□ **202**

お話ししたいのですが、今、ご都合はよろしいですか。

我 有 一点 事 想 和 您 商量。

Wǒ yǒu yìdiǎn shì xiǎng hé nín shāngliang.

不 知 您〈你〉现在 是否〈是不是〉方便?

Bù zhī nín <nǐ> xiànzài shìfǒu <shìbushi> fāngbiàn?

ポイント 『一点』☞ *47*。『不知』は『是否』、『能不能』など肯定・否定疑問文の頭につけて、控えめに打診する表現「～かどうかわかりませんがいかがでしょうか」になります。

□ **203** 用件を述べ都合をたずねる

お電話したのはご提案されている件でお話ししたかったからですが、今、お時間はありますか。

我 打 电话 是 想 和 您 谈 一 谈 您 建议 的

Wǒ dǎ diànhuà shì xiǎng hé nín tán yi tán nín jiànyì de

那 件 事, 不 知 您 现在 是否 有 时间?

nà jiàn shì, bù zhī nín xiànzài shìfǒu yǒu shíjiān?

ポイント 『動詞+一+動詞』で「ちょっと～する」。同じ動詞を重ねます。『建议』は「建設的意見、提案」。『意见yìjian』は「異議、不満」という否定的な意味で、日本語と異なります。

● 相手の都合が悪いとき

□ 204

かけ直すことを述べる

後ほどこちらからお電話いたします。

过 一会儿 我 再 给 您 打 电话。

Guò yíhuìr wǒ zài gěi nín dǎ diànhuà.

ポイント 『过一会儿』☞ *175*、『给』☞ *157*。『打电话』は「電話をかける」。「こちらからかける」は中国語では「私がかける」と表現しています。

□ 205

かけ直す時間の打診

1時間後にこちらからお電話してもよろしいですか。

一个 小时 后，我 给 您 去 电话，可以 吗?

Yí ge xiǎoshí hòu, wǒ gěi nín qù diànhuà, kěyǐ ma?

ポイント 『～个小时』☞ *54*。『去电话』は「電話がいく」＝「（そちらに）電話がかかる」という日本語表現に近いニュアンスです。

□ 206

早朝・深夜・繁忙時の電話

朝早くに［夜分に／こんな時間に／お忙しいところ］申し訳ないことです。

这么 早 ［这么 晚 ／ 这个 时间 ／ 您 正 忙 的 时候］ 给 您 打 电话，实在 对不起。

Zhème zǎo [Zhème wǎn / Zhège shíjiān / Nín zhèng máng de shíhou] gěi nín dǎ diànhuà, shízài duìbuqǐ.

ポイント 『这么』は「こんなに（も）」。程度を表します。『早』、『晚』☞ *58*。『正』＝『正在』☞ *167*。

□ 207

初めて話す相手に

突然のお電話で申し訳ないことです。

请 原谅 我 这么 突然 地 给 您 打 电话。

Qǐng yuánliàng wǒ zhème tūrán de gěi nín dǎ diànhuà.

ポイント 『原谅』は「許す」。誤りや過失を責めないニュアンスです。『突然』は「突然である」。『地』をつけ副詞となります。「突然の電話で」は「突然電話をして」と訳します。

□ 208

電話を切られそうなとき

ちょっと待ってください、石川さん。

石川 先生，请 您 稍 等 一下。

Shíchuān xiānsheng, qǐng nín shāo děng yíxià.

ポイント 切られないうちに言えるかがカギです。さらに『诶ēi』を最初に付け注意を喚起したり、『请别挂电话qǐng bié guà diànhuà』（電話を切らないでください）と言ったりもします。

UNIT 27 用件を提示する

CD A-28

用件を手短に伝えることもビジネスパーソンの必須条件です。相手が忙しい場合も用件次第で話を続けてもらえることもあり、とても重要な表現です。電話以外でも大いに活用できますので、ぜひ自分のものにしてください。

□ **209** 来週東京へ行かれる件でお話ししたいのですが。

用件を伝える

我 想 和 您 商量 一下 您 下星期 去 东京 的 事。
Wǒ xiǎng hé nín shāngliang yíxià nín xià xīngqī qù Dōngjīng de shì.

ポイント 『和～（人）商量…（内容）』で「～と…について相談する」。『事』は「ことがら」。ビジネスでは『事宜shìyí』ともいいます。

□ **210** 新製品の件についてお話しできないかと思っていましたもので。

丁寧な切り出し方

能 不 能 和 您 谈 一 谈 关于 新产品 的 事?
Néng bu neng hé nín tán yi tán guānyú xīnchǎnpǐn de shì?

ポイント 『動詞＋一＋動詞』☞ *203*。『关于～的事』で「～に関することがら」という意味です。

□ **211** 徐さんにお目にかかるお約束をお願いしたいのですが。

アポイントをとりたいとき

我 想 拜见 一下 徐 先生, 不 知 能 不 能 安排 一下?
Wǒ xiǎng bàijiàn yíxià Xú xiānsheng, bù zhī néng bu neng ānpái yíxià?

ポイント 『拜见』は「お目にかかる」。客先側から述べる表現です。『不知』☞ *202*。『安排』☞ *189*。

□ **212** リサーチ部門の責任者の方と来週東京においでになる件でお話ししたいのですが。

相手と用件を伝える

我 想 和 您 商量 一下 您 下星期 和 研究〈调研〉
Wǒ xiǎng hé nín shāngliang yíxià nín xià xīngqī hé yánjiū <diàoyán>
部门 负责人 一起 来 东京 的 事。
bùmén fùzérén yìqǐ lái Dōngjīng de shì.

ポイント *209*の用件部分がより複雑になった文です ☞ *198*。『负责人』は「責任者」☞ *156*。『和～一起』は「～と一緒に」。

UNIT 28

相手が都合を答える

CD A-29

UNIT26に対する応答表現です。電話をかけた場合には聞き取れるよう、電話を受けた立場なら答えられるよう、しっかり身につけましょう。ひとまず断る場合にも、丁寧に応対することが新たなビジネスチャンスを生みます。

電話をかけるときの基本トーク

□ **213** 今、手が離せないもので。

手が離せないとき

我 现在 腾不出 时间。
Wǒ xiànzài téngbuchū shíjiān.

ポイント 『腾出』は「(容器の中身・部屋・時間などを)空ける」。『腾不出』で「時間を空けられない、やりくりできない」。反『腾得出téngdechū』。『抽出时间』(時間を割く)という表現もあります。

□ **214** 急用が入ったので［別の用があるので］電話で話していられません。

急用・別件があるとき

我 突然 有点 急事［我 有点 其它 事］，
Wǒ tūrán yǒudiǎn jíshì [Wǒ yǒudiǎn qítā shì],
所以 没有 时间 在 电话 里 详谈。
suǒyǐ méiyǒu shíjiān zài diànhuà li xiángtán.

ポイント 『有点』 ☞ *47*。『急事』は「急用」。『其他』は「そのほかの」。『(因为yīnwèi)～所以…』は前の句の理由を受け、「～なので…」と結果を示します。『详谈』＝『详细地谈 xiángxì de tán』は「詳しく話す」。

□ **215** その件なら今話しましょう。

すぐに話せる用件のとき

那 件 事 的 话，我们 现在 就 可以 在 电话 里 谈 一下 嘛。
Nà jiàn shì de huà, wǒmen xiànzài jiù kěyǐ zài diànhuà li tán yíxià ma.

ポイント 『～的话』は「～ならば」☞ *68*。『在电话里』は「電話(の中)で」という意味です。

□ **216** ええ、もちろんです。後ほど話しましょう。

かけ直すことを打診されて

当然 可以。我们 回头 再 谈 吧。
Dāngrán kěyǐ. Wǒmen huítóu zài tán ba.

ポイント 『当然』は「もちろん、当然」、『可以』は「かまわない」。『回头』は「あとで、しばらくして」という意味です。

UNIT 29 折り返しの電話をかける

CD A-30

折り返し電話をかけた場合の切り出し方のフレーズをまとめました。電話をもらったこと、その折り返しに電話していること、不在だったお詫びをしっかり述べられるようになり、その上で用件を伺えれば好印象につながります。

□ **217** お電話をいただきましたので。

折り返し電話の切り出し

刚才 他〈她〉给 我 打过 电话。
Gāngcái tā <tā> gěi wǒ dǎguo diànhuà.

ポイント 『刚才』は「先ほど、今しがた」。『他』は「彼」、『她』は「彼女」と性別で漢字を使い分けます。物をさす『它』（それ、あれ）も発音は同じです。『動詞+过』で動作の完了を表します。

□ **218** お電話をいただいたとのことで、お電話しました。

听说 他〈她〉给 我 打过 电话，
Tīngshuō tā <tā> gěi wǒ dǎguo diànhuà,

所以 我（想）回 一 个 电话。
suǒyǐ wǒ (xiǎng) huí yí ge diànhuà.

ポイント 『听说』は「聞くところによると」、『所以』☞ *214*。『想』☞ *198*を入れると、‘電話をしようと思った’というニュアンスが出ます。

□ **219** ちょっと用事で出かけていて、事務所にいませんでした。

不在を詫びる

我 刚才 有点 事 出去 了，没有 在 办公室。
Wǒ gāngcái yǒudiǎn shì chūqù le, méiyǒu zài bàngōngshì.

ポイント 『刚才』☞ *217*。『有点』☞ *47*。『没有+動詞』で「～しなかった」。『在』は「いる（人）、ある（物）」。所在を表します☞ *168*。

□ **220** 失礼しました。

詫びる

对不起。【实在 抱歉。】
Duìbuqǐ. Shízài bàoqiàn.

ポイント 『对不起』は自分に非があるときに述べます。使う場面に注意が必要です。『实在』は「じつに」、『抱歉』は「すまなく思う」。『失礼了shīlǐ le』ということもあります。

221 用件を伺う

ご用件を伺ってもよろしいですか。

我 可以 问 一下 是 什么 事 吗?
Wǒ kěyǐ wèn yíxià shì shénme shì ma?

ポイント 『问』は「聞く、問う」。『什么事』は「どんなこと」→ここでは「ご用件」となります。『可以～吗?』は「～してもかまいませんか」。丁寧に相手の同意を得ます。

---

222 不在を詫びる

先ほどは 不在にしており［電話に出られず］、失礼いたしました。

我 刚才 不在 ［没 能 接 电话］, 实在 对不起。
Wǒ gāngcái bú zài [méi néng jiē diànhuà], shízài duìbuqǐ.

ポイント 『不在』は『在』の否定形で「いない」。『没能～』は「～できなかった」。『接电话』は「電話口に出る」。

223 伝言を受けたとき

お昼ごろにお電話をいただいたとの伝言を受け取りました。

我 接到 留言, 说 您 中午 给 我 打过 电话。
Wǒ jiē dào liúyán, shuō nín zhōngwǔ gěi wǒ dǎguo diànhuà.

ポイント 『接到』は「受ける、受け取る」。『留言』☞185。『说』の主語は『留言』で、以下の部分が伝言の内容を表し、「伝言によれば～である」という意味です。

関連表現

●伝言の必須要素

1. 電話のあった日時

什么 时候 来 的 电话
shénme shíhou lái de diànhuà

2. 名指し人の名前

要 找 谁
yào zhǎo shéi

3. 相手の会社名と名前

对方 公司 的 名称 和 负责人 姓名
duìfāng gōngsī de míngchēng hé fùzérén xìngmíng

4. 用件の内容（場所・数量など）

留言 内容(地点・数量等)
liúyán nèiróng (dìdiǎn · shùliàng děng)

5. 相手の連絡先

对方 的 联系 电话
duìfāng de liánxì diànhuà

6. 受信者の名前

接 电话 人 的 姓名
jiē diànhuà rén de xìngmíng

UNIT 30 話し中・不在のとき

CD A-31

話し終わるのを待つのか、かけ直すのか、かけ直してもらうのか——話したい相手と話せないときに、電話を受けた人に自分の意向を伝えることを学びます。相手が不在の場合に、戻る予定を聞く表現も、合わせて身につけましょう。

□ **224** あとでまたお電話します。

かけ直すと伝える

我 过 一会儿 再 打。
Wǒ guò yíhuìr zài dǎ.

ポイント 『打』は「電話をかける」。かけなおす時間を具体的に伝えるときには『过一会儿』と置き換え、『10分钟以后shí fēnzhōng yǐhòu』(10分後に)などと伝えます ☞ *175*。

□ **225** お電話をいただけますか。

電話がほしいと伝える

可以 给 我 回 个 电话 吗?
Kěyǐ gěi wǒ huí ge diànhuà ma?

ポイント 『可以～吗?』☞ *221*。『回个电话』☞ *178*。折り返し電話を依頼するのですから丁寧な表現を心がけましょう。

□ **226** 何時ごろお戻りになりますか。

不在のとき

他〈她〉什么 时候 回来?
Tā <Tā> shénme shíhou huílái?

ポイント 『什么』が「なに」、『时候』が「時刻、時」。『什么时候』で「何時ごろ」。何時何分という正確な時間を問うものではありません。『回来』☞ *15*。

□ **227** ええ、かまいません[全然かまいませんよ]。

待つかと聞かれたとき

没关系, 我 可以 等。
Méi guānxi, wǒ kěyǐ děng.

ポイント 『没关系』は「かまわない、さし支えない」。類『我不介意』(気にしません)。ここでは待てるかを聞かれたので、あとに『我可以等』(待ってもよい)と付け足して答えています。

□ **228** 2〜3分でしたら待ちます。

两、三 分钟 的 话，我 可以 等 一 等。

Liǎng、sān fēnzhōng de huà, wǒ kěyǐ děng yi děng.

ポイント 『两、三分钟』＝『两分钟、三分钟』。分量・数量をいう 2 は『两』を使います。『的话』☞ *215*。『動詞＋一＋動詞』☞ *203*。2〜3分なら少しだけ待つニュアンスなので、動詞部分が『等一等』になっています。

□ **229** では、後ほど改めてお電話いたしますので、青木さんにそのようにお伝えください。

電話をかけ直すとき

那，我 过 一会儿 再 打。

Nà, wǒ guò yíhuìr zài dǎ.

麻烦 你 转告 给 青木 先生， 好吗?

Máfan nǐ zhuǎngào gěi Qīngmù xiānsheng, hǎo ma?

ポイント 『那』＝『那么』は「それでは」。『转告』☞ *184*。伝言を頼む ☞ UNIT32。『好吗?』（よろしいですか）は相手への依頼に承諾を求めています ☞ *72*。

□ **230** お戻りになりましたら、折り返しお電話をいただきたいのですが。

戻り次第電話をもらう

他 回来 后，麻烦 他 给 我 回 个 电话，可以 吗?

Tā huílái hòu, máfan tā gěi wǒ huí ge diànhuà, kěyǐ ma?

ポイント ここでは不在の人『他』に電話をかけてもらうという面倒をかけるので『麻烦他』となります。『可以吗?』（かまいませんか）は伝言をお願いすることに許可を得たいニュアンスです。

□ **231** たびたび恐れ入ります。

再度かけ直したときの冒頭

又 麻烦 您，实在 对不起。

Yòu máfan nín, shízài duìbuqǐ.

ポイント 『又』は「また」。動作や状態が相次ぐことを示します。同じ人が電話に出ていなくても、何度も電話をかけていることが受け手に伝わり、相応の応対を期待できます。

UNIT 31 すぐに連絡をとりたい

CD A-32

急いで連絡をとりたいと伝える表現を学びます。「何時までに」というフレーズは、仕事の締め切りを話す際など使用頻度の高い表現です。また、後半は連絡先を聞く表現です。“急いでいても丁寧に”をめざすようにしましょう。

□ 232 急ぎの件なのですが…。

急ぎだと伝える

我 突然 有点 急事…。

Wǒ tūrán yǒudiǎn jíshì….

ポイント 『突然』(突然 ☞ 207)を入れることにより、急用が突如発生したという切迫した状況を伝えられます。『有点』☞ 47、『急事』☞ 214。

□ 233 できるだけ早く連絡をとりたいのですが。

なるべく早く連絡

我 想 尽快 和 他 联系 上。

Wǒ xiǎng jǐnkuài hé tā liánxìshang.

ポイント 『想』☞ 198。『尽快』は「なるべく早く」。『～地de』がつくこともあります。『联系』は「連絡する」。『～上』は「動作が対象・目的に到達する」。ここでは彼と連絡がとれる状態を表します。

□ 234 できるだけ早くご連絡ください。

请 尽快 和 我 联系。

Qǐng jǐnkuài hé wǒ liánxì.

ポイント 233が連絡をとりたい自分の意思を表していたのに対し、連絡をもらうお願いをする表現です。『请』☞ 2をつけ、連絡をとる主体は相手、自分と連絡を、と置き換えます。

□ 235 5時までに連絡をとりたいのですが。

連絡期限を伝える

我 想 5点 以前 和 他 取得 联系。

Wǒ xiǎng wǔ diǎn yǐqián hé tā qǔdé liánxì.

ポイント 『以前』は「～よりも前に」。「5時よりも前に」→「5時までには」となります。『取得』は「手に入れる、取得する」。『取得联系』で「連絡をとる」となります。

□ **236** こちらから彼に連絡できるところはありませんか。

連絡先を聞く

从 我 这里 能 不 能 直接 和 他 取得 联系?
Cóng wǒ zhèli néng bu neng zhíjiē hé tā qǔdé liánxì?

ポイント 『从』☞ *14*。『我这里』は「私のところ」。☞ *142*。『能不能』☞ *121*。『直接』は「直接、じかに」。『取得联系』☞ *235*。

□ **237** さしつかえなければ、彼女の携帯電話の番号を教えていただけますか。

携帯番号を聞く

如果 方便 的 话,
Rúguǒ fāngbiàn de huà,

能 不 能 把 她 的 手机 号码 告诉 我?
néng bu neng bǎ tā de shǒujī hàomǎ gàosu wǒ?

ポイント 『方便』は「都合がよい」。『如果方便的话』で「都合がよければ、さしつかえなければ」となります。『手机』は「携帯電話」です。『告诉』☞ *96*。内容は『把』で前に出ています。

□ **238** 私の携帯電話にご連絡をくださるようにお伝えください。

携帯への連絡依頼

请 让 她 把 电话 打到 我 的 手机 上。
Qǐng ràng tā bǎ diànhuà dǎ dào wǒ de shǒujī shàng.

ポイント 『让』☞ *9*。『打电话』の『电话』が『把』で前に出ています。『動詞+到〜上』で動作の結果が〜に到達することを示します。

□ **239** 彼のご自宅にお電話をさし上げてもよろしいでしょうか。

自宅連絡の許可を得る

我 可以 把 电话 打到 他 家里 去 吗?
Wǒ kěyǐ bǎ diànhuà dǎ dào tā jiāli qù ma?

ポイント *238*の動作の主体が「私」になり、許可を求めている表現です。『家里』は「家」。『動詞+到〜去』で「動作の結果〜に行きつく」。こちら側が起点になっています。

UNIT 32 伝言を頼む・断る

CD A-33

伝言を頼む場面では、切り出し方と伝言したい相手、1.電話をもらいたい、2.あとでかけ直す、の2種類の表現が使えることを目標とします。断る場合には理由を添えたり感謝を述べることを忘れないようにしましょう。

□ **240** では伝言をお願いします。

伝言を頼む

那 麻烦 您 转告 一下。

Nà máfan nín zhuǎngào yíxià.

ポイント 伝言依頼を切り出すもっともシンプルな表現です。『那』☞ *229*。『麻烦您』☞ *48*、『转告』は「伝言する」。『一下』☞ *27*。

□ **241** 王さんに伝言をお願いしたいのですが。

麻烦 您 转告 给 王 先生。

Máfan nín zhuǎngào gěi Wáng xiānsheng.

ポイント *240*に伝言する相手を加えた言い方です。『给』で後ろに相手を導きます。内容はこのあとに続けます。☞ *242*

□ **242** D社の佐々木までお電話をください。

伝言する

请 给 D公司 的 佐佐木 打 个 电话。

Qǐng gěi D gōngsī de Zuǒzuǒmù dǎ ge diànhuà.

ポイント 『给～打电话』は「～に電話をする」。『请』を加え、相手にお願いする形になります。「～」に自分の社名・姓をあてはめれば、名乗って依頼する表現になります。

□ **243** ご存知だとは思いますが、念のために申し上げます。1234-6789、D社の佐々木です。

連絡先を伝える

我 想 您 是 知道 的，但 为了 慎重 起见，

Wǒ xiǎng nín shì zhīdao de, dàn wèile shènzhòng qǐjiàn,

让 我 再 重复 一下。

ràng wǒ zài chóngfù yíxià.

我 是 D公司 的 佐佐木，电话 是 1234-6789。

Wǒ shì D gōngsī de Zuǒzuǒmù, diànhuà shì yāo èr sān sì- liù qī bā jiǔ.

ポイント 『是・・・的』をつけ、『您知道』を強調しています。『为了慎重起见』☞ *188*。『重复』「同じことを繰り返す」。「私は…、電話は…」と区切り、ゆっくり話すと間違いなく伝わるでしょう ☞ *242*。

244 伝言を頼む

佐々木から電話があって後ほどかけ直す旨を、王さんにおことづけ願います。

麻烦 您 转告 给 王 先生，告诉 他 佐佐木 来 了 电话，过 一会儿 会 再 打来。

Máfan nín zhuǎngào gěi Wáng xiānsheng, gàosu tā Zuǒzuǒmù lái le diànhuà, guò yíhuìr huì zài dǎlái.

ポイント *241*に伝言を加えました。受け手側の立場に立った伝言内容です。『告诉』☞ *96*、『来了电话』は「電話があった」。『会』は「…するであろう」。可能性を表します ☞ *160, 175, 224*。

---

245 伝言を断る

いいえ、けっこうです。

不 用 了。【不 用 留言 了】。

Bú yòng le. 【Bú yòng liúyán le.】

ポイント 『不用』は「〜する必要はない、〜に及ばない」。『留言』☞ *185*。必要ないとはっきり伝えても失礼になりません。

---

246 断る理由を伝える

電話から離れてしまいますので。

我 将 不 在 电话 旁边。

Wǒ jiāng bú zài diànhuà pángbiān.

ポイント 『将』は将来の状況に対する判断を示し、「(必ずや)〜であろう」。'電話をいただいてもそのころには' というニュアンスです。『在』☞ *168*、『旁边』は「そば、近く」。

247 こちらから連絡するとき

あとでまたお電話します。

我 回头 再 打。

Wǒ huítóu zài dǎ.

ポイント 『回头』☞ *216*。ここは『过一会儿』☞ *175*も『过后』☞ *177*も使えます。『再』☞ *175*。

---

248 配慮への感謝

いずれにしてもありがとうございます。

总之，谢谢 您 的 好意。

Zǒngzhī, xièxie nín de hǎoyì.

ポイント 『总之』は「とにかく、どちらにしても」、『谢谢』☞ *77*。『谢谢您的好意』で「ご好意に感謝します」。日本語は「ご好意」と名詞に「ご」をつけますが、中国語は『您』にすることで敬意を表します。

UNIT 33 言い直しを依頼する

CD A-34

わからないことをそのままにするのはビジネスの現場では厳禁です。また、外国語である中国語の場合、聞きとれないことがあって当たり前です。このUNITの表現をマスターし、誠意を持ってたずねられるようにしましょう。

□ **249** もう一度お願いします。

もう一度

对不起，麻烦 您 再 说 一遍。
Duìbuqǐ, máfan nín zài shuō yíbiàn.

ポイント 再度言ってもらうよう頼みます。『麻烦您』☞ *48*は『请qǐng』にも置き換えられます。『再～一遍』は「もう一度～する」。『说』は「言う、話す」。日本語との語順の違いに注意してください。

□ **250** 今おっしゃったことが聞きとれませんでした。

聞きとれない

我 没有 听 清 您 刚 说 的 是 什么。
Wǒ méiyǒu tīng qīng nín gāng shuō de shì shénme.

ポイント 『没有+動詞』で「～しなかった」。『听清』は「はっきり聞こえる」『听』は「聞く」『清』は「はっきりしている」、『清楚』の『清』です☞ *251*。『刚』☞ *11*。

□ **251** お名前を聞きとれませんでした。

对不起，我 没有 听 清楚 您 的 姓名。
Duìbuqǐ, wǒ méiyǒu tīng qīngchu nín de xìngmíng.

ポイント 『听清楚』=『听清』☞ *250*。『清楚』は「はっきりしている」という意味です。『姓名』は「フルネーム、姓と名」です。

□ **252** もう一度繰り返していただけますか。

言い直しを依頼

您 能 再 说 一遍 吗?
Nín néng zài shuō yíbiàn ma?

ポイント *249*より一段丁寧な言い方です。『能～吗?』☞ *64*。

□ **253** 大きめの声で［ゆっくりめに］お願いできますか。

大きめ ゆっくりめ

您 能 再 大点 声［慢 一点］说 吗?
Nín néng zài dà diǎn shēng [màn yìdiǎn] shuō ma?

ポイント 『大声』は「大声で」。「大きさの程度をもう少し上げる」という意味から『大』に『点』がつき『大点声』で「もう少し大きな声で」となります。『慢』☞ *120*。

254 お名前はどのようにお書きしますか。

名前の書き方を聞く

您 的 名字 怎么 写?
Nín de míngzi zěnme xiě?

ポイント 『名字』は「(人の) 名、名前」。姓を含まない場合もありますが、通常フルネームをさします。『怎么』は「どう、どのように」。『写』は「書く」。どの漢字を当てるのかを聞いています。

---

255 恐れ入ります。お声が遠いようですので、もう一度おっしゃっていただけますか。

聞きとりづらいとき

对不起, 您 的 声音 好像 离着 很 远,
Duìbuqǐ, nín de shēngyīn hǎoxiàng lízhe hěn yuǎn,

您 能 再 说 一遍 吗?
nín néng zài shuō yíbiàn ma?

ポイント 『声音』は「声」。『好像』は「どうも〜みたいだ」。『A离着(B)很远』は「Aは (Bまで) 遠い」。『离着』の後ろに距離を測る基点を目的語としてとることもあります。

---

256 申し訳ないのですが、お電話が遠いようですので、おかけ直しくださいますか。

やはり聞こえないとき

对不起, 电话 好像 听 不大 清楚。
Duìbuqǐ, diànhuà hǎoxiàng tīng bú dà qīngchu.

麻烦 您 再 重拨 一下, 可以 吗?
Máfan nín zài chóngbō yíxià, kěyǐ ma?

ポイント *255*で聞き直しても聞きとれないときのフレーズです。『不大〜』は「あまり〜でない」。『重拨』は「かけなおす」『重』=『重新chóngxīn』(あらためて) と『拨』=『拨电话』(電話のダイヤルを回す) が組み合わさった言葉です ☞ *272*。

電話のトラブル

ミニコラム

○『喂』の発音〜wéi と wèi の区別

通常の「もしもし」のときには『喂』を wéi と発音します。wèi と発音するのは、*263* のように聞こえているのか確認するときなど、相手の注意を引く気持ちが働いている場合が多いです。

UNIT 34 説明や確認を求める

CD A-35

言い直しをお願いできるようになったら、次は説明をお願いする表現を覚えましょう。また、正しく聞きとれたか確認する表現は、伝言・指示を受ける場合の復唱などにも応用できます。（☞UNIT 7,11,24 参照）

□ **257** 漢字を確認する

中央の「央」、銀行の「行」とおっしゃいましたか。

是 中央 的 “央”，银行 的 “行” 吗？

Shì zhōngyāng de “yāng”, yínháng de “háng” ma?

ポイント 聞きとった音の理解が正しいか、その漢字を含む単語で確認しています。『央行』で「中央銀行」、つまり中国人民銀行をさします。『央视 Yāngshì』＝『中央电视台 Zhōngyāng Diànshìtái』（中央テレビ局）も同じ成り立ちです。

□ **258** もう一度説明がほしいとき

もう一度ご説明いただけますか。

您 能 再 解释 一遍 吗？

Nín néng zài jiěshì yíbiàn ma?

ポイント 『解释』は「説明する」。日本語の「解釈する」とは語感が違いますので注意してください。『能～吗?』☞*64*。

□ **259** 意味を聞く

それはどういう意味でしょうか。

那 是 什么 意思 呢？

Nà shì shénme yìsi ne?

ポイント 『那』は「それ、あれ」。『什么＋名詞』で「どんな～、どういう～」。『意思』は「言葉・文などの意味」。「考え・意図」という意味もあるので、この文は相手の意図を聞く表現にもなります。

□ **260** よく聞きとれないとき

念のため繰り返させてください。21とおっしゃったのですね。

为了 慎重 起见，让 我 再 确认 一下。

Wèile shènzhòng qǐjiàn, ràng wǒ zài quèrèn yíxià.

您 说 的 是 21，对 吗？

Nín shuō de shì èrshiyī, duì ma?

ポイント 『为（了）～起见』で「～の見地から」。『慎重』は「慎重である」。『为了慎重起见』で「念のため」と覚えましょう。『确认』は「確認する」、『对』は「そのとおりである、正しい」。

□ **261** 「フォンシエンチーイエ」を説明していただけますか。

意味がわからないとき

您 能 解释 一下 什么 是“风险企业” 吗?
Nín néng jiěshì yíxià shénme shì “fēngxiǎn qǐyè” ma?

ポイント *257*とは違って、音は聞きとれても意味のある言葉として認識できないとき、音を繰り返して聞くフレーズです。『风险企业』は「ベンチャー企業」という意味です ☞ *64, 258* 。

□ **262** 申し訳ないことです。中国語がよくできないもので。

对不起，我 不 懂 中文。
Duìbuqǐ, wǒ bù dǒng Zhōngwén.

ポイント 『不懂』は『懂』（わかる、理解する）の否定形。聞いて意味がわからないとき『听不懂』ともいいます。『中文』は各国語の1つとしての「中国語」。漢民族の言葉としての中国語は『汉语Hànyǔ』といいます。

□ **263** 聞こえていますか。
— はい、しっかり聞こえています。

相手が無反応なとき

喂，你 听得见 吗?
Wèi, nǐ tīngdejiàn ma?

— 我 听得 很 清楚。
Wǒ tīng de hěn qīngchu.

ポイント 『喂』 ☞ P.65下ミニコラム。『听得见』は「聞きとれる」。『听见』（耳に入る、聞こえる）に『得』を挟んで可能形になっています。反『听不见』（聞きとれない）。『听得』の『得』は動詞のあとに用いて程度補語（ここでは『清楚』）を導く助詞です。

□ **264** 申し訳ないのですが、通信状態が悪いのでかけ直します。

对不起，现在 线路 不 太 好，我 再 重新 打 一下。
Duìbuqǐ, xiànzài xiànlù bú tài hǎo, wǒ zài chóngxīn dǎ yíxià.

ポイント 『线路』は「（電話）回線」。『不太』 ☞ *53*、『再』 ☞ *175*、『重新』 ☞ *93*、『打』＝『打电话』（電話をかける）。

UNIT 35 間違い・迷惑電話

CD A-36

間違い電話への丁寧な対処と、迷惑電話への毅然とした対応ができるよう、モデルフレーズをいくつか集めました。間違い電話であっても、よい応対はその後のビジネスチャンスを生む可能性があります。しっかり覚えましょう。

□ **265** どちらにおかけですか。

間違い電話に対し

您 要 哪儿? 【您 找 哪儿?】
Nín yào nǎr? Nín zhǎo nǎr?

ポイント 『哪儿』は「どこ」。社名・部門名などを聞いています。「誰に」と聞きたい場合には『哪(一)位nǎ(yí)wèi』に置き換えます。『要』は「必要とする」、『找』 ☞ *55*。

□ **266** あいにく番号違いのようです。

您 打 错 了。
Nín dǎ cuò le.

ポイント 『動詞+错了』で「～し間違えた」。『打错了』で「電話をかけ間違えた」ということです。

□ **267** あいにく違う番号にかかったようです。

您 打 的 号码 错 了。
Nín dǎ de hàomǎ cuò le.

ポイント 『错』は「間違っている、正しくない」。電話をかけた番号が正しくないという表現方法です。

□ **268** 申し訳ないのですが間違っておかけのようです。

对不起, 您 好像 打 错 了。
Duìbuqǐ, nín hǎoxiàng dǎ cuò le.

ポイント 『好像』は「(まるで)～のようだ、どうも～みたいだ」。この単語を加えることにより、*266, 267*よりソフトなニュアンスになります。『打错了』 ☞ *266*。

□ **269** こちらにそのような名前の者はおりません。

我们 这里 没有 叫 这个 名字 的。
Wǒmen zhèli méiyǒu jiào zhège míngzi de.

ポイント 『我们这里』は「私どものところ、こちら」。『没有』は「いない」。文末の『的』の後ろに『人』が省略されています。『叫』 ☞ *1*。

270 仕事中ですので失礼します。

いたずら・勧誘電話に対し

我 正在 工作，失礼 了。
Wǒ zhèngzài gōngzuò, shīlǐ le.

ポイント 『正在』☞ *167*。『工作』は「仕事をする」。『失礼了』は「失礼します」。あいさつ言葉で使います。この場合、聞く姿勢をとらず毅然と電話を切る宣言をするのが対処のコツです。

---

271 恐れ入りますが、どちらへおかけでしょうか。こちらは金子と申しますが。

間違い電話に対し

对不起，您 找 哪 位？我 是 金子。
Duìbuqǐ, nín zhǎo nǎ wèi? Wǒ shì Jīnzǐ.

ポイント 『找』☞ *55*。『哪位』＝『哪一位』は「どの方、どちら」。誰あての電話か、個人名を聞いています。

272 番号をお間違えのようですね。こちらは5325-7420でございます。

您 号码 好像 拨 错 了。
Nín hàomǎ hǎoxiàng bō cuò le.

这里 的 电话 是 ５３２５-７４２０。
Zhèli de diànhuà shì wǔ sān èr wǔ - qī sì èr líng.

ポイント 『好像』☞ *268*。『拨』＝『拨电话』は「電話のダイヤルを回す、電話をかける」プッシュホンに変わっても使われています。『这里』☞ *142*。

---

273 申し訳ないことです。違う番号にかけてしまいました。

違う番号にかけたとき

对不起，我 打 错 了。
Duìbuqǐ, wǒ dǎ cuò le.

ポイント 『打错了』☞ *266*。間違い電話だと気がついたら、すぐにこう詫びて電話を切ることが大切です。

UNIT 36 ボイスメールに伝言を残す

CD A-37

留守番電話のメッセージ例と、発信音の後に残す伝言例を集めました。留守番電話のメッセージは受話器から流れてきたときにあわてないよう、また、自分が録音するときにも使えるよう、しっかりマスターしましょう。

●留守電メッセージ

□ 274

一般的なメッセージ

ただいま電話に出ることができません。
発信音のあとで、メッセージをお願いします。

对不起，我 现在 不 能 接 电话。
Duìbuqǐ, wǒ xiànzài bù néng jiē diànhuà.

请 您 在 留言 信号 后，留言。
Qǐng nín zài liúyán xìnhào hòu, liúyán.

ポイント 『不能』は「～できない」。『接电话』☞ *222*。『留言』は「伝言、伝言する」、『信号』は「信号、合図」。『留言信号』はメッセージ録音開始の合図、つまり発信音をさします。

□ 275

営業時間外

東京商事北京支店です。本日の営業時間は終了いたしました。

这里 是 东京 商事 北京分公司，
Zhèli shì Dōngjīng Shāngshì Běijīng fēn gōngsī,

今天 的 营业 结束 了。
jīntiān de yíngyè jiéshù le.

ポイント 『分公司』は「支社、支店」、『营业』は「営業(する)」。『结束』は「終了する」反『开始』(始める)。締めくくりに感謝の言葉も大切ですね。かけなおす ☞ *175*。

お手数ですが、営業時間内にもう一度おかけ直しください。

麻烦 您，请 在 营业 时间 内 再 打来。
Máfan nín, qǐng zài yíngyè shíjiān nèi zài dǎ lái.

お電話をありがとうございました。

谢谢 您 的 电话。
Xièxie nín de diànhuà.

□ *276*

長期休業

京阪食品上海事務所でございます。

这里 是 京阪食品 上海事务所。

Zhèli shì Jīngbǎn Shípǐn Shànghǎi shìwùsuǒ.

10月1日より7日まで国慶節休業とさせていただきます。

本事务所 在 国庆节 期间 将 从 10月 1号

Běn shìwùsuǒ zài Guóqìngjié qījiān jiāng cóng shí yuè yī hào

休假 到〈至〉10月 7号。

xiūjià dào <zhì> shí yuè qī hào.

お急ぎの方は香港支店にご連絡ください。

您 如 有 急事, 请 与 我 香港分公司 联系。谢谢。

Nín rú yǒu jíshì, qǐng yǔ wǒ Xiānggǎng fēn gōngsī liánxì. Xièxie.

ポイント 『事务所』は「事務所」。『办事处』(事務所・連絡所) を使うこともあります。『本～』は「当～」、『我～』は「わが、当～」。『国庆节』は中国の建国記念日 (10/1)。『从～到…』は「～から…まで」。『至』も口語でよく使われます。『休假』は「休暇をとる」。『如』＝『如果』は「もし」。『急事』は「急用」。『与～联系』は「～と連絡をとる」。*275* 同様、やはり謝辞で締めくくります。

2-4 その他の電話表現

● 伝言

☐ ***277***　こちらはABC社の森山です。毛さんにお電話しております。

連絡先必要（代表電話）

我 是 ABC公司 的 森山。我 要 找 毛 女士。
Wǒ shì ABC gōngsī de Sēnshān. Wǒ yào zhǎo Máo nǚshì.

ポイント　伝言メッセージの最初では、発話人の所属・氏名と、誰あての電話なのかを伝えることが大切です。『要』☞ *193*。『找』☞ *55*。『女士』は女性につける呼称「～さん」。男性なら『先生』をつけます。☞ *50,393*

☐ ***278***　私の電話番号は359-6411です。今夜私にお電話をください。

我 的 电话 号码 是 3 5 9 - 6 4 1 1。
Wǒ de diànhuà hàomǎ shì sān wǔ jiǔ liù sì yāo yāo.

麻烦 您 告诉 她 晚上 给 我 回 个 电话。
Máfan nín gàosu tā wǎnshang gěi wǒ huí ge diànhuà.

ポイント　伝言内容の本題です。相手が自分の連絡先を知らないケースでは『电话号码』（電話番号）をゆっくりめに告げます。『麻烦您』☞ *48*、『告诉』☞ *96*、『晚上』は「夜」。

☐ ***279***　E社の小川順子です。電話を頂戴できますか。

連絡先不要（直通電話）

我 是 E公司 的 小川 顺子。
Wǒ shì E gōngsī de Xiǎochuān Shùnzǐ.

请 给 我 回 个 电话，可以 吗?
Qǐng gěi wǒ huí ge diànhuà, kěyǐ ma?

よろしくお願いします。

麻烦 您 了。
Máfan nín le.

ポイント　相手と取引関係があり連絡先を知っている場合の伝言で、*277, 278*を組み合わせた内容です。電話をもらう手間をかけるので、締めくくりに『麻烦您了』☞ *48*を添えます。

UNIT 37 電話を普通に切る

CD A-38

終わりよければすべてよし――電話をスムーズに切ることができれば、相手に残す印象も格別なものになります。受けた側もかけた側も、最後まで抜かりない表現をめざしましょう。

□ **280** 一般的な切り方

失礼致します（さようなら）。

再见。

Zàijiàn.

ポイント 『再』は「ふたたび」、『见』は「会う」、『再见』で「さようなら」となるあいさつ言葉は、幅広い場面の締めくくりで使われます。この例のような電話越しでも問題ありません。

□ **281** いただいた電話への謝辞

お電話をありがとうございました。

谢谢 您 打来 电话。

Xièxie nín dǎlái diànhuà.

ポイント 『谢谢』（感謝する）の内容が『您』以下で、「あなたが電話をかけてきたことに感謝する」という文構造です ☞ *275*。

□ **282** 伝言を受けたとき

メッセージは申し伝えます。

我 一定 把 您的 留言 转告 给 他〈她〉。

Wǒ yídìng bǎ nín de liúyán zhuǎngào gěi tā <tā>.

ポイント 『一定』は「必ず」。伝言を確かに申し伝える意志を伝えるキーワードです。『留言』☞ *185*、『转告』☞ *184*。

□ **283**

ありがとうございました。失礼します。

谢谢 您，再见。

Xièxie nín, zàijiàn.

ポイント 感謝の言葉と締めくくりを述べるときには、この順序が自然です。電話をかけた側・受けた側のどちらの立場でも使えるフレ ズです。

UNIT 38 途中で電話を切り上げる

CD A-39

さまざまな事由から途中で電話を切らなければならないことがあります。相手に失礼のない電話の切り方を身につけることがこのUNITのテーマです。切り出し方、理由説明、丁寧な切り方をマスターします。

□ 284 ちょっとよろしいですか。

相手の話をさえぎる

稍微 打断 一下。
Shāowēi dǎduàn yíxià.

ポイント 『稍微』は「少し」、『打断』は「断ち切る」ここでは相手の話を遮る意味です。

□ 285 すみません。

对不起。
Duìbuqǐ.

ポイント *284*の続きでも、単独でも使えます。このひとことでも「お話の途中ですがすみません」となり、別の話を切り出す時に使える最も簡単な言葉です。

□ 286 別の電話が入ってきました［入っています］。

理由を告げる

我 有 别的 电话 进来 了。
Wǒ yǒu biéde diànhuà jìnlái le.

ポイント 『别的』は「別の」、『进来』は「入ってくる」。切り出したあとで電話を切り上げる理由を簡潔に述べます。『别的电话』は『有』の目的語で『进来了』の主語、兼語文になっています。

□ 287 あいにく急用で出なければなりません。

我 现在 突然 有 一点 急事 要 出去。
Wǒ xiànzài tūrán yǒu yìdiǎn jíshì yào chūqù.

ポイント *286*と同様、兼語文構造です。『突然』☞ *207*, *232*、『有一点』☞ *47*、『急事』☞ *214*、『要』☞ *37*、『出去』☞ *22*。

□ **288** 途中ですが、これで失礼します。

切ると伝える

刚 说到 一半，但 对不起 先 到 这里 吧。

Gāng shuōdào yíbàn, dàn duìbuqǐ xiān dào zhèli ba.

ポイント 『刚』☞ *11*、『说到～』は「～まで話す」、『一半』は「半分」、『但』は「しかし」、『先到这里吧』で「ひとまずここまでにしましょう」。『对不起』☞ *45* をつけて丁寧に話を打ち切っています。

□ **289** あとでこちらからかけ直させてください。

かけ直す

过 一会儿 我 再 给 你 打 电话。

Guò yíhuìr wǒ zài gěi nǐ dǎ diànhuà.

ポイント 電話をかけなおす表現です ☞ *204, 224, 229*。

□ **290** ちょっと急用が入りまして、これで失礼します。

理由を述べて切る

我 突然 有点 急事，实在 抱歉 啊。

Wǒ tūrán yǒudiǎn jíshì, shízài bàoqiàn a.

(就 先 到 这里，好 吗?)

(Jiù xiān dào zhèli, hǎo ma?)

ポイント 『实在』は「まことに」。『抱歉』、は「すまなく思う」。『对不起』より一段丁寧な詫び方です ☞ *287, 288*。『好吗?』☞ *72*。

□ **291** 申し訳ないのですが、急な用が入りまして[もうじき会議ですので]、席を立たなければなりません。ここでいったん切らせていただきます。

丁寧な切り上げ方

实在 抱歉，我 有点 急事 [马上 就要 开会]，

Shízài bàoqiàn, wǒ yǒudiǎn jíshì [mǎshàng jiùyào kāihuì],

必须 离开 这里。电话 先 打到 这儿 吧。

bìxū líkāi zhèli. Diànhuà xiān dǎ dào zhèr ba.

ポイント 『马上』は「すぐに」。『就要』は「まもなく」。『开会』は「会議に出る」。『必须』は「～しなければならない」。『这儿』＝『这里』（ここ）☞ *288, 290* 。

UNIT 39 アポイントをとる

CD A-40

アポイントをとることはビジネスの第一歩。相手の顔が見えない電話で、都合を聞き日時を決めるのは難しいようですが、決まり文句を覚えれば大丈夫です。ここではまず会いたいという意思と用件を伝える表現を学びます。

□ **292**　お目にかかりたいのですが。

会いたいと伝える

我 想 去 拜访 您。
Wǒ xiǎng qù bàifǎng nín.

ポイント 『去+動詞』 ☞ *170*、『拜访』は「訪問する、お訪ねする」訪問相手を敬う動詞表現です。

□ **293**　ご都合はいかがですか。

都合を聞く

不 知道 您 是否 方便?
Bù zhīdao nín shìfǒu fāngbiàn?

ポイント 『不知道』は「知らない」。ここでは『是否』と呼応して「～かどうかわかりませんが」と都合を丁寧にたずねています。『方便』は「都合がよい」という意味です。

□ **294**　来週お目にかかれればと思うのですが。

日時を指定し、都合を聞く

我 想 下星期 去 拜访 您。
Wǒ xiǎng xià xīngqī qù bàifǎng nín.

ポイント *292* に面会希望日を付け加えています。時間や月などにも置き換えられます。日時を入れる位置を覚えてください。『下星期』 ☞ *30, 81* 。

□ **295** 何日［何時］がご都合がよろしいですか。

都合のよい日時を聞く

哪天［什么 时候］对 您 来说 比较 方便?
Nǎtiān shénme shíhou duì nín lái shuō bǐjiào fāngbiàn?

ポイント 『哪天』は「どの日」。具体的な日付を聞いています。『什么时候』は「いつ、何時」で日、時間どちらも答えになります。『几点』（何時）という聞き方もあります。『对～来说』は「～にとっては」。

□ **296** 先日のお見積もりの件でお話しできればと思っています。

用件を話す

我 想 就 前几天 报价 的 那 件 事 跟 您 谈谈。
Wǒ xiǎng jiù qián jǐ tiān bàojià de nà jiàn shì gēn nín tán tan.

ポイント 『就』は「～について」。『那件事』までをさしています。『前几天』は「ついこの間」 反『这几天』（ここ数日）。『报价』は「見積もる」。『跟～』は「～と」。『谈谈』は同じ動詞を2回重ね「ちょっと～する」。重ねた後ろの動詞は軽く発音します。

□ **297** 私のほうで御社に伺います。

出向くと伝える

我 想 去 您 公司 拜访 您。
Wǒ xiǎng qù nín gōngsī bàifǎng nín.

ポイント *292* に行き先が加わった言い方です。『您公司』は「御社」。『贵公司』ともいいます。よく使いますので、どちらかの単語がなめらかに口をついて出てくるようにしましょう。

UNIT 40 申し入れへの返答

CD A-41

アポイントの申し入れに対し、返答するフレーズを集めました。受ける場合には歓迎する意向を盛り込んだ表現を、見送る場合にも次回のアポイントにつながる答え方を。どちらも使えるよう、しっかりとマスターしましょう。

□ 298 けっこうですよ。

受ける

可以 呀。

Kěyǐ ya.

ポイント 『可以』は「かまわない」。『啊a』の直前の音が“a,e,i,o,ü”で終わるとき『呀』になります。ここでは肯定の語気を表しています。

□ 299 ぜひいらしてください。

欢迎 你 来。

Huānyíng nǐ lái.

ポイント 『欢迎』は「歓迎する」。来るのがこれからのときに使うと「いらしたら歓迎しますよ」、いま来ているなら「ようこそいらっしゃいました」に対応する中国語表現です。

□ 300 藤井がお待ちしております。

藤井 将 等候 您。

Téngjǐng jiāng děnghòu nín.

ポイント 『将』は「（必ずや）～（となる）であろう」。将来の状況が確実にそうなるという判断、ここでは意思を表しています。『等候』は「待つ」。

□ **301** 先約があります。

見送る

我已经先有了约会。【我已经先约了别人了。】

Wǒ yǐjing xiān yǒu le yuēhuì. Wǒ yǐjing xiān yuē le biérén le.

ポイント 『已经』は「すでに」。『先』は「先に、事前に」。『约会』は「会う約束（をする）」。『先～约会』を『有先约』（先約がある）に入れ替えられます。言い換え例の『先约』は「先に約束をする」という動詞表現です。

□ **302** あいにくここ半月ほど立て込んでおりまして。

多忙で調整できないとき

不巧，这半个月我一直很忙。

Bù qiǎo, zhè bàn ge yuè wǒ yìzhí hěn máng.

ポイント 『不巧』＝『不凑巧』 ☞ *166*。『半个月』は「半月」。『半』を数字に置き換えて月単位の時間の長さを表せます。『一直』 ☞ *173*。動作・状態の持続を表します。

□ **303** また次の機会にということにいたしましょう。

我们再另找机会（见面）吧。

Wǒmen zài lìng zhǎo jīhuì (jiànmiàn) ba.

ポイント 『再』は「ふたたび」。『另』は「別に」。『找机会』は「機会を探す、チャンスを見つける」。『见面』は「会う」。『吧』は提案のニュアンスを示します。

UNIT 41

日程を調整する

CD A-42

相手が会う意向を示したならば、次は日程調整です。立て込んでいる場合でも、日程調整次第でアポイント成立もあり得ます。日程の打診側と回答側双方の表現と、日程調整後の確認表現を覚えましょう。

●日程を聞く

□ **304** それでは火曜日の2時でいかがでしょうか。

日程の打診

那么，星期二 两点，怎么样？

Nàme, xīngqī'èr liǎng diǎn, zěnmeyàng?

ポイント 『那么』☞ *154*。『星期～』は「～曜日」。『～点』は「～時」、2のときのみ『二èr』ではなく『两』になるので注意。『怎么样』は「いかがですか」。相手の都合を聞きます。

□ **305** それでは来週の火曜日か木曜日の午後ではいかがでしょう。

那么，下星期二 或者 星期四 的 下午，您 看 怎么样？

Nàme, xià xīngqī'èr huòzhě xīngqīsì de xiàwǔ, nín kàn zěnmeyàng?

ポイント 『或者』は「あるいは、または」。『下午』☞ *32*。『看』は「～と思う」。ここでは相手の状況判断を聞いています。

●都合を答える

□ **306** 火曜日のほうがいいのですが ／ 火曜日でいかがでしょうか。

日程を提示

我 想 星期二 好。／ 星期二，怎么样？

Wǒ xiǎng xīngqī'èr hǎo. Xīngqī'èr, zěnmeyàng?

ポイント 『好』は「よい」。ここでは都合を答える場面ですから「都合がよい」というニュアンスが含まれています。『怎么样』☞ *304*。

□ **307** 来週は水曜以外なら都合がつきます。

都合がつくとき

下星期 除了 星期三 以外，我 都 有 时间。

Xià xīngqī chúle xīngqīsān yǐwài, wǒ dōu yǒu shíjiān.

ポイント 『除了～以外』は「～をのぞいては、～以外は」。『都』は「みな」。『有时间』は「時間がある」、都合がつく・暇があるという意味です。

☐ **308** あいにく木曜日は都合がつきません。

都合がつかないとき

不凑巧〈真不巧〉，下星期四 我不大方便 〈我有事〉。
Bú còuqiǎo <Zhēn bù qiǎo>, xià xīngqīsì wǒ bú dà fāngbiàn <wǒ yǒu shì>.

ポイント 『不凑巧』『不巧』 ☞ *166*。『真』は「本当に」。『不大～』は「あまり～ではない」。『有事』は「用事がある」。

☐ **309** あいにくほかの商談と重なってしまいます。

他の件と重なるとき

真 不巧，和 其他 的 洽谈 赶 在 一起 了〈发生 冲突 了〉。
Zhēn bù qiǎo, hé qítā de qiàtán gǎn zài yìqǐ le < fāshēng chōngtū le >.

ポイント 『其他』は「その他の（もの）」。『洽谈』は「折衝（する）、面談（する）」。『赶』は「（ある事態や時期に）出会う、ぶつかる」。『赶在一起』で「かち合う」。『冲突』は「衝突する、ぶつかる」。

☐ **310** 私はそちらのご都合に合わせます。

都合がつくとき

您 来 安排 时间 吧。【我 什么 时候 都 可以。】
Nín lái ānpái shíjiān ba. Wǒ shénme shíhou dōu kěyǐ.

ポイント 『来』は動詞の前につけその動作を主体的に行うことを表します。『安排』は「スケジュールを組む」。後半は「いつでもかまいません」という意味の文です ☞ *295, 298*。

☐ **311** それでけっこうです。／26日で［火曜日で／2時で］けっこうです。

提案通りでよいとき

那么 就 这样 定下来 吧。／
Nàme jiù zhèyàng dìngxiàlái ba.

那么 就 定 在 26 号 ［星期二 ／ 两点］ 吧。
Nàme jiù dìng zài èrshiliù hào [xīngqī'èr / liǎng diǎn] ba.

ポイント 『就这样』は「このように、これで」。『定下来』は「決定する、決める」、『定在～』は「～に決める」。『～号』は「～日」、日にちを口頭で話す表現です。

☐ **312** それでは来週の火曜午後2時にお伺いします［お待ちしております］。

決定内容確認

那 我 下星期二 下午 两点 去 拜访 ［等候］ 您。
Nà wǒ xiàxīngqī'èr xiàwǔ liǎng diǎn qù bàifǎng [děnghòu] nín.

ポイント 締めくくりに決定事項を確認する表現です。日時はゆっくりわかりやすく話しましょう。訪ねる側なら『拜访』、訪問を受ける側なら『等候』と使い分けます。

UNIT 42 アポイントを変更する

CD A-43

いったん成立したアポイントを変更する場合の表現を集めました。日時の変更・キャンセルの申し出や理由を述べる表現を学びます。また、打診を受けて即答できない場合の表現は他の局面での受け答えにも幅広く応用できます。

□ **313** 欠席・中止の申し出

欠席させてください。／中止させてください。

恕 我 不 能 参加。／请 取消 约定。

Shù wǒ bù néng cānjiā. Qǐng qǔxiāo yuēdìng.

ポイント 『恕』は「～をお許し下さい」。『不能』は「～できない」。『请』☞ *2*。『取消』は「取り消す」、『约定』は「約束する」。

□ **314** 予定の変更

予定を変更させていただいてもよろしいですか。

我 是否 可以 更改 一下（我们 的）约定?

Wǒ shìfǒu kěyǐ gēnggǎi yíxià (wǒmen de) yuēdìng?

ポイント 『是否』は「～であるかどうか」。『可以』『更改』は「改める、変更する」。

□ **315** 時間の変更

打ち合わせを午後3時に変更してもよろしいですか。

能 不 能 把 碰头会〈会议〉改为 下午3点?

Néng bu neng bǎ pèngtóuhuì <huìyì> gǎi wéi xiàwǔ sān diǎn?

ポイント 『能不能』は「～できるかどうか」。『碰头会』は「打ち合わせ」。『把A改为B』で「AをBに変える」。

□ **316**

欠席・中止の理由を述べる

申し訳ありませんが、急用ができたのでミーティングには出られません[ミーティングを中止させてください]。

对不起，我 突然 有点 急事，不 能 参加 会议

Duìbuqǐ, wǒ tūrán yǒudiǎn jíshì, bù néng cānjiā huìyì

[请 取消 会议]。

[qǐng qǔxiāo huìyì].

ポイント *313*に理由を付け加えた表現です。まずは事態の変更にお詫びを述べることが大切です。そのあとに理由、変更内容と続けています ☞ *287, 313*。

□ **317**

申し出に即答できないとき

折り返しご連絡いたします。

我 回头 和 您 联系。

Wǒ huítóu hé nín liánxì.

ポイント 『回头』☞ *216*。『联系』は「連絡する」。判断できないときは即応を避けましょう。この表現をマスターすると、責任ある受け答えで用途も広く使えます。

□ **318**

スケジュールを確認してから、お知らせします。

我 确认 一下 日程 后，再 通知 您。

Wǒ quèrèn yíxià rìchéng hòu, zài tōngzhī nín.

ポイント 『确认』は「確認する」、『日程』は「日程」、『后』☞ *319*、『通知』は「知らせる」。確認する内容と確認後連絡することを伝える表現で、*317*よりさらに具体的です。

□ **319**

秘書と相談して、こちらから連絡しましょう。

我 和 秘书 商量 一下 后，再 和 您 联系。

Wǒ hé mìshū shāngliang yíxià hòu, zài hé nín liánxì.

ポイント 『秘书』は「秘書」、『商量』は「相談する」、『(主述句)＋后』は「～したら、～(した)あと」。別の人と協議の上回答する場合などにも使える表現です。

見えない相手を恐れずに

電話は相手が見えないコミュニケーションの形です。意思疎通に大いに役立つ「ボディーランゲージ」が見えない分、多少の不安もあることでしょう。しかし、本題に入る前の電話での受け答えは決まり文句ばかりです。一定の表現を覚えてしまえば、話せて聞きとれるようになるいちばん身近な場面なのです。

電話でいちばん大切なのは、落ち着いて対処することです。電話をかける場合にはまず、自分が話したい内容を箇条書きにし、それぞれの内容について話す中国語を準備しておくといいでしょう。電話を受ける側になったときのためにも本書をぜひデスクに備えておいてください。「これを使う」と決めた表現を書き抜いておき、いつでも目に入るようにしておくと慌てずにすみます。

電話の相手には中国語を外国語として話していることをわかっていただけるように『我是日本人。Wǒ shì Rìběnrén.』（私は日本人です）と最初に宣言してしまうのも１つの方法です。相手の方もゆっくり話してくださるかもしれません。相手の言葉が聞きとれないときには、諦めず何度でも聞き直しましょう。

電話に慣れて、内容が重要・複雑なことに及んだときには、面倒でも電話後に書面にして、相手に内容確認を求めると間違いがなくなります。

電話での応対によって相手先の会社に対する第一印象が決まることも少なくありません。電話に出たとたん『听不懂 tīngbudǒng』（わからない）と叫んでしまうより、最低限の応対ができるように1フレーズずつ、身につけていってください。逆にわからないのをわからないままにしないことも大切です。電話の応対ができれば、不意の来客の応対にも応用がききます。

第3章

海外出張でよく使うフレーズ

3-1 ▶ 出入国手続き・乗り継ぎ 86
3-2 ▶ 宿泊先での滞在 96
3-3 ▶ 交通機関を使う 106
3-4 ▶ 道に迷ったとき 116
3-5 ▶ レストランに行く 118
3-6 ▶ 買い物をする 130
3-7 ▶ 病気 134

UNIT 43 入国審査

CD A-44

渡航先の空港に降り立つと、最初に入国審査があります。聞かれる内容は決まっていますので、質問内容が聞きとれるよう、またそれに答えられるよう、質疑両方の表現に慣れておきましょう。

□ **320** 滞在期間

中国にどのくらい滞在のご予定ですか。— 2週間の見込みです。

你 打算 在 中国 逗留 多 长 时间?— 两个 星期。
Nǐ dǎsuan zài Zhōngguó dòuliú duō cháng shíjiān? Liǎng ge xīngqī.

ポイント 『打算』は「～するつもりである」。『逗留』は「滞在する」。『多长』は「どのくらい長い」。『两个星期』は「2週間」、『两』を他の漢数字に換え1週間単位の長さを表します。

□ **321** 宿泊先

宿泊先はどちらですか。— シェラトンホテルです。

你 要 住 哪儿? — 希尔顿 饭店。
Nǐ yào zhù nǎr? Xī'ěrdùn Fàndiàn.

ポイント 『住』は「宿泊する」。『哪儿』☞ *265*。宿泊場所を聞いています。『饭店』は「ホテル」類『宾馆bīnguǎn』『酒店jiǔdiàn』（ホテル）。『希尔顿』は「シェラトン」の音訳です。

□ **322** 訪問の目的

今回の訪中の目的は何ですか？

你 这次 访 华 目的 是 什么?
Nǐ zhècì fǎng Huá mùdì shì shénme?

ポイント 『这次』は「今回」。『访华』は「訪中、中国訪問」。『华』を他の国を表す語に変えて応用できます。例『访日Rì』（日本訪問）。『目的』は「目的」。『什么』は「何」。

□ 323　一観光です。　／仕事［出張］です。／　仕事と観光の両方です。

—旅游<观光>。／工作［出差］。／ 工作 和旅游。
Lǚyóu <guānguāng>.　Gōngzuò [Chūchāi].　Gōngzuò hé lǚyóu.

ポイント 『旅游』は「観光する、旅行する」、『观光』は「観光する」。目的は単語で答えれば十分通じます。『出差』は "chūchā" ではありません。発音に注意してください。

□ 324　けっこうです。

審査完了

可以 了。
Kěyǐ le.

ポイント ここの『可以』は許可を表しています。'審査の結果がけっこうである' という表現ですから、審査完了となります。

□ 325　楽しくお過ごしください。

祝 您（在 中国）过得 愉快。
Zhù nín (zài Zhōngguó) guò de yúkuài.

ポイント 『祝』は「（以下の内容を）祝う」。『在+场所』で「～で」。『过』は「過ごす」。『得』は動詞について後ろに状態補語『愉快』(愉快である)を導いています。

関連表現

● 「祝」で始まる決まり文句

1. ご健康をお祈りします。
祝 您 身体 健康。
Zhù nín shēntǐ jiànkāng.

2. お仕事のご発展を祈ります。
祝 各位 工作 顺利。
Zhù gèwèi gōngzuò shùnlì.

3. すべてがうまくいきますように。
祝 您 万事如意。
Zhù nín wànshì rúyì.

UNIT 44 税関を通る

CD A-45

税関ではおもに申告品の有無を聞かれます。ビジネス上必要な所持品についてたずねられることもあり得ます。かばんを開けて内容を見せるよう求められても慌てないよう、受け答えに慣れておきましょう。

□ **326** 申告の必要な品物を持っていますか。

申告すべきものの有無

你 有 没有 带 需要 报关 的 东西?
Nǐ yǒu meiyou dài xūyào bàoguān de dōngxi?

ポイント 『有没有』は「持っているか、あるか」と肯定・否定を重ねた疑問形です。『没有』が文末に来ることもあります。『带』 ☞ *327*、『需要』 ☞ *80*。『报关』は「通関申告をする」。『东西』は「品物」。

□ **327** たばこを少し持っています。

所持品

我 带 了 一些 香烟。
Wǒ dài le yìxiē xiāngyān.

ポイント 『带』は「携帯する、持つ」。『一些』は「少し」。数量が少ないことを表すほか、「いくつか」と不定数量も表せます。『香烟』は「たばこ」。参考『一支yì zhī』(1本)、『一包yì bāo』(20本1箱)、『一条yì tiáo』(20箱入りの1カートン)

□ **328** おみやげが少しあるだけです。お見せしましょうか。

我 带 了 一些 礼品。
Wǒ dài le yìxiē lǐpǐn.

要 不 要 给 你 看 一下?
Yào bu yao gěi nǐ kàn yíxià?

ポイント 『带』『一些』 ☞ *327*。『礼品』は「贈り物、プレゼント」。類『礼物lǐwù』(贈り物)。参考『土特产品tǔtèchǎnpǐn』(旅で買ってきた特産品)。『要不要』は「必要かどうか」。『给～看』は「～に見せる」。

□ 329 そのかばんを開けてください。

開梱検査

请 把 这个 包 打开。

Qǐng bǎ zhège bāo dǎkāi.

ポイント 『把』☞ 87。『包』は「かばん，袋」。☞ 下欄関連語句『打开』は「開ける」。

□ 330 けっこうです。どうぞ進んでください。

検査完了

可以 了。你 可以 进去 了。

Kěyǐ le. Nǐ kěyǐ jìnqù le.

ポイント 『可以了』☞ 324。『进去』は「中へ入っていく」。ここでは‘次へ進んでよい’という意味です。

関連語句

●かばんの種類

革のかばん 皮包 píbāo

手提げかばん 提包 tíbāo

書類バッグ 书包 shūbāo

アタッシュケース 公文包 gōngwénbāo

旅行かばん 旅行包 lǚxíngbāo

スーツケース 行李箱／旅行箱(包) xínglixiāng lǚxíngxiāng (bāo)

UNIT 45 乗り継ぎ

CD A-46

乗り継いで国内線に搭乗するケースをとりあげます。搭乗ゲートを聞くことに始まり、予定の便に乗れない場合、搭乗手続きが始まらない場合などのトラブルに対処するフレーズも学びます。P.93 関連表現もぜひ参考にしてください。

□ 331　811便のゲートは何番ですか。

搭乗ゲート

请问，811航班 的 登机口 是 几 号？
Qǐngwèn, bāyāoyāo hángbān de dēngjīkǒu shì jǐ hào?

ポイント 『请问』は「お伺いします」。話しかける出だしにも使えます。『航班』は「(飛行機や船の) 便」。『登机口』は「搭乗ゲート」。『～号』は「～番」。番号につけます。

□ 332　重慶行きの接続便に乗れませんでした。

搭乗ミス

我 没 能 坐上 去 重庆 的 中转 航班。
Wǒ méi néng zuòshang qù Chóngqìng de zhōngzhuǎn hángbān.

ポイント 『没能』は「～できなかった」、『坐』は「乗り物に乗る」。『中转』は「乗り換える」。『航班』☞ 331。『動詞＋上』で「動作が目的に到達する」。『坐上』でここでは「飛行機に乗りこめる」。

□ 333　私の手さげかばんが見つかりません。

紛失

我 找不到 我 的 小 提包。【我 的 小 提包 不 见 了。】
Wǒ zhǎobudào wǒ de xiǎo tíbāo. Wǒ de xiǎo tíbāo bú jiàn le.

ポイント 『找不到』は「探し当てることができない」。反『找得到』。『找』は「探す」、『～不到』は動作が目標に到達し得ないことを表します。『不见了』は「物などがなくなる、見あたらない」。『(小) 提包』☞ P.89 関連語句。

□ 334　搭乗手続きがなぜ始まらないのですか。

遅延

为什么 还 不 开始 办理 登机 手续？
Wèi shénme hái bù kāishǐ bànlǐ dēngjī shǒuxù?

ポイント 『为什么』は「なぜ」。単独でも使えます。『还不』は「まだ～ない」。『办理手续』は「手続きをとる」。『登机』は「(飛行機に) 搭乗する」。

□ ***335*** 原因は何ですか。

欠 航

是 什么 原因?

Shì shénme yuányīn?

ポイント 『**什么**+名詞』で「どんな～」。『**原因**』は「原因」。

□ ***336*** この便はいつ飛ぶ見込みですか。

離 陸
見 込 み

这 趟 航班 什么 时候 起飞?

Zhè tàng hángbān shénme shíhou qǐfēi?

ポイント 『**趟**』は空港・駅などに発着する飛行機・列車などを数える助数詞。『**航班**』☞ ***331***。定期的に飛ぶ便を『**班机**bānjī』ともいいます。『**什么时候**』☞ ***295***。『**起飞**』は「(飛行機が)離陸する」 反『**降落**』(着陸する) 参考『**起降**』(離発着)

□ ***337*** 今晩の宿泊先を確保してください。

宿泊先の
確保依頼

请 保证 我们 今天 晚上 的 住宿。

Qǐng bǎozhèng wǒmen jīntiān wǎnshang de zhùsù.

ポイント 『**保证**』は「保証する」。『**今天晚上**』は「今晩」。『**今天**』(今日)と『**晚上**』(夜)を組み合わせています。『**住宿**』は「宿泊する」。ここでは「宿泊先」という名詞的用法です。

UNIT 46 搭乗手続き

CD A-47

チェックインの場面です。チケット提示、乗り継ぎ確認のほかに重量オーバー時のフレーズをとりあげています。出張時には重量オーバーはつきもの。慌てずに対処できれば、国内線も帰国便も怖いものなしです。

□ **338** チケットを見せてください。 — はい、こちらです。

チケット提示

请 出示 机票。— 这 就 是。

Qǐng chūshì jīpiào. Zhè jiù shì.

ポイント『出示』は「出して見せる、提示する」。『机票』は『飞机票fēijīpiào』の略で「飛行機の切符」。列車の切符なら『火车票huǒchēpiào』になります ☞ *339*。『这就是』は「ほかのどれでもないこれです」。

□ **339** 広州で乗り継ぎますか。

乗り継ぎ地の確認

是 在 广州 转机 吗?

Shì zài Guǎngzhōu zhuǎnjī ma?

ポイント『在+場所』☞ *325*。『转机』は「飛行機を乗り継ぐ」。『转』が「乗り換える」、『机』は『飞机』(飛行機) のことです。列車・車なら『车』に置き換えます。☞ *338*

□ **340** あなたのスーツケースは重量オーバーです。

重量オーバー

你 的 行李 超重 了。

Nǐ de xíngli chāozhòng le.

ポイント『行李』は「荷物」。形態を問いません。「スーツケース」☞P. 89 関連語句。『超重』は「重量が規定の重さを超過する」。

□ **341** 超過料金を支払ってください。

超過料金

请 交 超重费。

Qǐng jiāo chāozhòngfèi.

ポイント『交』はここでは「(費用を) 納める、支払う」。『费』=『费用』は「費用」。『～费』で「～費」と費用項目を表すのは日本語と同じです。『超重』☞ *340*。

関連表現

●搭乗便の遅延・欠航に関するフレーズ

1. 今日は飛ぶのでしょうか。

今天 到底 飞 不 飞?

Jīntiān dàodǐ fēi bu fei?

一申し訳ないです。現在のところ出発予定時間はわかりません。

一实在 抱歉。现在 还 不 知道 什么 时候 能 起飞。

Shízài bàoqiàn. Xiànzài hái bù zhīdao shénme shíhou néng qǐfēi.

2. 次の便に乗りたいです。空席はありませんか。

我 想 坐 下一趟 航班。有 空位 吗?

Wǒ xiǎng zuò xià yí tàng hángbān. Yǒu kòngwèi ma?

3. (満席といわれ)
キャンセル待ちは何人いますか。

等 的 人 有 多少?

Děng de rén yǒu duōshao?

4. (出発が翌日に延び)
明日は何時に離陸予定ですか。

明天 什么 时候 起飞?

Míngtiān shénme shíhou qǐfēi?

5. (航空会社の用意した宿泊先に着いて)
明日は何時にどこに集合でしょうか。

明天 什么 时候、在 哪儿 集合?

Míngtiān shénme shíhou、zài nǎr jíhé?

UNIT 47 セキュリティ・チェックで

CD A-48

ここでは係員の指示が聞きとれるようにしましょう。万が一に備え、禁止品を携帯した場合のフレーズもとりあげています。日本国内で中国の方と飛行機に同乗する際の案内フレーズとしても使えますので、ぜひ覚えてください。

□ 342 荷物を置く

ベルトコンベヤーの上に置いてください。

请 放 在 传送带 上。

Qǐng fàng zài chuánsòngdài shàng.

ポイント 『(把A) 放在B』は「(Aを) Bに置く」。『传送带』は「ベルトコンベヤー」。

□ 343

カメラは横にしてください。

请 把 照相机 横 放 在 上面。

Qǐng bǎ zhàoxiàngjī héng fàng zài shàngmian.

ポイント 『照相机』は「カメラ」。『横』は「横にする」。『上面』は「(物の) 表面、上」。

□ 344 ボディーチェック

それからここを通ってください。

请 从 这儿 走过去。

Qǐng cóng zhèr zǒuguòqù.

ポイント 『从』は「～から」。『这儿』は「ここ」。『走』は「通過する」、『走过去』で「通り過ぎていく」。ボディーチェックで金属探知機のゲートをくぐるときの説明です。

ちょっと失礼します。

失礼 了。

Shīlǐ le.

ポイント 金属探知機でブザーが鳴り、係官がボディーチェックをする際のかけ声です。他の場面でも、あいさつ言葉として使われます。話者に非がないので『对不起』は避けます。

□ **345** ポケットの鍵などはこのトレーの上に置いてください。

トレーに置く

请 把 口袋 里 的 钥匙 放 在 托盘 上。

Qǐng bǎ kǒudài li de yàoshi fàng zài tuōpán shàng.

ポイント *342*に置くものが加わった表現です。『口袋』は「ポケット」、『钥匙』は「鍵」、『托盘』は「トレー」です☞ *342*。

□ **346** もう一度通り直してください。 ― はい、けっこうです。

再チェック

请 再 重新 走过去 一下。– 好, 可以 了。

Qǐng zài chóngxīn zǒuguòqù yíxià. Hǎo, kěyǐ le.

ポイント 再チェックを指示されています☞ *324, 344*。『再』☞ *175*。『重新』☞ *93*。

□ **347** この金属製品は、機内に持ち込めませんよ。

禁止品の引き渡し

这个 金属 制品 不 能 带进 机舱 内。

Zhège jīnshǔ zhìpǐn bù néng dài jìn jīcāng nèi.

ポイント 『制品』は「製品」。「生産品」という意味では『产品』ともいいます。『带进』は『带』(携帯する、持つ)と『进』(入る)の複合動詞で「持って入る」。『机舱』は「飛行機の機体」。

□ **348** こちらに置いていっていただけますか。

请 把 这个 留在 这里, 好 吗?

Qǐng bǎ zhège liú zài zhèli, hǎo ma?

ポイント 『留』は「残しておく」。ここでは機内持ち込みが許可されず、手荷物検査場で没収となることを意味します。文型としては*345*と同様です。『好吗?』☞ *72*。

□ **349** すみません、スーツケースに入れるべきでした。

禁止品携帯のお詫び

对不起, 我 应该 放 在 行李 里。

Duìbuqǐ, wǒ yīnggāi fàng zài xíngli li.

ポイント 『对不起』☞ *45*。『应该』は「～すべきである」。『行李』☞ *340*。『里』は「～の中」。

UNIT 48 チェックイン

CD A-49

宿泊先でのチェックインの場面です。あらかじめ宿泊予約をしている場合と予約していないの場合の両方の切り出し方や、宿泊カードの記入についての質問、ポーターへの荷物の頼み方などを学習しましょう。

□ **350** こんにちは。 高山昭彦と申します。

予約している ことを伝える

你 好。我 叫 高山 昭彦。

Nǐ hǎo. Wǒ jiào Gāoshān Zhāoyàn.

ポイント チェックインの切り出しです。名前を告げれば予約確認いただけますから、まずは名前を名乗ることから始めます。自己紹介を応用できますね。☞ *1,6*

□ **351** 予約してあるのですが。

我 预订 了 房间。

Wǒ yùdìng le fángjiān.

ポイント 『预订』は「予約する」、『房间』は「部屋」。‘宿泊予約をしてある’ という表現です。

□ **352** 予約していないのですが。

予約なしのとき

我 没有 预订。

Wǒ méiyǒu yùdìng.

ポイント 『没有+動詞』は「まだ～していない」☞ *219, 250*。『预订』☞ *351*。

□ **353** お部屋はありますか。

有 房间 吗?

Yǒu fángjiān ma?

ポイント *352* に続けて話す表現です。当日飛び込みチェックインをする場合に空き部屋があるかを聞く表現です。『有～吗?』は「～がありますか」。

□ **354** ツイン ［シングル］ を1部屋お願いします。

部屋の種類を伝える

我 要 订 一 个 双人间 [单人间]。

Wǒ yào dìng yí ge shuāngrénjiān [dānrénjiān].

ポイント 『要』は「～したい」☞ *193*。『订』＝『预订』☞ *351*。『双(＝两个)人』は「2人」、『单(＝一个)人』は「1人」。『间』＝『房间』☞ *351*。

355 宿泊カードの記入

こちらの用紙にどう記入すればいいですか。

怎么 填 这张 表?

Zěnme tián zhè zhāng biǎo?

ポイント 『怎么+動詞』は「どのように」方法を問います。『填』は「(決められた場所に) 書き込む、(空欄を) 埋める」。『表』は「表」。『张』は紙などを数える助数詞「枚」。

— 太枠の中だけでけっこうです。

— 只 在 粗框 里 填 就 行 了。

Zhǐ zài cūkuàng li tián jiù xíng le.

ポイント 『粗』は「太い」反『细』(細い)。『框』は「枠、ふち」。『在～里』は「～のなかで」。『只～就行了』は「～(する) だけでよい」。

— わかる範囲でご記入ください。

— 请 在 你 知道 的 范围 内 填写。

Qǐng zài nǐ zhīdao de fànwéi nèi tiánxiě.

ポイント 『请』は「どうぞ～してください」。『在～的范围内』は「～の範囲内で」、『填写』は「書き込む、記入する」=『填』 ☞ *355*

356 ポーターに荷物を頼む

荷物を運んでいただけますか。

请 帮 我 提 一下 行李, 可以 吗?

Qǐng bāng wǒ tí yíxià xíngli, kěyǐ ma?

ポイント 『帮+～(人)+…(動詞)』 ☞ *97*。『提行李』で「荷物を運ぶ」。『可以吗?』 ☞ *29*。丁寧に依頼できれば気持ちよく運んでいただけるでしょう。

357 予約者名を伝える

高山昭彦の名前で部屋を予約してあると思います。

我 想 是 以 高山 昭彦 的 名字 预订 了 房间。

Wǒ xiǎng shì yǐ Gāoshān Zhāoyàn de míngzi yùdìng le fángjiān.

ポイント 『想』は「～と思う」、『～的名字』で「～の名(義)で」、『预订』は「予約する」。

UNIT 49 支払い方法の確認

CD A-50

チェックイン・買い物・食事――支払い方法が話題になることがよくあります。ここでは、クレジットカード払いの可否を聞き、支払い回数を指定する表現のほか、ルームチャージにする表現や部屋番号の言い方を学びます。

□ **358** このカードは使えますか。

カード払いの確認

这个 卡 能 用 吗?

Zhège kǎ néng yòng ma?

ポイント 『卡』は「カード」。クレジットカードのことです ☞ *359*。『能』は「～できる」、『用』は「使う、用いる」。支払いに使えるカードかを確認できます。

□ **359** クレジットカード払いにします。

カード払い

我 要 用 信用卡 支付。

Wǒ yào yòng xìnyòngkǎ zhīfù.

ポイント 『要』☞ *193*。『用～支付』は「～で［を使って］支払う」。支払手段を示します。『信用卡』は「クレジットカード」☞ *358*。

□ **360** 一括でけっこうです。／分割払いでお願いします。

支払い回数

一次 支付。／分期 付。

Yícì zhīfù. Fēnqī fù.

ポイント 『一次』は「1回（で）」。『分期』は「期間を分ける」。『支付』は「支払う」。支払条件交渉の場面でも使えます。

□ **361** 部屋につけていただけますか。／ルームチャージでお願いします。

部屋につける

请（把 帐单）记到 我 的 房间 上。／房间 付 吧。

Qǐng (bǎ zhàngdān) jì dào wǒ de fángjiān shàng. Fángjiān fù ba.

ポイント 『帐单』は「伝票」。『记到～上』は「～に記す、書き留める、登録する」。『付』＝『支付』☞ *360*。

□ **362** 524号室です。

部屋番号

我 的 房号 是 5 2 4。

Wǒ de fánghào shì wǔ èr sì.

ポイント 『房号』は『房间号码』の略で「部屋番号」。「～号室」なら『房间』といいます。部屋番号・電話番号などは『五百二十四』と読まず、数字1つ1つを単独で読みます。

UNIT 50 滞在予定の変更・取り消し

CD A-51

滞在期間に変更が生じた際の申し出をするフレーズです。期間の延長・変更と予約取り消しの表現をマスターしましょう。予定の変更はビジネスシーンでも多々あります。実際に応用できるようしっかり身につけましょう。

□ ***363*** 2～3日滞在を延長したいのですが。

延長を願い出る

我 想 再 多 住 两、三 天。

Wǒ xiǎng zài duō zhù liǎng、 sān tiān.

ポイント 『再』☞ *92*。『多』は「多く」。『住』は「宿泊する」。『两、三天』は「2, 3日」、よく使われます。

□ ***364*** 明日の予約をキャンセルしたいのですが。

取り消し

我 想 取消 明天 的 预约。

Wǒ xiǎng qǔxiāo míngtiān de yùyuē.

ポイント 『取消』は「取り消す」。「キャンセル」に対応する中国語として覚えておきましょう。『明天』は「明日」。『预约』は「予約（する）」。

□ ***365*** 宿泊日を25日から28日に変更してください。

変更

请 把 我的 住房 预约 从 25 号 改到 28 号。

Qǐng bǎ wǒ de zhùfáng yùyuē cóng èrshiwǔ hào gǎi dào èrshibā hào.

ポイント 『住房』はここでは「泊まる部屋」。「住居」という意味もあります。『预约』☞ *364*。『从～改到…』は「～から…に変更する」。『～号』は「～日」。

UNIT 51 両替

CD A-52

海外では現金が必要な場合も多くあります。そんなときのために両替カウンターで使う表現を集めました。異なる貨幣に替えるほか、お金をくずす表現も合わせて覚えましょう。身分証明になるパスポートの携行もお忘れなく。

□ *366* 両替したいのですが。

両替の申し出

我 要 换钱。

Wǒ yào huànqián.

ポイント 『要』☞ *193*。『换钱』は「両替する」。類『兑换duìhuàn』☞ *368*

□ *367* 現金にしたいのです。

現金化

我 想 换成 现金。

Wǒ xiǎng huàn chéng xiànjīn.

ポイント 『動詞+成』で「〜にする、〜となる」。『现金』は「現金」。『现款xiànkuǎn』ともいいます。

□ *368* 中国元に替えてください。

通貨を指定する

请 兑换 成 人民币。

Qǐng duìhuàn chéng Rénmínbì.

ポイント 『兑换』は「両替する」。『動詞+成』☞ *367*。『人民币』は「人民元」。中国の通貨単位です。

□ *369* このトラベラーズ・チェックを現金にしていただけますか。

T/Cから現金に

请 把 这 张 旅行支票 换成 现金。

Qǐng bǎ zhè zhāng lǚxíng zhīpiào huàn chéng xiànjīn.

ポイント 『把A换成B』で「AをBに替える」。*368*にAの部分が加わった表現です。『张』☞ *355*。『旅行支票』は「トラベラーズ・チェック」。

□ **370** この日本円を中国元に替えたいのですが。

通貨を指定する

我 要 把 日元 换成 人民币。
Wǒ yào bǎ Rìyuán huàn chéng Rénmínbì.

ポイント *369*と同じ文型を使っています。『我要』☞ *193*で始め、自分の意志を伝える表現です。『日元』は「日本円」、『人民币』☞ *368*。

□ **371** 100元札を10元札10枚にくずしてくださいますか。

小銭に両替する

请 把 这张 100块 的 钞票 换成 10张 10块 的。
Qǐng bǎ zhè zhāng yìbǎi kuài de chāopiào huàn chéng shí zhāng shí kuài de.

ポイント 『块』は人民元の単位「元」の口語表現です。『钞票』は「紙幣、お札」。『10块的』の後ろには『钞票』が省略されており、重複を避けています。

□ **372** 身分を証明するものをお持ちですか。

身分証明の提示

你 有 没有 带 可以 证明 身份 的 证件?
Nǐ yǒu meiyou dài kěyǐ zhèngmíng shēnfèn de zhèngjiàn?

ポイント 『有没有?』＝『有～吗?』☞ *326*。『带』☞ *327*。『可以』は「～できる」で可能を表します。『证明』は「証明する」。『证件』は「証明書類」。参考『身份证shēnfènzhèng』(身分証明書)。

関連語句

●通貨

香港ドル	米ドル	ユーロ	日本円	英ポンド
港币 Gǎngbì	美元 Měiyuán	欧元 Ōuyuán	日元 Rìyuán	英镑 Yīngbàng

＊人民元

書き言葉	1元 yuán	1角 jiǎo	1分 fēn
話し言葉	1块 kuài	1毛 máo	1分 fēn

1块＝10毛＝100分

値札表示	2元 yuán	7.5元 yuán	4.92元 yuán	60元 yuán
話し言葉	两块 liǎng kuài	七块五 qī kuài wǔ	四块九毛五 sì kuài jiǔ máo wǔ	六十块 liùshí kuài

UNIT 52 チェックアウト

CD A-53

無言でフロントで鍵を差し出す——そんなチェックアウトから一歩踏み出しましょう。チェックアウトの意思を告げる表現から覚えます。サイン前に請求明細をチェックしたり、不明・相違点を問う表現も身につけましょう。

□ **373** チェックアウトを申し出る

チェックアウトをお願いします。

我 要 退房。

Wǒ yào tuìfáng.

ポイント 『退房』は「チェックアウトする」。反『登记dēngjì』『报到bàodào』(チェックインする)

□ **374** 部屋番号と名前

524号室の木村です。

我 是 5 2 4 号 房间 的 木村。

Wǒ shì wǔ èr sì hào fángjiān de Mùcūn.

ポイント 部屋番号は『524房间』ともいいます。部屋の鍵を渡しながらこの表現が使えるといいですね。

□ **375** 明細の確認・質問

この項目は何ですか。

这 项 费用 是 什么?

Zhè xiàng fèiyòng shì shénme?

ポイント 『项』は項に分けた事物に用いる助数詞。『费用』は「費用」。『什么』は「何」。『这是什么?』(これは何ですか)は質問の基本形でよく使われます。日本語と語順が同じですね。

□ **376** 請求に覚えがないとき

昨夜はロビー・バーでは飲んでいませんが。

昨天 晚上 我 没 在 大厅 酒吧 喝 酒 呀?

Zuótiān wǎnshang wǒ méi zài dàtīng jiǔbā hē jiǔ ya?

ポイント 『昨天』☞ *29, 31*。『晚上』☞ *337*。『没』=『没有』(〜しなかった)。『喝』は「液体(状のもの)を飲む」。『呀』は驚きを表しています ☞ *298*。

□ *377* 伝票を見せていただけますか。

伝票確認

你能让我看看帐单，好吗?

Nǐ néng ràng wǒ kàn kan zhàngdān, hǎo ma?

ポイント 『能』は「～できる」。『让』 ☞ *9*。後ろに『看』を重ねて「ちょっと見せる」。『帐单』 ☞ *361*。『好吗?』 ☞ *72*。丁寧な依頼表現です。

□ *378* 部屋番号が違います。

間違いを指摘する

房号 错 了。

Fánghào cuò le.

ポイント 『房号』＝『房间号码』（部屋番号）。『错』は「間違える」。

□ *379* この署名は私のものではありません。

这不是我的签名。

Zhè bú shì wǒ de qiānmíng.

ポイント 『不是』は『是』の否定形で「～ではない」。『我的』は「私の」。『的』がついて所有を表します。『签名』は「サイン・署名（する）」。

UNIT 53 チェックアウトへの応対

CD A-54

UNIT52に対する応答です。これらのフレーズを聞きとれてはじめてUNIT52が活きてきます。また来日したお客様のチェックアウトのお手伝いや、納入した品の請求場面にも応用できます。ぜひマスターしておきましょう。

□ **380** かしこまりました。 少々お待ちください。

申し出への受け答え

好 的。请 您 稍 等。
Hǎo de. Qǐng nín shāo děng.

ポイント 『好的』☞ *79*。顧客の要望を承るときにもよく使います。『请您稍等』☞ UNIT20。取り次ぐだけでなく、お客様をお待たせするときにも使えますね。

□ **381** すぐに請求書をお持ちします。

我 马上 把 帐单 拿来。
Wǒ mǎshàng bǎ zhàngdān nálái.

ポイント 『马上』は「すぐに」。『帐单』☞ *361*。『拿来』は「持ってくる」。目的語を『把』で前に出しています。

□ **382** こちらでございます。

請求書の提示

这 是 您 的 帐单。
Zhè shì nín de zhàngdān.

ポイント 『您的』は『你的nǐ de』(あなたの) の尊敬表現。「これはあなたの～です」という文型ですので、『您的』の後ろを入れ替えればさまざまな場面に応用ができます。

□ **383** ご確認いただけますか。

明細の確認を促す

请 您 确认 一下。
Qǐng nín quèrèn yíxià.

ポイント 『请您』は「(相手に) どうぞ～してください」。『确认』は「確認する」。『一下』は「ひととおり」というニュアンスがあります。

□ **384** 昨夜のロビー・バーの代金です。

質問に答える

这 是 昨天 您 在 大厅 酒吧 消费 的。
Zhè shì zuótiān nín zài dàtīng jiǔbā xiāofèi de.

ポイント 『消费』は「消費する」。『的』は「～（した）もの」。後ろに名詞（代金）を省略して全体で名詞となる作用を果たしています。

□ **385** 申し訳ないことをいたしました。

間違いを認める

实在 对不起。
Shízài duìbuqǐ.

ポイント 自分の非を認めて謝る場合に『对不起』を用います。『实在』は「まことに」。誠意ある謝罪表現です。謝罪の程度によって表現を使い分けます。

□ **386** こちらの間違いだと思います。

是 我们 弄错 了。【是 我们 的 错误。】
Shì wǒmen nòngcuò le. Shì wǒmen de cuòwù.

ポイント *385*に続ける表現です。『是』は「～のだ」。前の句を受けて説明や弁明を加えています。『弄错』は「誤解する、思い違いをする」、『错误』は「間違い」という意味です。

□ **387** その代金は請求いたしません。

請求取り消し

这个 我们 不 会 要求 您 付 的。
Zhège wǒmen bú huì yāoqiú nín fù de.

ポイント 『会』は「～する可能性がある」。『不会』はその否定形で「あり得ない」。『要求+目的語+動詞』で「～に…するように求める」。『付』は「（お金を）支払う」。参考『付钱』（お金を支払う）

UNIT 54 リコンファーム

CD A-55

予約どおり飛行機に乗れるか、確認を電話で行えるようにするのがこのUNITの目標です。行き先・日付・便名を伝えられるよう、そして確認の案内を聞きとれるように、何度も繰り返し練習しましょう。

●リコンファームの申し出(乗客)

□ **388** 予約の確認をしたいのですが。

申し出の切り出し

我 要 确认 机票。
Wǒ yào quèrèn jīpiào.

ポイント 『确认』は「確認する」。リコンファームに対応する中国語として覚えましょう。『机票』は「航空券」。『飞机』(飛行機) の『票』(切符) の略です。

□ **389** 東京行きのフライトです。

行き先

开往 东京 的 航班。
Kāiwǎng Dōngjīng de hángbān.

ポイント 『开往』は「～に向けて発車［出航］する」。『航班』は「(船や飛行機の) 便、フライト」。「～行きの」という表現はよく使いますのでマスターしましょう。

□ **390** 明日のCA925便です。

搭乗日・便名

明天 的 CA 9 2 5 航班。
Míngtiān de CA jiǔ èr wǔ hángbān.

ポイント 『明天』☞ *29*。便名を言うときには日本語と同じ語順で最後に『航班』(便) をつけます。列車・バスなどには『(车)次』(便) がつきます。

□ **391** 木村賢二です。

搭乗者氏名

我 叫 木村 贤二。
Wǒ jiào Mùcūn Xián'èr.

ポイント 他の方に代わってのリコンファームなら『我』を『他』(彼) に置き換えます。自己紹介で名乗る表現がこの場面でも応用できます☞ *1*。

□ **392** 便名は9月10日のMU515便です。

搭乗日・便名

航班 号 是 9月 10号 的 MU 5 1 5 班机。
Hángbān hào shì jiǔ yuè shí hào de MU wǔ yāo wǔ bānjī.

ポイント 『航班』☞*389*。『号』＝『号码』(番号)。日付と便名を続けていうときの語順は日本語と同じです。『的』は「～の」。修飾語を作ります。『班机』は「(旅客機の)定期便」。

●確認案内(オペレーター)

□ **393** はい、木村賢二様。

顧客へのよびかけ

木村 贤二 先生。
Mùcūn Xián'èr xiānsheng.

ポイント 日本語の「～さん」は中国語では性別で使い分けます。ビジネスシーンでの敬称は男性には『先生』、女性なら『女士』が最も一般的です。『小姐xiǎojiě』は未婚の女性にのみ使える呼称です。

□ **394** 明日の上海浦東空港午前9時35分発の
MU515便に、確かにご予約されています。

予約情報確認

您 确实 预订 了 明天 早上 9点 35 分 从
Nín quèshí yùdìng le míngtiān zǎoshang jiǔ diǎn sānshiwǔ fēn cóng
上海 浦东 机场 起飞 的 MU 5 1 5 航班。
Shànghǎi Pǔdōng jīchǎng qǐfēi de MU wǔ yāo wǔ hángbān.

ポイント 『确实』は「確かに」。『预订』☞*351*。『明天早上』は「明朝」。『从』は「～から」。『机场』は「空港」。『起飞』は「離陸する」。数字部分はゆっくり話します。21以上の数字で1の位が0以外のときには10の位の『十』を軽く発音します。

□ **395** ご利用ありがとうございました。

締めくくりの謝辞

谢谢 您 使用 我 航空 公司。
Xièxie nín shǐyòng wǒ hángkōng gōngsī.

ポイント 『谢谢＋人＋動詞』で「(人)が～することに感謝する」。『使用』は「利用する」。『航空公司』は「航空会社」。前に『我』をつけ「当～」という意味合いを出します。『我(们)公司』(当社)もよく聞かれます☞*536*。

UNIT 55 交通手段をたずねる

CD A-56

目的地まで、どの交通手段を使って移動すればいいのかをたずねる表現を集めました。きちんと聞きとれるよう、また、聞かれたら答えられるように、地名や交通手段の名称と合わせて覚えましょう。切符の買い方もマスターします。

□ **396** 市内へ行くにはどうしたらいいですか。

行き方をたずねる

去 市内 怎么 走?

Qù shìnèi zěnme zǒu?

ポイント 『去』は「行く」。『进城』（郊外から市内へ行く）という表現もあります。『怎么+動詞』☞ *355*。

□ **397** —地下鉄で建国門へ行ってください。

行き方を答える

— 坐 地铁 到 建国门。

Zuò dìtiě dào Jiànguómén.

ポイント 『坐』は「（乗り物に）乗る」。『地铁』は「地下鉄」。『到』はここでは「行く」という意味です。

□ **398** バスとタクシーのどちらがいいですか。

乗り物を選ぶ

坐 公交车 〈巴士〉 还是 坐 出租 的士?

Zuò gōngjiāochē <bāshì> háishi zuò chūzū dīshì?

ポイント 『A还是B?』は「AそれともB」。選択疑問文です。『坐』は「乗り物に乗る」。『公交车』『巴士』☞ *399*。『出租（汽车）』は「タクシー、ハイヤー」。音訳は『的士dīshì』です。

□ **399** — バスにします。

— 坐 公交车 〈巴士〉。

Zuò gōngjiāochē <bāshì>.

ポイント *398*への回答です。『公交车』は「路線バス」。『公共汽车』ともいいます。『巴士』は「バス」の音訳です。

☐ **400** 出発時刻をたずねる

次のバスは何時発ですか。

下 一 辆 车 什么 时候 出发?

Xià yí liàng chē shénme shíhou chūfā?

ポイント 『下一辆』は「次の一両」反『上一辆』(前の一両)。『什么时候』は「いつ」。時、分に限らず年月日も問えます。『出发』は「出発する」反『到达』(到着する)

☐ **401**

—10分後です。

— 10 分钟 以后。

Shí fēnzhōng yǐhòu.

ポイント 『~分钟』は「~分間」。『以后』は「以後、~後」。

☐ **402** 空席があるとき

まだ少し席が残っています。

还有 几 个 空 位子。

Háiyǒu jǐ ge kòng wèizi.

ポイント 『还有』は「まだある」。『几个』は「いくつか(の)」10までの不定の数をさしています。『空位子』は「空席」。

☐ **403** チケット購入

チケットを1枚下さい。

我 要 一 张 票。

Wǒ yào yì zhāng piào.

ポイント 『要』☞*193*。『张』は紙・切符などを数える助数詞「枚」。『票』は「チケット、切符」。乗車切符なら『车票』ということもあります。

UNIT 56 行き先を確かめる

CD A-57

教えられた乗り場に来たものの、いま目の前にある乗り物に乗っていいのだろうか—そんな確認をしたいときに使えるフレーズです。行き先は同じでも目的地に停車しないこともありますので、念を押して確認したいですね。

□ **404** 切り出す

すみません。

请问。

Qǐngwèn.

ポイント 『请问』は「お伺いします」というあいさつ言葉。人に聞きたい・話しかけたいときの切り出しの表現として使われます。

□ **405** 目的地に停まるかたずねる

このバスは西単駅に停まりますか。

这 车 在 西单 停 吗?

Zhè chē zài Xīdān tíng ma?

ポイント 『车』は「車両」。『在～』は「～で」。場所を示します。『停车』で「停車する」。

□ **406** 停まるとき

—停まりますよ。

— 停 啊。

Tíng a.

ポイント *405*に対する答えでいちばん簡単な答え方です。『啊』は文末で肯定の語気を表す助詞。否定形 ☞ *407*。

□ **407** 停まらないとき

—これは急行〈快速〉なので停まりません。

— 这 是 快车, 不 停。

Zhè shì kuàichē, bù tíng.

ポイント 『快车』は「急行(列車・バス)」。先に理由を示した上で、結論を示しています。『不』をつけて否定形になっています。

□ **408** 2番乗り場の公主墳行きに乗ってください。

乗り場と行き先を告げる

请 在 2号 车站 坐 去 公主坟 的 车。

Qǐng zài èr hào chēzhàn zuò qù Gōngzhǔfén de chē.

ポイント 『在～』☞*405*。『车站』は「駅、停留所」。『坐』☞*398*。『去』は「行く」。ここでは『开往』☞*389*にも置き換えられます。

□ **409** 西単駅に着いたら教えていただけますか。

目的地到着を教えてもらう

到 了 西单 站，告诉 我 一下，可以 吗?

Dào le Xīdān zhàn, gàosu wǒ yíxià, kěyǐ ma?

ポイント 『到』は「到着する」。『告诉』は「告げる」。『一下』☞*383*。『可以吗?』（よろしいですか）をつけてソフトな表現にしています。

関連語句

●**車両**

列車	電車	自動車	バス	タクシー
火车	电车	汽车	公共汽车	出租汽车
huǒchē	diànchē	qìchē	gōnggòng qìchē	chūzū qìchē

UNIT 57 タクシーに乗る

CD A-58

行き先に直接連れて行ってくれるので、はじめての訪問者には特に便利なタクシー。まずは乗車して行き先を伝えられ、降車時に領収書をもらえるのが目標です。道の指示や乗車中のトラブル対処のフレーズにも挑戦しましょう。

□ **410** 紙を見せて行き先を教える

ここへ行ってください。

请 去 这里。

Qǐng qù zhèli.

ポイント 『这里』は「ここ」。行き先を言えなくても書いておき、そのメモあるいは地図を指さして伝えられる表現です。

□ **411** 行き先を告げる

民族飯店へお願いします。

请 去 民族饭店。

Qǐng qù Mínzú Fàndiàn.

ポイント 行き先を具体的に伝えている表現です。自分の宿泊先や行き先の発音をあらかじめ調べておけばこのように話せます。『饭店』は「ホテル」。

□ **412** 次の行き先があるとき

そのあと友誼商店へ行ってください。

之后 请 去 友谊商店。

Zhīhòu qǐng qù Yǒuyì Shāngdiàn.

ポイント 行き先が複数あるときには、このように話しておけばタクシーも待っていてくれます。『之后』は「その後」。前文のことがらのあとをさします。

□ **413** 戻るとき・戻らないとき

戻ってください。 ／ 戻りません。

请 回到 这儿。／ 不 回来 了。

Qǐng huí dào zhèr. Bù huílái le.

ポイント 『回』は「戻る」、『回到这儿』は ‘戻ってここに着く’ すなわち「ここに戻る」。乗車場所に戻ってくる場合は必ず伝えましょう。

□ **414** いちばん速い道でお願いします。

行き方を告げる

请　走　最　快　的　路线。
Qǐng zǒu zuì kuài de lùxiàn.

ポイント 『走』は「行く、ある場所から離れる」。『最』は「最も」。『快』は「速い」反『慢màn』（遅い）。『路线』は「道筋、道順」、助数詞は『条tiáo』。

□ **415** 高速道路を行ってください。

请　走　高速公路。
Qǐng zǒu gāosù gōnglù.

ポイント 『高速公路』は「高速道路」。高速料金が別途かかるため、利用するかをたずねられたら聞きとれるようにしましょう。

□ **416** いちばん安い道でお願いします。

请　走　最　经济　的〈便宜　的〉路线。
Qǐng zǒu zuì jīngjì de <piányi de> lùxiàn.

ポイント 『经济』は「経済的である、無駄がない」。『便宜』は「価格が安い」。『走』『路线』☞ 414。

□ **417** 復興路から行ってください。

道を指定する

请　走　复兴路。
Qǐng zǒu Fùxīnglù.

ポイント どの道を通るかを指定する表現です。『请走』☞ 414 のあとに具体的な道路名を話します。中国語読みができるようあらかじめ調べておきましょう。

●乗車中のトラブル

□ **418** 道が違います。

道が違うとき

这 条 路 不 对。【路 走 错 了。】

Zhè tiáo lù bú duì. Lù zǒu cuò le.

ポイント 『条』は道など細長いものを数える助数詞。『不对』は『对』(正しい)の否定形で「違う」。『错』は「間違っている」。

□ **419** 走っている方向が違います。

方向違い

方向 错 了。

Fāngxiàng cuò le.

ポイント 『方向』は「方向、向き」。通っている道はあっていても進んでいる方向が違う場合の表現です。

□ **420** メーターが回っていません。

メーターがおかしいとき

计程器 没有 动。

Jìchéngqì méiyǒu dòng.

ポイント 『计程器』は車などの走行距離を測るメーター。ここではタクシーの料金メーターをさしています。『动』は「動く」。『没有动』でメーターが作動していない状態を示します。

□ **421** あなたの車番号は…。

運転手の態度が悪いとき

你 的 车号 是…。

Nǐ de chēhào shì….

ポイント 『车号』は車の番号。メーター横の運転者写真パネルなどに、車の登録番号が書かれています。

●タクシーに関するその他の表現

□ **422**

タクシーを待たせる

ここで待っていてください。

请 在 这儿 等 一下。
Qǐng zài zhèr děng yíxià.

ポイント 『在这儿』は「ここで」。『等』は「待つ」。下車せず続けて乗るためタクシーを待たせるときにはこう告げます。戻ってきてわかるよう車ナンバーなどを覚えておきます。

□ **423**

戻り時間を告げる

20分で戻ります。

我 20 分钟 后 回来。
Wǒ èrshí fēnzhōng hòu huílái.

ポイント 待ち時間がわかる場合、目安を話しておくことは運転手への気遣いです。『～分钟』。『后』=『以后』 ☞ *401*。『回来』 ☞ *15*。

□ **424**

釣り銭が不要のとき

おつりはいりません。

不用 找 了。【零钱 不 要 了。】
Búyòng zhǎo le. Língqián bú yào le.

ポイント 『不用』は「～する必要はない、～するに及ばない」。『找』は「つり銭を出す」。『零钱』は「小銭」。『不要』は「いらない」。

□ **425**

領収書を要求する

領収書を下さい。

请 给 我 发票。
Qǐng gěi wǒ fāpiào.

ポイント ここの『给』は動詞で「(私に～を)くれる」。『发票』は「領収書」、助数詞は『张』。
参考 『请给我开kāi张发票。』(領収書を発行してください)

□ **426**

タクシーを借り切る

明日一日 [半日] 借り切りたいのですが。

我 明天 想 包 一天 [半天] 车。
Wǒ míngtiān xiǎng bāo yìtiān [bàntiān] chē.

ポイント 『包车』は「(自動車・バスなどを)チャーターする、借り切る」、『包』と『车』の間に期間(　口・半口など)をはさんで言う語順に注意です。半日以上利用するなら、待たせる ☞ *422*より借り切るほうが経済的でしょう。

UNIT 58 行き方をたずねる・答える

CD A-59

交通機関で近くへ来たものの、道がわからなくなることがあります。そんなときの行き方のたずね方や、たずねられたときの答え方をマスターするのがこのUNITの狙いです。地図を描いてもらえれば鬼に金棒ですね。

□ **427**

行き方をたずねる

すみません、ちょっとお伺いします。
北京飯店への行き方を教えてください。

对不起，请问。去 北京饭店 怎么 走？
Duìbuqǐ, qǐngwèn. Qù Běijīng Fàndiàn zěnme zǒu?

ポイント 『请问』だけでもたずねる切り出しとなります。☞ *153, 331, 404*。『去』『怎么＋動詞』☞ *355*。「どのように行きますか」と聞くのが簡単で自然です。

□ **428**

方角を確認する

こちらの方角ですか。

是 这个 方向 吗？
Shì zhège fāngxiàng ma?

ポイント 『这个』は「この、これ」。指さしながら確認すると間違いないでしょう。

□ **429**

所要時間をたずねる

そこまでどのくらいかかりますか。
― 5分ぐらいだと思いますよ。

到 那儿 需要 多 长 时间？
Dào nàr xūyào duō cháng shíjiān?

―我 想 5 分钟 左右 吧。
Wǒ xiǎng wǔ fēnzhōng zuǒyòu ba.

ポイント 『到』☞ *397*。『那儿』は「そこ」で自分から少し遠いところをさします。類『那里』（そこ）。『需要』は「必要である」。『多长』は「どのくらい長い」。ここでは時間の長さを聞いています。『左右』☞ *58*。

□ **430**

地図を描いてもらう

地図を描いていただけませんか。

您 能 帮 我 划 个 图 吗？
Nín néng bāng wǒ huà ge tú ma?

ポイント 『帮＋～（人）＋…（動詞）』☞ *97*。『划图』は「地図を描く」。『画图』とも書きます。

□ **431** 道に迷ってしまいました。

道に迷う

我 迷路 了。

Wǒ mílù le.

ポイント 『迷路』は「道に迷う」。‘迷子になる’というときもこの表現です。

□ **432** この通りをまっすぐ行きます。

行き方を答える

顺着 这 条 路 一直 往 前 走。

Shùnzhe zhè tiáo lù yìzhí wǎng qián zǒu.

ポイント 『顺着』は「～に沿って、～に従って」。『一直』は「まっすぐに」。『往』は「～に向かって、～の方へ」。『走』は「歩く、前へ進む」。

□ **433** それから左に曲がってください。

然后 向 左 拐。

Ránhòu xiàng zuǒ guǎi.

ポイント 『然后』は「それから、その後」。前の文・節に『先xiān』（まず）を使い、呼応して順序を示すこともあります。『向』は「～へ（向かって）」。『拐』は「方向を変える、曲がる」。

□ **434** 右手に見えてきます。

在 右面 就 可以 看到 了。

Zài yòumiàn jiù kěyǐ kàndào le.

ポイント 『右面』は「右側、右の方」。『右边yòubiān』ともいいます。『就』は「すぐ」。『看到』は「見える」。

UNIT 59 レストランに入る

CD A-60

食事に行ってレストランの入り口から座席に案内してもらうまでのフレーズをとりあげます。人数分の座席があるか、どのくらい待つかなど、席を決めるための情報を聞きとり、要望が伝えられることをめざします。

□ 435

人数の確認

何名様ですか。
— 3名です。席はありますか。

几 位?
Jǐ wèi?

—3 个 人。有 位子 吗?
Sān ge rén. Yǒu wèizi ma?

ポイント『几』は答えが10未満と予想して聞く「いくつ」。『位』は「～名」。『个人』(～人)の尊敬表現です。『3个人』は『3位』と置き換えられ、『3位人』とは言わないので注意。『位子』は「座席」。

□ 436

相席の確認

お相席でもよろしいでしょうか。

和 别的 客人 同坐 一个 桌子，可以 吗?
Hé biéde kèrén tóngzuò yí ge zhuōzi, kěyǐ ma?

ポイント『和～』は「～と」。『别的』は「別の」。『客人』は「客」。『同座』＝『同席』は「同席する、同じ席に居合わせる」。『桌子』は「テーブル」。

□ 437

分かれて座るかの確認

テーブル二つに分かれてしまいますが、いかがなさいますか。
— かまいません。 ／ 空くまで待ちます。

要 分成 两 个 桌子，怎么样?
Yào fēn chéng liǎng ge zhuōzi, zěnmeyàng?

—没 关系。／那 我们 等 一下，直到 有 空位。
Méi guānxi. Nà wǒmen děng yíxià, zhídào yǒu kòngwèi.

ポイント『要～，怎么样?』は「もし～ならいかがですか」。提案し意向を聞きます。『分成～』は「～に分ける」。『没关系』は「かまわない」。『那』は「それでは」。『直到～』は「～(ある時点・状態・程度になる)まで」。『空位』＝『空位子』☞ *402*。

□ **438**

満席を告げる

ただ今あいにく満席でございます。

不巧，现在 位子 都 满 了。
Bù qiǎo, xiànzài wèizi dōu mǎn le.

ポイント 『不（凑còu）巧』は「あいにく、折悪く」。反『真（凑）巧』（ちょうどよい具合に）。『位子』☞ *435*。『满』は「いっぱいである」。

□ **439**

待つかどうかの確認

10分ほどお待ちいただくことになりますが、よろしいでしょうか。
― 待ちます。／ではけっこうです。

请 等 10 分钟 左右，可以 吗？
Qǐng děng shí fēnzhōng zuǒyòu, kěyǐ ma?

— 我们 可以 等。／那 算 了。【我们 不 等 了。】
Wǒmen kěyǐ děng. Nà suàn le. Wǒmen bù děng le.

ポイント 待たせる表現 ☞ UNIT 20。『分钟』☞ *401*。『左右』☞ *58*。『算了』は「やめにする」。『不等了』は「待たないことにした」というニュアンスです。

□ **440**

喫煙の確認

おたばこはお吸いになりますか。
― 吸います。／吸いません。

您 吸烟 吗？
Nín xīyān ma?

吸。／我 不 吸烟。
Xī. Wǒ bù xīyān.

ポイント 『吸烟』は「喫煙する」。『抽烟chōuyān』ともいいます。回答の肯定形は『吸』と1文字で答えるのが普通です。否定形は『不』がつきます。

UNIT 60 注文をとる

CD A-61

着席したら次は食事の注文です。店員から注文でよく聞かれるフレーズをマスターし、落ち着いた対処に努めましょう。お客様を伴って食事に出向いたときには、ホストとしてお客様に伺う際にも使えます。☞UNIT 99

□ **441** ご注文を伺ってもよろしいでしょうか。

注文をとる切り出し

您 点菜 吗?

Nín diǎncài ma?

ポイント 『点菜』は「料理を1つずつ指定して注文する」。「注文なさいますか」という言い回しです。

□ **442** お決まりですか。

您 决定 好 了 吗?

Nín juédìng hǎo le ma?

ポイント 『決定』は「決定する」。『動詞＋好』は「～し終わる」。動作の完了を表します。

□ **443** 本日のおすすめはサーロイン・ステーキです。

おすすめ料理を伝える

今天 我们 向 您 推荐 西冷 牛排。

Jīntiān wǒmen xiàng nín tuījiàn xīlěng niúpái.

ポイント 『向』☞ *433*。『推荐』は「推薦する、すすめる」。『西冷牛排』は「サーロインステーキ」 参考『**菲利（里）牛排**fēilì (lǐ) niúpái』（テンダーロインステーキ）

□ **444** ステーキの焼き加減はどうなさいますか。

ステーキの焼き加減

牛排 要 烤到 什么 程度?

Niúpái yào kǎo dào shénme chéngdù?

ポイント 『烤』は「焼く、あぶる」。『動詞＋到＋名詞』で動作・性質・状態がどの状態まで達するかを表します。『什么』☞ *335*。

☐ ***445*** サラダのドレッシングは何になさいますか。

ドレッシング

你 要 什么 沙拉酱?

Nǐ yào shénme shālājiàng?

ポイント 『沙(色sè)拉』は「サラダ」。『沙拉酱』は「ドレッシング」。『调味汁tiáowèizhī』(ソース、ドレッシング)ともいいます。

☐ ***446*** ビールはどの銘柄にされますか。

ビールの銘柄

您 要 喝 什么 啤酒?

Nín yào hē shénme píjiǔ?

ポイント 『喝』は「飲む」。『什么』☞ *335*。

☐ ***447*** 生? それとも瓶になさいますか。

ビールの種類

您 要 生啤酒? 还是 瓶装 啤酒?

Nín yào shēng píjiǔ? Háishi píngzhuāng píjiǔ?

ポイント 『生』は「生の」。『瓶装』は「瓶詰めの」。『生啤酒』は「生ビール」、『瓶装啤酒』は「瓶ビール」と覚えましょう。「缶ビール」なら『罐装啤酒guànzhuāng píjiǔ』です。『A还是B?』☞ *398*。

☐ ***448*** ジョッキはどの大きさでしょうか。

ビールジョッキの大きさ

啤酒杯 是 多大 的?

Píjiǔbēi shì duō dà de?

ポイント 『啤酒杯』は「(ビール)ジョッキ」。『多大』は「どのくらい大きい」。『多+単音節形容詞』は疑問文に用い「どれほど、どれだけ～」。程度・数量を聞きます。『是～的』は述語を強調します。

UNIT 61 注文する① 料理についてたずねる

CD A-62

注文を決めるときに店員にたずねるフレーズをUNIT61,62でとりあげます。本UNITでは、料理についてたずねるフレーズを学びます。調理時間・量を中心に、レストランで1人で食事するときにも使える実用フレーズを習得しましょう。

□ **449** 何がここのおすすめですか。

おすすめ料理をたずねる

这里 的 拿手菜 是 什么?
Zhèli de náshǒucài shì shénme?

ポイント 『这里』は「ここ」。比較的近くをさします ☞*429*。類『这儿』 ☞*344*。『拿手』は「得意である」。『拿手菜』で「得意料理、自慢料理」。『什么』☞*322*。

□ **450** 何がいちばん速いですか。

速くできる料理をたずねる

什么 菜 最 快?
Shénme cài zuì kuài?

ポイント 『什么』☞*335*。『菜』は「料理」。『最』『快』☞*414*。いちばん速いものを聞けるフレーズです。『菜』を置き換えれば応用範囲が広いので、ぜひ身につけましょう。

□ **451** では、それをいただきます。

すすめられたものを頼む

那，我 要 这个。
Nà, wǒ yào zhège.

ポイント 『那』☞*437*。『要』☞*193*。『这个』は「これ」。手が届く範囲の近いものをさします。少し遠いもの「それ、あれ」なら『那个』となります。

□ **452** このチャーハンは大皿ですか。

料理の量を聞く

炒饭 是 大盘 的 吗?
Chǎofàn shì dàpán de ma?

ポイント チャーハンの中国語読みを覚えましょう。『大盘』は「大（きな）皿」☞*454*。食事をするとき、料理の量を知る目安としてお皿の大きさを聞くのも1つの方法です。

453 一皿何人分ですか。

何人分かを聞く

一盘够几个人吃?
Yì pán gòu jǐ ge rén chī?

ポイント 『够』は「(必要な数量・程度・標準などに) 足りる、十分ある」。後ろに名詞・動詞・主述句などがきます。『**几个人**』は「何人」☞ *402*, *435*。『**吃**』は「食べる」☞ *376*。

454 小さい皿でお願いします。

小皿を希望する

我要一个小盘的。
Wǒ yào yí ge xiǎopán de.

ポイント 『小盘』は「小 (さな) 皿」。大皿が単位の料理でも、1人で食べに行ったとき、こう申し出ると出してもらえることが多いです。これで「1人でも中華」を実現できます。

455 1人前で頼めますか。

1人前を希望する

我能点一份儿吗?
Wǒ néng diǎn yí fènr ma?

ポイント 『点』=『点菜』☞ *441*。『一份儿』は「1人前」。数字を置き換えて使います。2は『两 liǎng』になるので注意してください ☞ *453*, *454*。

456 これはどんな料理ですか。

どんな料理かをたずねる

这是什么菜?
Zhè shì shénme cài?

ポイント 『什么』☞ *335*。『菜』☞ *450*。料理の材料や調理法などが答えとして期待できます。

UNIT 62 注文する② 調理法・銘柄など指定

CD A-63

UNIT61が料理についての質問だったのに対し、ここでは調理法の指定のしかたと、調味料・飲み物などの種類・銘柄を特定するフレーズを紹介します。それぞれ固有の単語を覚えて思いのままのオーダーをめざしましょう。

□ *457* 肉の焼き方

よく火を通してください。 ／ ウェルダンでお願いします。

请多烤一会儿。／我要全熟的。

Qǐng duō kǎo yíhuìr. Wǒ yào quán shú de.

ポイント 『请』☞ *2*。『多』は「より多く」☞ *2*。『烤』☞ *444*。『一会儿』は「しばらく」。『要』☞ *193*。『全』は「すべて、みな」。『熟』は「（食物などに）火が通った」 反『生』(生の)。

中くらい ＜ミディアム＞ でお願いします。

我要半生不熟的。

Wǒ yào bàn shēng bù shú de.

ポイント 『半生不熟』は「半煮え・生煮えの、半分くらい火が通った」。*457*で出てくる『的』は「〜のもの」と名詞形を作っています。

生焼け ＜レア＞ でお願いします。

请要生一点的。

Qǐng yào shēng yìdiǎn de.

ポイント 『生』は「生の」反『熟』。

□ *458* 卵の調理法

ゆで卵 [いり卵／目玉焼き] にしてください。

我要煮鸡蛋[炒鸡蛋／荷包蛋]。

Wǒ yào zhǔ jīdàn [chǎo jīdàn / hébāodàn].

ポイント 『鸡蛋』は「卵」。調理法を示す動詞がキーポイントです。『煮』は「煮る」、『炒』は「炒める・いる」。『荷包蛋』は目玉焼きのほかに、「ポーチドエッグ」の意味もあります。

□ *459* ドレッシング

イタリアン [フレンチ／サウザンアイランド／和風] をお願いします。

我要意大利沙拉酱[法式酱／千岛酱／日式沙拉酱]。

Wǒ yào Yìdàlì shālājiàng [Fǎshì jiàng / Qiāndǎo jiàng / Rìshì shālājiàng].

ポイント 『沙拉酱』は「ドレッシング」☞ *445*。

□ **460** チンタオ　［アサヒ／サッポロ／サントリー］で。

ビール銘柄指定

我 要 青岛 ［朝日 ／ 札幌 ／ 三得利］ 啤酒。

Wǒ yào Qīngdǎo [Zhāorì / Zháhuǎng / Sāndélì] píjiǔ.

ポイント ビールの注文では必ず銘柄を聞かれます。お気に入りのビールから覚えていけばよいでしょう。発音が難しければ筆談でも通じます。

□ **461** 生の中［大／小］ジョッキにします。

種類・サイズ指定

我 要 生啤 中杯 ［大杯／小杯］。

Wǒ yào shēngpí zhōng bēi [dà bēi xiǎo bēi].

ポイント 『生啤』＝『生啤酒』は「生ビール」。『（啤酒）杯』は「ジョッキ」。大中小をつけて大きさを伝えます ☞ *447,448*。

□ **462** この料理に合うワインはどれでしょうか。

料理に合うワインを聞く

这 道 菜 配 什么 葡萄酒 合适?

Zhè dào cài pèi shénme pútaojiǔ héshì?

ポイント 『道』は回数や度を表す助数詞「第～番目の」。単に料理をさす助数詞としてもよく使われています。『配』は「組み合わせる」。『葡萄酒』は「ワイン」。『合适』は「ちょうどよい、ぴったりする」。

レストランに行く

関連語句

●**お酒の種類**

ビール	ウイスキー	ワイン	日本酒	紹興酒
啤酒	威士忌	葡萄酒	日本酒	绍兴酒
píjiǔ	wēishìjì	pútaojiǔ	rìběnjiǔ	shàoxīngjiǔ

UNIT 63 追加注文

CD A-64

メニューをもらうところからはじまる、追加注文するときのフレーズを覚えます。また、相席の方にテーブル備え付けのものをとってもらうときの切り出し方や、お店の人に食器や調味料を頼む表現もマスターします。

□ **463** メニューをもう一度見せてください。

メニューをもらう

请 让 我 看 一下 菜单。

Qǐng ràng wǒ kàn yíxià càidān.

ポイント 『让』☞ *9*。『菜单』は「料理のメニュー」。『～单』は「～リスト」で『酒单』なら「お酒のメニュー、ワインリスト」。『名单』であれば「メンバーリスト、名簿」となります。

□ **464** 追加注文をお願いします。

追加注文をする

我 要 再 补加 一下 菜。

Wǒ yào zài bǔjiā yíxià cài.

ポイント 『要』☞ *193*。『再』☞ *92*。『补』は「補充する、補う」。『加』は「加える」。『菜』は「料理」。

□ **465** ごはんをもう1杯下さい。

おかわりをする

请 再 给 我 一 碗 米饭。

Qǐng zài gěi wǒ yì wǎn mǐfàn.

ポイント 『给＋人＋物』で「～に…を与える、くれる」。

□ **466** 取り皿［調味料］を下さい。

その他のものをもらう

请 给 我 小 碟子［调料］。

Qǐng gěi wǒ xiǎo diézi [tiáoliào].

ポイント 『小碟子』は「小皿」☞ *454*『小盘』。『调料』は「調味料」です。
☞ P.199関連語句

□ 467 塩を取っていただけますか。

同じテーブルの人に対して

请 把 盐 递给 我。
Qǐng bǎ yán dìgěi wǒ.

ポイント 『把』は動詞の前において目的語を前に出します。『盐』は「塩」。『递』は「手渡す」。

□ 468 お茶［水］を下さい。

飲み物をもらう

请 给 我 一点 茶［水］。
Qǐng gěi wǒ yìdiǎn chá [shuǐ].

ポイント 『给』☞ *465*。『一点』は「すこし」。少量をさします。ここではいただく側の控えめな表現として使われています。『茶』は「お茶」。『茶水』ともいいます。『水』☞ 下欄ミニコラム。

□ 469 つまようじはありますか。

備えつけ以外のもの

有 牙签 吗?
Yǒu yáqiān ma?

ポイント 『牙签』は「つまようじ」。テーブルに常備されていないこともあるので、覚えておくといいですね。

ミニコラム

○水について

中国では蛇口の水をそのまま飲むのは厳禁。おなかの調子を崩さないよう、必ず沸騰したお湯『**开水** kāishuǐ』で温かい飲み物を飲むか、湯冷まし『**凉** liáng **开水**』を口にするようにしましょう。宿泊先でもポットでお湯をもらうことができます。食事時でも、冷たい水なら『**冷** lěng **开水**』、氷水なら『**冰** bīng(**开**)**水**』と言えば持ってきてもらえるでしょう。

UNIT 64 注文品の確認と支払い

CD A-65

注文した品がそろったかを確認する場面では、来ていない料理の催促とキャンセルも覚えます。また、残った料理の持ち帰りや車を呼ぶフレーズは接待の場面でも応用できます。精算までマスターすれば食事も問題ないですね。

□ *470* 注文品の確認

ご注文の品は全部おそろいでしょうか。

您 点 的 菜 都 到 齐 了 吗?

Nín diǎn de cài dōu dào qí le ma?

ポイント 『点菜』☞ *441*。『都』は「みな、すべて」。『到』は「手元に届く」。『齐』は「そろう」。

□ *471* そろったとき

—ええ、ありがとう。

— 都 到 齐 了。谢谢。

Dōu dào qí le. Xièxie.

ポイント *470* の問いかけに対して肯定の答えです。質問文の一部をそのまま繰り返して答えていますね。『谢谢』（ありがとう）はいちばん簡潔な感謝の言葉です。

□ *472* 来ない料理があるとき

デザートがまだ来ていないのですが。

我们 的 甜点 还 没有 上来。

Wǒmen de tiándiǎn hái méiyǒu shànglái.

ポイント 『我们的』は「わたしたちの」。『甜点心』は「甘味の点心」。『还没(有)～』は「まだ～ない」。『上』＝『上菜』は「料理を食卓に乗せる」。

□ *473* 来ない料理のキャンセル

残りの料理はもうけっこうです。

还 没 上 的 菜 就 不 要 了。

Hái méi shàng de cài jiù bú yào le.

ポイント 『还没～』☞ *472*。『菜』は「料理」。『不要』は「いらない」、『不要了』は「いらなくなった」。『了』は状況の変化を表します。

□ 474 残った料理を持ち帰れますか。

料理を持ち帰るとき

剩的菜要不要打包?

Shèng de cài yào bu yao dǎbāo?

ポイント 『剩』は「残る、余る」。『剩下』ともいいます。『要不要』は「必要かどうか」。『打包』は「梱包する」。

□ 475 お勘定をお願いします。

精算を依頼する

我要结帐〈买单〉。

Wǒ yào jiézhàng <mǎidān>.

ポイント 『结帐』は「精算する」。『买单』は「勘定を払う」。広東方言から標準語に入った言葉で『埋单máidān』とも書きます。

□ 476 車を呼んでいただけますか。

車を呼んでもらう

请给我叫一辆车。

Qǐng gěi wǒ jiào yí liàng chē.

ポイント 『给我』は「私のために」。『叫车』で「車を呼ぶ」。『要车吗?』(車はいりますか)の『要车』も同じ意味で使われます。

UNIT 65 買い物客として

CD A-66

出張先での買い物では、売り場がわからないこともしばしば。そこでまず、売り場を聞けるようにしましょう。その上で値段・材質・サイズなど商品を吟味するために必要な質問ができるようになることがこのUNITの目標です。

□ **477** 靴売り場はどこですか。

売り場を聞く

请问，鞋 在 哪儿 卖?
Qǐngwèn, xié zài nǎr mài?

ポイント 『请问』☞*152*。『鞋』は「靴」。『在哪儿』は「どこで」。『卖』は「売る」。反『买』(買う)に置き換えれば「どこで買えるか」を聞く表現になります。文字と発音が似ているので、正確に覚えましょう。

□ **478** グリーティング・カードはどこで買えますか。

请问，在 哪儿 能 买到 贺卡?
Qǐngwèn, zài nǎr néng mǎi dào hèkǎ?

ポイント 『买到』は「買える」。『贺卡』は「年賀カード」。『贺』(祝う)と『卡』(カード)の複合語です。年賀状(はがき)は『贺年片hèniánpiàn』といいます。

□ **479** このブラウスはシルク製ですか。

材質を聞く

这 件 衬衫 是 丝绸 的 吗?
Zhè jiàn chènshān shì sīchóu de ma?

ポイント 『件』は洋服を数える助数詞。『衬衫』は「Yシャツ、ブラウス」。『丝绸』は「シルク」材質をさします。

□ **480** おいくらですか。

値段をたずねる

多少 钱?
Duōshao qián?

ポイント このまま価格を聞くフレーズとして覚えましょう。さまざまな場面でよく使われる表現です。

□ 481 もっと安いものはありますか。

安いもの

没有 再 便宜 一点 的 吗?

Méiyǒu zài piányi yìdiǎn de ma?

ポイント 『没有～吗?』は「～はありませんか」☞ *482*。『再』☞ *92*。『便宜』は「(価格が) 安い」反『贵』(価格が高い)。『一点』は「すこし」。程度を表しています。

□ 482 これより小さい [大きい] サイズもありますか。

違うサイズがほしいとき

有 比 这个 小 [大] 的 尺寸 吗?

Yǒu bǐ zhège xiǎo [dà] de chǐcun ma?

ポイント 『有～吗?』は「～はありますか」。単純疑問文です。反『没有～吗?』☞ *481*。『A比B～』は「AはBと比べて～である」。『这个』は「これ」。『尺寸』は「サイズ、寸法」。

□ 483 色違いのものはありますか。

違う色がほしいとき

有 没有 其它 颜色?

Yǒu meiyou qítā yánsè?

ポイント 『有没有～?』は「～はあるかどうか」＝『有～吗?』☞ *482*。『其它』は「その他の」。『颜色』は「色」。日本語の「顔色」は『脸色liǎnsè』といいます。

□ 484 試着できますか。

試着の確認

能 试 一下 吗?

Néng shì yíxià ma?

ポイント 『能～吗?』☞ *64*。『试』は「試す」。『一下』☞ *27*。☞ *492*

UNIT 66 売り場担当者として

CD A-67

UNIT65と対になっています。買い物客の質問に対する店員の受け答えを集めました。聞いてわかるようになるまで、繰り返し学習してください。さらに、これらが話せるようになれば、訪日客の買い物案内にも応用できます。

□ **485**　売り場を答える

2階です。

在 2 楼。
Zài èr lóu.

ポイント 『在』は「ある（もの）、いる（人）」。『～楼』は「～階」。2階は『两楼』とはいいませんので注意してください。

□ **486**

文具売り場です。

在 文具 用品 柜台。
Zài wénjù yòngpǐn guìtái.

ポイント 『文具』は「文房具」。『柜台』は「カウンター」。ここでは コーナー→売り場 の意味を持ちます。

□ **487**

はい、そうです。

是的。
Shìde.

ポイント 『是的』はかしこまった感じの肯定回答です。お客様に対する対処の場面では的確でしょう。『不是』はこの反対で「ちがいます」。合わせて覚えましょう。

□ **488**　材質を答える

麻が混じっています。　／　合成繊維です。

这个 含 麻。／ 这 是 合成 纤维 的。
Zhège hán má.　Zhè shì héchéng xiānwéi de.

ポイント 『含』は「含む」。『麻』は素材の「麻」。『合成纤维』は「合成繊維」。

□ **489** その棚の上のブラウスはセール中です。

セール商品を紹介する

那个 架子 上 的 衬衫 现在 正 降价。
Nàge jiàzi shàng de chènshān xiànzài zhèng jiàngjià.

ポイント 『架子』は「棚」。『上』は「～の上」。『的』は「～の」修飾語を作ります。『衬衫』は「ブラウス、Yシャツ」。『现在』は「現在」。『正』は「ちょうど、まさに～である」。『降价』は「価格が下がる、値引きする」 反 『涨zhǎng价』(値上がりする)。

□ **490** 25%引きになっています。

现在 降价 百分之二十五 〈七五 折 ／七五 扣〉。
Xiànzài jiàngjià bǎi fēn zhī èrshiwǔ < qī wǔ zhé / qī wǔ kòu>.

ポイント 『降价』☞ *489*。25%を読み方どおり漢字で書くと『百分之二十五』となります。『折扣』は「割引」。『七五折』『七五扣』は「7.5掛け」。'割り引いて定価の何割で売っているか' という言い方が多く用いられます。

□ **491** こちらでございます。

陳列場所に誘導する

在 这里。
Zài zhèli.

ポイント 『在』☞ *485*。『这里』☞ *142*。「ここにあります」と同じフレーズです。

□ **492** どうぞお召しになってみてください。

試着をすすめる

您 试 一 试。
Nín shì yi shì.

ポイント 『试』は「試す」。「動詞+一+動詞」で「ちょっと～してみる」。同じ動詞を重ねます。「試着(する)」は『试穿shìchuān』ともいいます。

買い物をする

UNIT 67 不調を訴える

CD A-68

出張先で体調を崩したときに、医者に行ったり医者を呼んだりするフレーズと、問診に関する表現をまとめました。必要最低限のフレーズですので、ぜひマスターしましょう。その他の症状はP.135関連語句をご覧ください。

493 医務室へ行きたいとき

医務室に連れて行ってください。

请 带 我 去 医务室。

Qǐng dài wǒ qù yīwùshì.

ポイント 『带+人+去+場所』で「～を連れて…に行く」。『带』は「引率する」というニュアンスがあります。『医务室』は「医務室」、病院なら『医院』です。

494 医者を呼びたいとき

医者を呼んでください。

请 叫 一下 医生。

Qǐng jiào yíxià yīshēng.

ポイント 『叫』は「呼ぶ」。『一下』☞ *27*。『医生』は「医師」。話し言葉では『大夫dàifu』(医者)もよく使われます。

495 体調を聞く

(体調は)どんな具合ですか。 ／ どうしました?

你 哪儿 不 舒服? ／ 你 怎么 了?

Nǐ nǎr bù shūfu? Nǐ zěnme le?

ポイント 『哪儿』☞ *265*。『舒服』は「気分がよい、体調がよい」。『不』がついて否定形になっています。『怎么了?』は「どうしましたか」。状況を聞いています。

496 症状を伝える

のどが痛くて、少し頭痛がします。

我 嗓子 疼, 还 有点 头疼。

Wǒ sǎngzi téng, hái yǒudiǎn tóuténg.

ポイント 『嗓子』は「のど」。『疼』は「痛い」。『还』は「その上、さらに」。『有点』☞ *38*。『头疼』は「頭痛」。『(体の)部位+疼』で「～の痛み、～痛」と名詞を作ります。

□ ***497*** 風邪をひいたようです。

你 感冒 了。
Nǐ gǎnmào le.

ポイント 『感冒』は「風邪をひく」。『了』は「〜（という状態）になった」。状況の変化を表します。

□ ***498*** めまいがします。

我 有点 头晕。
Wǒ yǒudiǎn tóuyūn.

ポイント 『有点』☞ ***38***。『头晕』は「めまい」。『晕yùn』は「めまいがする」。本来4声ですが『头晕』のときには1声になりますので注意してください。

□ ***499*** 熱はありますか。

発熱の有無

你 发烧 吗?
Nǐ fāshāo ma?

ポイント 『发烧』は「発熱する」。「高熱が出る」は『发高烧fā gāoshāo』といいます ☞ ***500, 506***。

□ ***500*** まだ測っていないのですが，熱っぽいような気がします。

我 没 量，不过 好像 觉得 有点 发热〈发烧〉。
Wǒ méi liáng, búguò hǎoxiàng juéde yǒudiǎn fārè <fāshāo>.

ポイント 『量』は「はかる」。4声で発音すると名詞「量」になりますので注意が必要です。『不过』は「しかし」。『好像』は「まるで〜のようである」。『觉得』は「〜と思う、〜のような気がする」。『发热』は「熱がある、熱を出す」☞ ***499***『发烧』。

関連語句

●体の症状

具合が悪い	気持ち悪い	頭痛	腹痛	お腹を下す
不舒服	恶心	头疼	肚子疼	拉肚子
bù shūfu	ěxīn	tóuténg	dùzi téng	lā dùzi

UNIT 68 薬局の店頭で

CD A-69

薬局に処方箋を持ち込んで薬を買う場面です。市販薬を買う場合にももちろんあてはまります。薬の服用方法を説明されてわかるように、ここでとりあげたフレーズは言えるまで繰り返し練習しましょう。

□ ***501*** 風邪薬をいただけますか。

薬がほしいとき

请 给 我 一点 感冒药。

Qǐng gěi wǒ yìdiǎn gǎnmàoyào.

ポイント 『一点』☞ ***468***。『感冒药』は「風邪薬」。症状や薬の作用に『药』(薬)をつけて「〜薬」というのは日本語と同じです。

□ ***502*** A病院で処方されました。

処方箋を渡す

这 是 A 医院 开 给 我 的 药方。

Zhè shì A yīyuàn kāi gěi wǒ de yàofāng.

ポイント 『药方』は「処方箋」。『开药方』で「処方箋を書く」。『开』は「(書類・紹介状・処方箋などを)書く、書いて渡す、作成する」という意味です。

□ ***503*** 抗生物質Mを飲むとめまいがします。 ／ いいえ、ありません。

薬アレルギーの有無

我 一 吃 抗生素M，就 头晕。／ 不，我 药物 不 过敏。

Wǒ yì chī kàngshēngsù M, jiù tóuyūn. Bù, wǒ yàowù bú guòmǐn.

ポイント 『一〜就…』は「〜するとすぐ…」。『吃』＝『吃药』☞ ***504***。『药物』は「薬物」。『过敏』は「アレルギー」。ここは形容詞的用法です。

□ ***504*** 今ほかに飲んでいる薬があります。 ／ ほかには何も飲んでいません。

服用薬の有無

我 现在 吃着 别的 药。／我 现在 什么 药 都 没 吃。

Wǒ xiànzài chīzhe biéde yào. Wǒ xiànzài shénme yào dōu méi chī.

ポイント 『现在』は「今」。『吃药』は「薬を服用する」。『動詞+着』は「〜している」動作の進行を表します。『别的』は「別の」。『什么〜都+否定形』で「どんな〜も…ない」。

□ 505　では、この薬を毎食後に飲んでください。

薬の処方・服用方法

那 好，这个 药 每天 饭 后 吃。
Nà hǎo, zhège yào měitiān fàn hòu chī.

ポイント 『那』は「それでは」。『好』は「よろしい」。『每天』は「毎日」。『饭后』は「食後」。食前は『饭前fànqián』、食間は『饭间fànjiān』です。

□ 506　痛いとき［熱が高いとき］に飲んでください。

这个 药 在 疼的 时候［高烧 的 时候］吃。
Zhège yào zài téng de shíhou [gāoshāo de shíhou] chī.

ポイント 『疼』☞ 496。『～的时候』は「～のとき」。『高烧』は「高熱」☞ 499。

□ 507　ただし5時間以上間をあけてください。

服用間隔

但是 中间 一定 要 隔 5个 小时 以上。
Dànshì zhōngjiān yídìng yào gé wǔ ge xiǎoshí yǐshàng.

ポイント 『但是』は「しかし」。『中间』は「間」。ここでは薬の服用と服用の間の時間をさします。『一定要～』は「必ず～ねばならない」。『隔』は「（時間・距離を）置く、あける」。『～个小时』は「～時間」。

□ 508　眠くなりますか。

副作用について

会 不 会 发困？
Huì bu hui fākùn?

ポイント 『会』は「～する可能性がある」。肯定・否定を重ねた『会不会』は「～する可能性があるかどうか」。『发困』は「眠くなる、眠気を催す」。

関連語句

●薬

解熱剤	下痢止め	整腸剤	鎮痛剤
退烧药	止泻药	肠胃药	止痛药
tuìshāoyào	zhǐxièyào	chángwèiyào	zhǐtòngyào

中国滞在の心得

海外出張では、ビジネス現場だけではなく滞在生活の表現も必要になります。大都市のホテルには外資系のところが多く、英語、ときには日本語が通じるスタッフが配置されており、中国語を使わずにすむ場合もあります。しかし、仕事の関係でいったん大都市から離れると、とたんに日本語はおろか、英語もままならない場所もあります。そんなときのためにも、宿泊先などで最低限のコミュニケーションをとれると安心です。ここに集めた表現は、駐在生活を送る上でも同じように役立つものばかりです。また、駐在員として日本から出張で来る関係者の宿泊・観光手配などのアテンド業務も大事な仕事ですから、中国人スタッフに手配をお願いしたり、自ら手配をするためにも、一定の表現を覚えておけば万全です。

現在中国への渡航は滞在期間が 2 週間以内であれば、ビザの発給を受ける必要がなくなりました。2 週間を超える滞在になることがあらかじめわかっているときには、受け入れ先になる中国の会社から招聘状（インビテーション・レター）を入手し、ビザの発給を受けましょう。

滞在中、万が一体調を崩したときのために、日本語が通じる医療機関がないか、滞在先の情報をあらかじめ入手しておくといいでしょう。またひととおりの常備薬は携行しておくと『有备无患yǒu bèi wú huàn』（備えあれば憂いなし）。日本に比べ湿度が低い中国では、体調を崩しやすい一番の原因は乾燥ともいわれます。こまめに水分を取る、うがいをする、眠るときには枕元に濡れたものを干しておくなど、ちょっとした工夫が体調管理の秘訣です。

第4章

取引先とよく使うフレーズ

4-1 ▶ 会社訪問 140
4-2 ▶ 商品の注文 152
4-3 ▶ クレーム 158
4-4 ▶ 取引先・販売店訪問 163

UNIT 69 受付で面会を申し出る

CD A-70

会社の玄関・受付での切り出し方の表現をマスターします。本来アポイントをとって訪問するのがマナーですが、アポイントなしでの訪問で面会を申し入れる表現も合わせて身につけましょう。第一印象のよさがすべてです。

□ ***509*** 通信1部の太田様にお目にかかりたいのですが。

面会を申し出る

我 想 见 一下 通信1部 的 太田 先生。
Wǒ xiǎng jiàn yíxià tōngxìn yībù de Tàitián xiānsheng.

ポイント『见』は「会う」☞ ***510***。『先生』は男性につける呼称「～さん」。『部署+的+名前』で先方のお名前を告げます。発音をあらかじめ調べて訪問したいですね。「通信」にあたる中国語は『通讯tōngxùn』が一般的ですが、ここは部署名なので原名称の漢字をそのまま中国語読みします。

□ ***510*** はい、10時にアポイントをとってあります。

アポの有無についての返答

是的。事先 已 约好 10点 见面。
Shìde. Shìxiān yǐ yuē hǎo shí diǎn jiànmiàn.

ポイント『事先』は「あらかじめ」。『约』は「約束する」。「アポイント」に対応する中国語として覚えましょう。『動詞+好』は「～し終わる」。『见面』は「面会する、会う」☞ ***509***。

□ ***511*** 午前10時に太田様にお目にかかる約束をしております。

已经 约好 早上 10点 拜会 太田 先生。
Yǐjing yuē hǎo zǎoshang shí diǎn bàihuì Tàitián xiānsheng.

ポイント『拜会』は「訪問する、訪問して面会する」。公式訪問に多く使われます。ここは訪問相手を敬うニュアンスで使っています。

□ ***512*** 約束はしていないのですが、営業部のどなたかにお目にかかれますか。

事先 没有 约定，不过 能 不 能 见 一下 营业部 的 人?
Shìxiān méiyǒu yuēdìng, búguò néng bu neng jiàn yíxià yíngyèbù de rén?

ポイント『约定』は「約束、アポイントメント」。

コラム

○訪問時の工夫

初めての地に降り立ったときには、場所や交通手段に不案内であることがありますね。その都市に自社や関係先の拠点がある場合には、遠慮せずに空港への出迎えをお願いしましょう。頼る拠点がない場合には、できれば宿泊先などで準備している「ウェルカム・サービス」の利用をおすすめします。宿泊予約の際に依頼しておけば、到着便の時間に合わせてベルボーイ風のホテルマン（＝迎車の運転手）が出口の近くに出迎えに来てくれます。ホテルに立ち寄って先にチェックインをすませれば、ホテル発のタクシーに乗ることも可能です。乗車にあたっては、行き先までのタクシー料金の相場を聞いておくと間違いないでしょう。また、ホテルロビーから乗るタクシーであれば、水増し請求される可能性が低くなります。

訪問にあたっては、渋滞など交通機関の遅れも想定し、時間に余裕を持って出発されることをおすすめします。列車など公共交通機関を使われるときには、必ずその地に着いたら次の移動手段を確保するために切符などを購入することも大切です。

訪問先では受付があるとは限りません。そんなときには入口にいちばん近い方に声をかけ、取り次ぎをお願いしてみましょう。

UNIT 70 取引先の人に会う① 初対面

CD A-71

初めて顔を合わせる相手へのあいさつです。誰かの紹介で訪ねるケースにも対応しています。UNIT1で所属まで名乗るフレーズを学びましたが、それに続く名刺交換の表現まで身につけるのがここでの目標です。

□ 513 はじめまして。

初対面の人へのあいさつ

你〈您〉好。
Nǐ <Nín> hǎo.

ポイント 初対面のあいさつもこれで十分です。時間に関係なくあいさつにも使える言葉です。

□ 514 東洋商事よりまいりました。

会社名を名乗る

我 是 东洋 商事 的。
Wǒ shì Dōngyáng Shāngshì de.

ポイント『的』の後ろに『职员』（職員）が省略されています。

□ 515 三和電機さんのご紹介でまいりました。

紹介者を告げる

我 是 通过 三和电机公司 介绍 来 的。
Wǒ shì tōngguò Sānhé Diànjī Gōngsī jièshào lái de.

ポイント『通过』は「～を通じて」。

●名刺交換

516 私の名刺でございます。

名刺を渡す・受け取る

这是我的名片。

Zhè shì wǒ de míngpiàn.

ポイント 『名片』（名刺）はビジネスシーンでよく出てきますので、覚えておきましょう。

517 私、こういう者でございます。

我是从事这种工作的。

Wǒ shì cóngshì zhè zhǒng gōngzuò de.

ポイント 『从事』は「従事する」。口語では『干gàn』に置き換えられることもあります。

518 お名刺を頂戴できますでしょうか。

您能给我一张名片吗?

Nín néng gěi wǒ yì zhāng míngpiàn ma?

ポイント 名刺は『张』（枚）で数えていることに注意しましょう。

519 以前に名刺をお渡ししていたでしょうか。

名前が思い出せないとき

我过去是不是给过您名片?

Wǒ guòqù shì bu shi gěiguò nín míngpiàn?

ポイント 『过去』は「過去」。『動詞+过』で「〜したことがある」。こう言って名刺を差し出されたら、相手もとっさの反応で名刺を下さることが多く、もう一度お名前を伺えます。

UNIT 71 取引先の人に会う② 顔見知り

CD A-72

面識のある方との再会場面もぜひ劇的に演出したいものです。いずれのフレーズも自然に口について出てくるまで何度も繰り返し音読し、自分のものにしましょう。笑顔で握手ができればその日の商談は幸先がよいはずです。

□ 520 再会のあいさつ

お久しぶりです。

好久 不 见 了。

Hǎojiǔ bú jiàn le.

ポイント このまま再会の第一声・決まり文句として覚えましょう。『好久没见了』ということもありますが用法は同じです。『好久』は「長い間」。

□ 521

お元気ですか。

您 最近 好 吗?

Nín zuìjìn hǎo ma?

ポイント この『好』は「健康である」という意味のほかに、「仕事が順調である」ということも含めています。

□ 522 近況を聞く

その後お元気でしたか。

您 近来 一切 都 好 吗?

Nín jìnlái yíqiè dōu hǎo ma?

ポイント 『近来』は「近ごろ」。*521*に比べ、'万事順調か' というニュアンスがさらによく出た表現です。

□ 523

どうしていらっしゃいましたか。

您 最近 忙 什么 呢?

Nín zuìjìn máng shénme ne?

ポイント 「(相変わらず多忙だろうが)何に忙しいのか」というのが直訳ですが、近況を聞いています。

□ **524**　またお目にかかれてうれしいです。

再会を喜ぶ

见到 您，我 很 高兴。

Jiàn dào nín,　wǒ　hěn　gāoxìng.

ポイント 『见』（会う）を『认识』（知り合う）に置き換えれば、「初対面でお会いできてうれしい」という表現になります。

□ **525**　おかげさまで。

状況を答える

托 您 的 福。【托福，托福。】

Tuō　nín　de　fú.　　Tuōfú,　　tuōfú.

□ **526**　元気です。　あなたのほうは?

我 很 好。你 呢?

Wǒ　hěn　hǎo.　　Nǐ　ne?

ポイント 『呢』は『怎么样』（どうですか）の代わりをし、相手の状況をたずねています。

UNIT 72 訪問の目的を告げる

CD A-73

ひととおりのあいさつを終えたら、訪問の目的を切り出しましょう。簡潔かつ的確に述べることが大切です。目的に応じて言葉を入れ替え、自然に口をついて出てくるまで練習しておくとよいでしょう。

□ ***527*** 島野さん、今日は私どもの会社を紹介させていただきたいと思います。

会社紹介

岛野 先生，今天 想 向 您 介绍 一下 我们 公司。

Dǎoyě xiānsheng, jīntiān xiǎng xiàng nín jièshào yíxià wǒmen gōngsī.

ポイント 『向』は「～へ、～に」。動作の向かう方向を示しています。『我们公司』は「当社」☞ *528*。

□ ***528*** 当社の新製品のサンプルをお持ちしました。

新製品紹介

我 带来 了 我 公司 的 新产品 样本。

Wǒ dàilái le wǒ gōngsī de xīn chǎnpǐn yàngběn.

ポイント 「当社」は『我们公司』ともいいます。☞*527*。『产品』は「生産品、製品」。『样品』は「サンプル」。『样本』なら「カタログ」となります。

□ ***529*** 今回の出張の目的はDプロジェクトの入札です。

出張目的

这次 出差 是 为了 D项目 的 投标。

Zhècì chūchāi shì wèile D xiàngmù de tóubiāo.

ポイント 『这次』は「今回」。『出差』は「出張」。『为了』は「～のため」。目的を示します。『投标』は「入札する」☞ 第7章。

UNIT 73 名前や勤務先を確認する

CD A-74

名刺交換を伴わずに顔合わせをした場合に、相手の氏名・社名・所属を確認したり、名刺をもとに名前の読み方を確認するなどの表現をまとめました。名刺をいただいたらすぐに、読めない字がないか確認する習慣をつけましょう。

□ **530** お名前をもう一度おっしゃってください。

名前の確認

请 您 再说 一下 您 的 名字，可以 吗？
Qǐng nín zài shuō yíxià nín de míngzi, kěyǐ ma?

ポイント『名字』☞ *254*。もう一度お名前を伺うので、丁寧な表現を心がけます。

□ **531** 東洋商事の方ですね。

会社名の確認

您 是 来自 东洋商事 的 吧？
Nín shì láizì Dōngyáng Shāngshì de ba?

ポイント『来自』は「～から来る」。『吧』は確認のニュアンスを含んでいます。

□ **532** 私は営業部におります。

所属部署を答える

我 是 营业部 的。【我 在 营业部 工作。】
Wǒ shì yíngyèbù de. Wǒ zài yíngyèbù gōngzuò.

ポイント『属于～部』（～部に所属している）という表現もあります。

□ **533** お名前のこの字は何とお読みすればよろしいのでしょうか。

読めない字をたずねる

您 名字 的 这个 字 怎么 念？
Nín míngzi de zhège zì zěnme niàn?

ポイント『念』は「声を出して読む」。お名前を読めなければ仕事になりません。チャンスは最初です。勇気を持って伺えるように表現をマスターしましょう。

UNIT 74 自分の会社について話す

CD A-75

会社について聞かれる最も一般的な表現と、それに答える表現例をいくつかとりあげました。ただ業種を答えるだけではなく、規模や主力製品を織り交ぜて答えられるよう、自社紹介の定型文をあらかじめ決めておきましょう。

□ 534 臨海産業さんはどのような会社ですか[どのような業務をなさっていますか]。

会社について聞く

临海产业公司 是 从事 什么 业务 的?

Línhǎi Chǎnyè Gōngsī shì cóngshì shénme yèwù de?

ポイント 会社名はあらかじめ読めるよう調べておきましょう。『业务』は「仕事、業務」。

□ 535 私どもは中規模の製紙会社です。

自社を紹介する

我们 公司 是 一个 中等 规模 的 造纸 公司。

Wǒmen gōngsī shì yí ge zhōngděng guīmó de zàozhǐ gōngsī.

ポイント 業種だけではなく規模も伝え、具体的なイメージを相手に伝えています。『中等规模』は「中規模」。大規模は『大型xíng』、小規模なら『小型』です。

□ 536 当社はコンピューターソフトを製作しています。

我 公司 生产 计算机 软件。

Wǒ gōngsī shēngchǎn jìsuànjī ruǎnjiàn.

ポイント 『我公司』☞395。『计算机』は「コンピュータ」。『电脑diànnǎo』ともいいます。『软件』は「ソフトウエア」反 『硬件』(ハードウエア)。

□ 537 私どもは家庭電化製品を販売しています。

我们 公司 销售 家用 电器。

Wǒmen gōngsī xiāoshòu jiāyòng diànqì.

ポイント 『销售』は「販売する」。『家用电器』は家庭用の電気器具。冷蔵庫、テレビなどをさします。略して『家电』ということもあります。

□ **538** 当社の製品は主に北米に輸出しています。

我 公司的 产品 主要 出口 北美。
Wǒ gōngsī de chǎnpǐn zhǔyào chūkǒu Běiměi.

ポイント 『主要』は「主に」。『出口』は「輸出する」反『进口』（輸入する）。『北美』は「北アメリカ」。『美』は『美国』（アメリカ）の略です。

□ **539** 私どもは衣料品を輸入しております。

我们 公司 进口 衣服 和 衣料。
Wǒmen gōngsī jìnkǒu yīfú hé yīliào.

ポイント 『衣料』は「衣服の生地」。

□ **540** 私どものごく小さな会社は、果物の卸売りをしています。

我们 公司 很 小，做 水果 批发。
Wǒmen gōngsī hěn xiǎo, zuò shuǐguǒ pīfā.

ポイント 『批发』は「卸売りをする」反『零售』（小売、ばら売りをする）。

□ **541** 私どもは家庭用のプラスチック製品を製造しています。

我们 公司 生产 家用 塑料 制品。
Wǒmen gōngsī shēngchǎn jiāyòng sùliào zhìpǐn.

ポイント 『制品』は「製品」類『产品』☞ *528*。

関連語句

●パソコン用語

立ち上げる	終了する	再起動する	保存する	フリーズする
开机	闭机	重新启动	存储	死机
kāijī	bìjī	chóngxīn qǐdòng	cúnchǔ	sǐjī

UNIT 75 自社製品をPRする

CD A-76

商品説明で最低限使いたい表現を集めました。ここではまず説明開始を相手に伝えることと、資料送付を約束することができるレベルをめざします。

□ **542** こちらは当社の主力製品A10型モデルです。

製品紹介切り出し

这是我公司的主力产品、A10型款式。

Zhè shì wǒ gōngsī de zhǔlì chǎnpǐn、A shí xíng kuǎnshì.

ポイント 『主力』は「主力の」。類『主要』（主な）、『重点』（重要な、主要な）。『款式』は「様式、デザイン」。

□ **543** 当社の製品について、ご説明いたします。

下面就我公司的产品做一下说明。

Xiàmian jiù wǒ gōngsī de chǎnpǐn zuò yíxià shuōmíng.

ポイント 『下面』は「次に」。話題を変えるとき文頭に使います。聴衆を惹きつける効果があります。

□ **544** 今日ご紹介したいのは、こちらの製品です。

今天想向各位介绍的是这个产品。

Jīntiān xiǎng xiàng gèwèi jièshào de shì zhège chǎnpǐn.

ポイント 『想』と『向』はあわてずに声調をしっかり区別して発音するよう心がけましょう。『的』は「（～の）もの」で名詞句を作り主語になっています。

□ **545** こちらが、当社で今いちばん売れている製品です。

売れ行きのよい製品

这是我公司销路最好的产品。

Zhè shì wǒ gōngsī xiāolù zuì hǎo de chǎnpǐn.

ポイント 『销路』は「（商品の）販路、売れ行き」。

□ **546** 製品の特徴

この製品には素晴らしい特徴があります。

这个 产品 有 很 多 优点 〈很出色〉。

Zhège chǎnpǐn yǒu hěn duō yōudiǎn <hěn chūsè>.

ポイント 『优点』は「長所、すぐれた点」反『缺点quēdiǎn』(欠点)。『出色』は「すばらしい、際立ってすぐれている」。「特徴」は『特点tèdiǎn』『特征tèzhēng』ともいいます。

□ **547** 低価格

他社よりも、低価格になっています。

比 其它 公司 价格 便宜。

Bǐ qítā gōngsī jiàgé piányi.

ポイント 文頭に『我(们)公司』(当社は)が省略されていますね。『A比B～』☞ *482*。

□ **548** おすすめ商品を明示する

私はA10型モデルをおすすめいたします。

在 此 向 各位 推荐 A10 型 款式。

Zài cǐ xiàng gèwèi tuījiàn A shí xíng kuǎnshì.

ポイント 『在此』は「ここで」。関心を向けてもらう効果があります。『推荐』は「推薦する」。

□ **549** 資料後送

もっと詳しい資料については、あとでそちらにお届けいたします。

如果 需要 详细 资料，之后 将 寄给 您〈贵方〉。

Rúguǒ xūyào xiángxì zīliào, zhīhòu jiāng jìgěi nín <guìfāng>.

ポイント 『之后』は「～ののち、～して以後」。時間だけではなく場所・順序もさすことがある点が『以后yǐhòu』(以後、それよりあと)と違います。『寄给』☞ *98*。

UNIT 76 受注

CD A-77

商品の発注を受けるケースの表現です。顧客情報のほか品名・型番など固有名詞や数字が出てくる場面ですので、わかるまで繰り返し聞き、メモを取りましょう。質問文は完全に頭に入るまで練習してください。

□ **550** ご注文を承ります。

注文の出だし

这里 可以 接受 订货。
Zhèli kěyǐ jiēshòu dìnghuò.

ポイント 『接受』は「引き受ける、受け入れる」。『订货』は「商品を注文する、発注する」。名詞用法もあります。

□ **551** 会社名とお名前をお願いいたします。

注文主の会社名・名前

请 告诉 我 一下 您 公司 的 名称 和 您 的 姓名。
Qǐng gàosu wǒ yíxià nín gōngsī de míngchēng hé nín de xìngmíng.

ポイント 『告诉』☞ 96。『您公司』は「御社、貴社」。『贵公司guì gōngsī』ともいいます。

□ **552** ご住所とお電話番号をお伺いしてもよろしいですか。

住所・電話

可以 告诉 我们 您 的 地址 和 电话 号码 吗?
Kěyǐ gàosu wǒmen nín de dìzhǐ hé diànhuà hàomǎ ma?

□ **553** 商品名と型番号をお願いいたします。

品名・型番

请 把 您 需要 的 产品 名称 和 型号 告诉 我。
Qǐng bǎ nín xūyào de chǎnpǐn míngchēng hé xínghào gàosu wǒ.

□ 554 本日は何個ご注文されますか。

注文数の確認

您 今天 要 买 几 个?
Nín jīntiān yào mǎi jǐ ge?

□ 555 1週間以内にはお届けできます。

納期を答える

我们 一星期 内 可以 给 您 寄去。
Wǒmen yì xīngqī nèi kěyǐ gěi nín jì qù.

ポイント 『一星期』は「1週間」。『一个yí ge星期』ともいいます。2週間以上は数字部分を置き換えます。

□ 556 確認のためにご注文を繰り返します。

注文内容確認

作为 确认，我 再 重复 一下 您 的 订货。
Zuòwéi quèrèn, wǒ zài chóngfù yíxià nín de dìnghuò.

ポイント 『作为』は「～として」。『重复』は「同じことをもう一度繰り返す」。

□ 557 ご注文ありがとうございました。

結び

谢谢 您 的 订货。
Xièxie nín de dìnghuò.

ポイント 発注者あっての受注。締めくくりに感謝の言葉を忘れずに言いたいですね。

UNIT 77 発注

CD A-78

UNIT 76と対になっています。注文内容を手元にまとめ、正確に伝えられるよう、工夫しましょう。数字や固有名詞は例にあるように間違えやすいので、ゆっくり述べ、注文内容が正確に伝わったか、聞きとれるまで確認をしましょう。

□ **558** A10型モデルの在庫はありますか。

在庫確認

A10 型 款式 有 没有 库存?

A shí xíng kuǎnshì yǒu meiyou kùcún?

ポイント 『库存』は「在庫品」。手持ち資金もさすことがあります ☞ *566*。

□ **559** それでは、注文をお願いしたいのですが。

発注を告げる

那, 我 要 订货。

Nà, wǒ yào dìnghuò.

ポイント 『订货』 ☞ *550*。

□ **560** 1,500個お願いします。

数量を答える

我 要 订 1,500 个。

Wǒ yào dìng yìqiān wǔbǎi ge.

ポイント 『订』は「予約する、注文する」。ここでは『订货』 ☞ *550*と同義です。『个』は個数を数える助数詞「～個」。

□ **561** いつまでに届きますか。

納期をたずねる

什么 时候 可以 到 货?

Shénme shíhou kěyǐ dào huò?

ポイント 『到货』は「商品が入荷する、入荷」。

□ **562**

注文内容確認に対し

間違いありません。

没有 问题。

Méiyǒu wèntí.

ポイント 「問題（点）はない＝間違いない」ということです。さまざまな場面でよく使う表現です。

□ **563**

名前が違うとき

浜田ではなく町田です。

我 不 是 滨田，我 是 町田。

Wǒ bú shì Bīntián, wǒ shì Dīngtián.

ポイント 『滨』と『町』。電話越しで聞くと聞き取りにくい音です。はっきり発音することを心がけましょう。また、『市町村shìdīngcūn的“町”』（市町村の「町」）などと単語の中で説明できる知恵も必要です。

□ **564**

型番が違うとき

A11型ではなくA10型です。

不 是 A11 型号，是 A10 型号 的。

Bú shì A shíyī xínghào, shì A shí xínghào de.

ポイント 『十一shíyī』（11）は『十shí』（10）の音尾が伸びた音と間違えやすく、聞いて区別がしにくい音です。11を発音するなら『十』と『一』の間をほんの少し切って“shí’yī”と発音できるといいでしょう。

□ **565**

箱数が違うとき

4箱ではなく、10箱です。

不 是 4 箱，是 10 箱。

Bú shì sì xiāng , shì shí xiāng.

ポイント 4と10は間違えようがないと思われがちですが、広い国土の中国。お国言葉で巻き舌がない、声調が変化するなど日常茶飯事。確認が必要です。

UNIT 78 在庫について説明する

CD A-79

在庫の有無は必ず問われます。在庫数や在庫切れの場合の入荷見込みについて答えられること、聞きとれることをめざします。入荷時期未定の際には折り返し連絡すると伝えられるようにしましょう。

☐ **566** 在庫状況

現在700個ほど在庫がございます。

我们 现在 有 700 个 存货。
Wǒmen xiànzài yǒu qībǎi ge cúnhuò.

ポイント 『存货』は「在庫品、ストック」。店内などで出荷待ちの品をさします。類『库存』 ☞ 558

☐ **567** 入荷予定

その製品は来月末までには入荷する予定です。

那个 产品 预定 在 下个月 月底 进货。
Nàge chǎnpǐn yùdìng zài xià ge yuè yuèdǐ jìnhuò.

ポイント 『预定』は「予定する、〜の予定である」。『月底』は「月末」 反『月初chū』（月初）。『进货』は「（商品を）仕入れる」。

☐ **568** 在庫切れ

申し訳ないことに、現在在庫を切らしております。

实在 抱歉，现在 没有 货。
Shízài bàoqiàn, xiànzài méiyǒu huò.

ポイント 在庫がない事態ですから、丁寧なお詫びから始めています。『没有货』は「貨物がない」。「在庫切れ」に対応する中国語として覚えましょう。

☐ **569** 入荷日未定

その製品は現在入荷のめどがたっていません。

这个 货品 什么 时候 能 进，还 说不准。
Zhège huòpǐn shénme shíhou néng jìn, hái shuōbuzhǔn.

ポイント 『货品』は「商品」。『说准』は「話を決めておく、しかと約束する」。間に『不』が入って不可能を表し『说不准』は「はっきりお約束できない」。反『说得准shuōdezhǔn』（確約できる）

□ **570** そのモデルは生産中止になりました。

生産中止

这种 型号 已 停止 生产 了。

Zhè zhǒng xínghào yǐ tíngzhǐ shēngchǎn le.

ポイント 『种』は分類・種類を数える助数詞「種」。『型号』は「規格とサイズ、型番」。

□ **571** 入荷予定を確認して、すぐに折り返しご連絡いたします。

予定確認後連絡

我 确认 一下 什么 时候 进货，然后 和 您 联系。

Wǒ quèrèn yíxià shénme shíhou jìnhuò, ránhòu hé nín liánxì.

ポイント 『然后』（それから） ☞ *107* を使うことによって順序が正しく聞き手に伝わります。ぜひ使えるようにしましょう。

セールストーク

この章では客先に応対する表現をとりあげました。「会社の顔としてお客様と接する」という気持ちを忘れずに対処していく気持ちが大切です。中国でも『**售后服务** shòuhòu fúwù』(アフターサービス)の大切さが注目され始めています。最近では『**呼叫中心** hūjiào zhōngxīn』（コールセンター)がビジネスとして成立しているようです。サービス水準の高さでは、中国が日本企業から学ぶ余地もまだたくさんあるはずです。

その一方で気をつけたいことがあります。それは“簡単に謝らない”ということです。クレームへの対処で、詳しい事情がわからないうちに『**对不起**』と言ってしまうと、全面的にこちらの非を認めたことになり、あとから取り返しのつかないことになります。中国の方は、日本人よりもはっきりと主張をする傾向にありますが、圧倒されず冷静に、落ち着いて対処しましょう。

UNIT 79 問題点を伝える・聞く

CD A-80

商品受領に関するクレームのケースです。前半では問題点を伝える4例をとりあげました。後半ではその応対として、原因を調べるなど対処を約束する表現を学びます。単に詫びるのではない誠意ある受け答えを会得しましょう。

□ 572 注文したものと違うものが届きました。

品違い

收到 的 货 和 订 的 不 一样。

Shōudào de huò hé dìng de bù yíyàng.

ポイント 『收到』は「受け取る、手に入る」。『一样』は「同じである、違いがない」。ここはその否定形『不一样』で「異なる」。『订』☞560。

□ 573 注文したものがまだ届きません［数が足りません］。

未着・数量不足

订 的 货 还 没 到［数量 不 够］。

Dìng de huò hái méi dào [shùliàng bú gòu].

ポイント 『还没～』は「まだ～ない」。『数量』は「数、数量」。『不够』は「足りない、不足している」 反『够』（足りる）。

□ 574 製品が不良品でした。

不良品

货品 是 次品。

Huòpǐn shì cìpǐn.

ポイント 『次品』は「二流品、不良品」 類『次货』（粗悪品）。

□ 575 届いたときに壊れていました。

破損

货品 到 的 时候 已经 坏 了。

Huòpǐn dào de shíhou yǐjing huài le.

ポイント 『坏』は「壊れる、悪くなる、だめになる」。後ろに通常『了』をつけます。『了』は情勢の変化、ここでは壊れていなかったものが壊れてしまったことを表します。

□ ***576*** すぐに原因を調べます。

原因調査

我们〈我方〉立刻 查找 原因。

Wǒmen <Wǒfāng> lìkè cházhǎo yuányīn.

ポイント 『立刻』は「ただちに」類『马上』☞ *577*。『查找』は「探す、探し求める」。

□ ***577*** 早急に善処します。

クレーム対応

我们 会 马上 妥善 处理。

Wǒmen huì mǎshàng tuǒshàn chǔlǐ.

ポイント 『会』は「～するであろう、するはずだ」。可能性を示します。『马上』は「すぐに」☞ *576*。『妥善处理』は「適切に処理する」。

□ ***578*** その件は重大ですので、恐れ入りますが、再度ご確認ください。

重大なクレームへの対応

这 件 事 至关 重大，麻烦 您 再 重新 确认 一下。

Zhè jiàn shì shìguān zhòngdà, máfan nín zài chóngxīn quèrèn yíxià.

ポイント 『至关』は「極めて」。『至关重要』（大変重要である）もよく聞かれる表現です。

□ ***579*** 私も社に戻って確認してまいりますので。

我 也 回 公司 确认 一下。

Wǒ yě huí gōngsī quèrèn yíxià.

ポイント *578* で終わらせずにこのひとことをつけると、対応の誠実さが伝わります。1人で対応する範囲を超えているものは*578, 579* のように答え、即答しないことが大切です。

UNIT 80 問題への対処法を示す

CD A-81

自ら対処が可能なケースでの対処法の示し方をとりあげました。顧客から情報を収集するための質問表現、ならびに対処を示す表現を身につけます。あわせて全力を尽くす、誠意を示すことを伝えるフレーズもマスターしましょう。

□ **580** 注文書の控えをお持ちですか。

注文書の確認

您 有 订货单 的 副本 吗?
Nín yǒu dìnghuòdān de fùběn ma?

ポイント 『订货单』は「注文書」。『单』は「リスト」の意味。『副本』は「副本、写し、コピー」。図『正本』(オリジナル、正本)。ビジネス書類を扱うときに頻出の単語です。

□ **581** 伝票番号を教えてください。

伝票番号を聞く

请 把 货品 发送单 编号 告诉 我。
Qǐng bǎ huòpǐn fāsòngdān biānhào gàosu wǒ.

ポイント 『发送单』は「発送伝票」。『编号』は「通し番号、整理番号」。『号码』(番号)と使い分けます。

□ **582** 送料着払いで送り返していただけますか。

返送

麻烦 您 用 收货人 付款 的 形式
Máfan nín yòng shōuhuòrén fùkuǎn de xíngshì
将 货品 寄还 给 我们。
jiāng huòpǐn jì huán gěi wǒmen.

ポイント 『收货人』は「貨物の受取人」図『发货人』(貨物の発送人)。『付款』は「支払う」類『付钱』(お金を払う)。『用〜的形式』で「〜の方法・形で」。『将』=『把』(〜を)目的語を動詞の前に出します。『寄还』は「送り返す」。

□ **583** 代金をお返しいたします。

返金

我们 将 把 货款 退还 给 您。

Wǒmen jiāng bǎ huòkuǎn tuìhuán gěi nín.

ポイント 『**将**』は「～する予定である、～であろう」。まもなく起ころうとすることを表します。類『**快要**』『**就要**』。『**货款**』は「貨物（商品）代金」。『**退还**』は「（受け取ったもの・買ったものを）返却する、戻す」。

□ **584** 代わりの品物をご用意いたします

代替品

我们 将 为 您 准备 替换 的 物品。

Wǒmen jiāng wèi nín zhǔnbèi tìhuàn de wùpǐn.

ポイント 『**为～**』は「～のために」。『**替换**』は「取り替える、交替する」。代替品は『**调换货物** diàohuàn huòwù』ともいいます。

□ **585** できるだけ早くご注文どおりの品物が届くように、手を尽くします。

全力を尽くす

我们 将 尽 全力 使 您 尽快 收到 订 的 物品。

Wǒmen jiāng jìn quánlì shǐ nín jǐnkuài shōudào dìng de wùpǐn.

ポイント 『**尽全力**』は「全力を尽くす」。『**使～…**』は「～に…させる、～に…してもらう」。『**尽快**』は「できるだけ早く」。

UNIT 81 詫びる

CD A-82

自社に非があり、謝罪する際の切り出し方と、程度に応じた3種類の詫び方を紹介します。状況を正確に見極めた上で的確に使ってこそ効果がある表現です。フレーズの習得とともに状況判断力を養うことも大切です。

□ 586 このたびはどうもご迷惑をおかけしまして、

お詫びの出だし

这次 给 您 造成 很 大 的 麻烦，

Zhècì gěi nín zàochéng hěn dà de máfan,

ポイント 『造成』は「引き起こす」。よくないことがらを目的語にとります。『麻烦』は「面倒（である）」。ここは名詞用法です。

（586につづけて）

□ 587 申し訳ないことです。

詫びる

实在 抱歉。

shízài bàoqiàn.

ポイント 『实在』は「ほんとうに」。『抱歉』は「すまなく思う」。

（586につづけて）

□ 588 本当に申し訳ないことをいたしました。

感到 非常 抱歉。

gǎndào fēicháng bàoqiàn.

ポイント 『感到～』は「～と感じる、思う」。『非常』は「非常に、たいへん」。『非常』を1音ずつはっきり長めに発音することで「たいへん」に重きを置いた表現となり、陳謝の意を込められます。

（586につづけて）

□ 589 何とも弁解のしようがございません。

是 无法 进行 任何 辩解 的。

shì wúfǎ jìnxíng rènhé biànjiě de.

ポイント 『无法～』は「～するすべがない」。『如何』は「いかなる」。『辩解』は「弁解する、申し開きをする」。

UNIT 82

取引先・ユーザーへの訪問

CD A-83

商品を納めたあと、訪問して製品の使い心地などをヒアリングするケースです。潜在的なクレームが吸い上げられ、新たな製品開発や新規受注につながる大切な場面ですので、謙虚な姿勢で話すことが重要です。

□ 590 使い心地はいかがですか。

使い心地

您 使着，感觉 如何？

Nín shǐzhe, gǎnjué rúhé?

ポイント 『動詞＋着』は「～ている」。動作・状態の継続を表します。『如何』は「どうですか」と様子を聞いています。類『怎么样』（どうですか）

□ 591 不都合な点はありませんか。

不都合な点

有 没有 什么 问题？

Yǒu meiyou shénme wèntí?

ポイント 『问题』は「解決を要する問題、ことがら」。「質問」というニュアンスでも使われ、日本語の「問題」ほど深刻ではないことがらも含みます。

□ 592 欠陥はありませんでしょうか。

欠陥の有無

有 没有 什么 缺陷？

Yǒu meiyou shénme quēxiàn?

ポイント 『缺陷』は「欠陥、不備」。足りないところをさします。これに対し、『缺点』（欠点）はよくないところをさしている点が違います。

□ 593 これまでの商品と比べて品質は落ちていませんか。

品質

和 以往 的 产品 相比，质量 有 没有 下降？

Hé yǐwǎng de chǎnpǐn xiāngbǐ, zhìliàng yǒu meiyou xiàjiàng?

ポイント 『以往』は「以前、昔」。『质量』は「品質、質」。『质量管理 zhìliàng guǎnlǐ』（品質管理、QC）は企業の要です。『下降』は「（程度が）下がる」類『降低』（下がる、下げる）反『上升』（上がる）、『提高』（向上する）

□ 594 新型製品開発のためぜひご意見をお聞かせください。

意見を聞く

为了 新产品 的 开发，请 您 一定 谈谈 您 的 意见。

Wèile xīn chǎnpǐn de kāifā, qǐng nín yídìng tán tan nín de yìjian.

ポイント 『开发』は「開発する」、『一定』は「必ず」。『意见』☞ 203。

UNIT 83 販売店・代理店への訪問

CD A-84

自社製品の取扱店を訪問する際に使う表現です。顧客の反応や売れ筋をつかみ、クレームを吸い上げることは、製品の売れ行き調査だけではなく、お店との信頼関係構築にも不可欠。やはり真摯な姿勢で臨みたいですね。

□ **595** 訪問時の切り出し

平素はお引き立て［ご愛顧］を賜り、まことにありがとうございます。

平时　承蒙　您　的　照顾，非常　感谢。

Píngshí chéngméng nín de zhàogù, fēicháng gǎnxiè.

ポイント 『平时』は「普段」。『总』は「いつも」。『承蒙』は「蒙る、あずかる」。『照顾』は「ひいきにする、引き立てる」。店が顧客に買い物に来てもらうよう頼む立場で使います。

□ **596** 売れ行き

新製品の売れ行きはいかがでしょうか。

新产品 的 销路 怎么样?

Xīn chǎnpǐn de xiāolù zěnmeyàng?

ポイント 『销路』☞ 545。

□ **597** 顧客の反応

顧客のみなさんから苦情・ご意見など出ていませんか。

顾客 有 没有 提出 一些 不满 和 意见?

Gùkè yǒu meiyou tíchū yìxiē bùmǎn hé yìjian?

ポイント 『提出意见』で「意見を出す」。動詞は『提』だけのときもあります。

□ **598** 顧客の要望

お客様はどのような商品をお望みでしょうか。

顾客 期待着 什么样 的 产品?

Gùkè qīdàizhe shénmeyàng de chǎnpǐn?

ポイント 『顾客』は「顧客、お客様」。『什么样的』は「どのような」。

□ **599** 売れ筋商品

どの商品が貴店の売れ筋ですか。

什么 产品 在 你们 店 销路 好?

Shénme chǎnpǐn zài nǐmen diàn xiāolù hǎo?

ポイント 売れ筋の商品を『热门(货)rèmén(huò)』ともいいます。反『冷门(货)lěngmén(huò)』（人気がない商品）。

第5章

接待でよく使うフレーズ

5-1 ▶ 空港での出迎え 166
5-2 ▶ 宿泊先への案内 170
5-3 ▶ 受付での応対 174
5-4 ▶ 応接室での応対 180
5-5 ▶ 宴会・会食への招待 186
5-6 ▶ 会食 196
5-7 ▶ 日本の食事を楽しむ 204

UNIT 84 出迎えのあいさつ

CD B-01

海外からのお客様を出迎える場面です。出迎える相手の確認ができ、自分の社名・氏名を名乗り、出迎えに来た旨を伝えられることを目標とします。歓迎のあいさつは次ページの関連表現を参考にしてください。

□ **600** 相手の確認

金華公司の毛さんですか。

请问，是 金华公司 的 毛 先生 吗？

Qǐngwèn, shì Jīnhuá Gōngsī de Máo xiānsheng ma?

ポイント 人に聞きたいことがあるときの出だしは『请问』(お伺いします)がいちばん適しています。『先生』は男性への呼称「～さん」。迎える相手の確認がいちばん大切です。

□ **601**

— ええ、そうですが。／いいえ、違います。

— 是，我 就 是。／不 是，你 弄错 了。

Shì, wǒ jiùshì. Bú shì, nǐ nòngcuò le.

ポイント 『我就是』は「ほかでもない私がそうです」というニュアンスです。『弄错』は「誤解する、思い違いをする」。

□ **602** 名乗る

グローバル商事の前田と申します。

我 是 环球 商事 的 前田。

Wǒ shì Huánqiú Shāngshì de Qiántián.

ポイント 『环球』は「全世界」。「グローバル」に対応する中国語として定着しています。

□ **603** 出迎えの切り出し

お迎えに上がりました。

我 是 来 接 您 的。【我们 是 前来 迎接 各位 的。】

Wǒ shì lái jiē nín de. Wǒmen shì qiánlái yíngjiē gèwèi de.

ポイント 『来』=『前来』は「来る」。『接』=『迎接』は「出迎える」。『各位』は『你们』の尊敬表現。『您』の複数として口をついて出てくるように使いこなしましょう。

□ **604** 人違い

たいへん失礼いたしました。

实在 对不起。

Shízài duìbuqǐ.

ポイント 人違いをしてしまったときにはすぐさま丁寧にお詫びを述べます。

ミニコラム

○出迎えの演出

「出迎えの人は見つかるだろうか」空港に降り立ったお客様は、そんな不安を抱えながら広い成田空港で入国手続きをされることでしょう。そこで迎える側はひと工夫。初対面の方や団体のお客様を出迎えるときには、到着ロビーに出てこられるドア近くに陣取り、お客様の名前を大きく書いた紙かプラカードを手にして、待ち受けてはいかがでしょうか。複数での出迎えが可能ならば、2カ所のドアそれぞれに立っていれば、ご自身の名前を見つけたお客様が微笑みながら近づいてこられるでしょう。

実はこれ、中国でもよく見かける風景。‘異国の地に来た感じがしない’と心を和ませていただければ、出迎えとしては大成功です。

関連表現

●歓迎のあいさつ

1. ようこそ。

欢迎、欢迎。
Huānyíng、 huānyíng.

2. ようこそお越しくださいました。

欢迎 光临。
Huānyíng guānglín.

3. みなさまのお越しを歓迎いたします。

欢迎 各位 的 光临[到来]。
Huānyíng gèwèi de guānglín [dàolái].

4. みなさまのお越しを心待ちにしておりました。

我们 引领而望 各位 的 光临[到来]。
Wǒmen yǐnlǐng ér wàng gèwèi de guānglín [dàolái].

UNIT 85

空港からの移動

CD B-02

お客様とお会いできたら、会社・宿泊先など次に向かう先へとご案内します。車や電車などの移動手段へ案内できるフレーズを身につけましょう。お客様の様子を見て休憩を打診する心遣いのフレーズも紹介しています。

□ **605** ホテルまでお連れします。

次の予定を話す

我 陪同 您〈各位〉去 下榻 的 饭店。

Wǒ péitóng nín <gèwèi> qù xiàtà de fàndiàn.

ポイント 『陪同』は「案内する」。『下榻』は「泊まる、宿泊する」。宿泊者への敬意が込められた動詞です。

□ **606** どうぞこちらに。

请 这边 走。

Qǐng zhèbian zǒu.

ポイント 先頭に立ち、道案内をするときに必ず使う表現です。方向を表す『这边』(こちら)を覚えましょう。

□ **607** ここから1時間ぐらいかかります。

所要時間を話す

从 这里 大概 需要 一个 小时。

Cóng zhèli dàgài xūyào yí ge xiǎoshí.

ポイント 『大概』は「おおよそ」。『～个小时左右zuǒyòu』(約～時間)ともいいます。

□ **608** 車を表に待たせてあります。

車待機

车 已经 停 在 外面 了。

Chē yǐjing tíng zài wàimian le.

ポイント 『停在～』は「～(場所)に停める」。「車はもう外に停めてある」という表現ですね。

□ **609** ここを出る前にコーヒーでもいかがですか。

移動前の確認事項

我们 出发 前 去 喝 杯 咖啡，怎么样？
Wǒmen chūfā qián qù hē bēi kāfēi, zěnmeyàng?

ポイント 『去+動詞』で「～しに行く」。『喝杯咖啡』は「ちょっとコーヒーを飲む」。助数詞『杯』（～杯）をはさんで「ちょっと～」のニュアンスを出します。

□ **610** お手洗いに行かれますか。

您 要 不 要 去 一下 卫生间？
Nín yào bu yao qù yíxià wèishēngjiān?

ポイント 『卫生间』はバスルーム、トイレの総称です。ほかに『洗手间xǐshǒujiān』（お手洗い）も使われます。どちらも『厕所cèsuǒ』（トイレ）より発音しやすく、またお客様相手の場合に最適な婉曲表現です。

□ **611** ホテルまでバスで行きます。こちらのほうです、どうぞ。

行き先・手段を告げる

我们 将 坐 巴士［大巴］去 饭店。在 这边，请。
Wǒmen jiāng zuò bāshì [dàbā] qù fàndiàn. Zài zhèbian, qǐng.

ポイント 『将+動詞』で「まもなく～しようとする」。『巴士』はバスの音訳、『大巴』は大型バスです。『公共汽车』（バス）という単語もあります。

□ **612** 都心まで電車で行きます。駅はこのビルの地階にあります。

我们 要 坐 电车 去 市中心。
Wǒmen yào zuò diànchē qù shì zhōngxīn.

车站 在 这 座〈栋〉大楼 的 地下。
Chēzhàn zài zhè zuò <dòng> dàlóu de dìxià.

ポイント 『电车』は電気動力で走る車両・電車。『市中心』は都市の中心。『进城』（郊外から市内へ行く）もよく使われます。『车站』はここでは電車の駅。『座』は大型のもの、『栋』は家屋、いずれも建物を数える助数詞です。

UNIT 86 道中のスモールトーク

CD B-03

移動の道すがら長旅の疲れをねぎらい、気持ちよく滞在スケジュールに入っていただくために役立つ表現です。ひとこと会話を交わしたのをきっかけに移動時間をなごやかに過ごせれば、接待の出だしとしては大成功です。

●旅の様子をたずねる

□ **613** フライト［今回のご旅行］はどうでしたか。

旅の様子をたずねる

这次 旅途 怎么样?
Zhècì lǚtú zěnmeyàng?

ポイント 『旅途』は「道中」。『怎么样』は「どうですか」。状況を聞いています。

□ **614** フライトはスムーズでしたか。

旅途〈一路上〉 还 顺利 吗?
Lǚtú < yílù shàng> hái shùnlì ma?

ポイント 『一路上』は「道中、途中」。『还』は「まあまあ、まずまず」。後ろの形容詞を修飾し、満足できる程度であることを表します。

□ **615** おかげさまで快適でした。／ 実は少々揺れましてね。

托 您 的 福, 旅途 还 很 顺利。／ 飞机 有点 摇晃。
Tuō nín de fú, lǚtú hái hěn shùnlì. Fēijī yǒudiǎn yáohuàng.

ポイント 『托～的福』は「～のおかげである」。

□ **616** 時間はどのくらいかかりましたか。

旅行時間

坐 了 多 长 时间 的 飞机?
Zuò le duō cháng shíjiān de fēijī?

ポイント 『坐飞机』は「飛行機に乗る」。『多长』は「どのくらい長い」。『多长时间』で時間の長さを聞いています。

617 一4時間ぐらいです。

—4个 小时 左右。

Sì ge xiǎoshí zuǒyòu.

ポイント 『～左右』は「約～、～くらい」。

618 機内食

香華航空の機内食はけっこうよいと聞いていますが、いかがでしたか。

听说 香华 航空 公司 的 舱内餐饮 很 不错，

Tīngshuō Xiānghuá Hángkōng Gōngsī de cāngnèi cānyǐn hěn bú cuò,

您 觉得 怎么样?

nín juéde zěnmeyàng?

ポイント 『听说』は「聞くところによると」。『觉得』は「～と思う」。『怎么样』☞613。

●滞在の話をする

619 来日回数

日本にいらっしゃるのは今回で何度目ですか。

您 这 是 第几次 来 日本?

Nín zhè shì dì jǐ cì lái Rìběn?

ポイント 『几』は「いくつ、いくら」。『第～次』は「～回目」。ここの『这』は『这次』（今回）の略。後ろに『第几次』があるので『次』を省略しています。

620 日本にいらっしゃるのはこれが初めてではないですよね。

您 这 不 是 第一次 来 日本 吧?

Nín zhè bú shì dì yī cì lái Rìběn ba?

ポイント 『吧』は推察に対し同意を求めるニュアンスを含んでいます。

UNIT 87 別れのあいさつ

CD B-04

その日の同行を終え、場を辞する表現と、見送る際のフレーズを取り上げました。別れの名残を惜しむ気持ちや、再会を期待する感情が自然に表せるよう、滑らかに口について出るまで繰り返し練習しましょう。

□ **621** ひとまず失礼いたします。

いとまを告げる

那 我 先 告辞 了。
Nà wǒ xiān gàocí le.

ポイント 『那』は「それでは」。『先』は「まず」。『告辞』は「(訪問先の主人に) いとま乞いをする、いとまを告げる」。

□ **622** それでは今日はこのあたりで。

翌日も会うとき

那 我 今天 就 先 在 这儿 告辞 了。
Nà wǒ jīntiān jiù xiān zài zhèr gàocí le.

ポイント 『在这儿』は「ここで」。場所だけではなく、時間的なタイミング(このあたりで)もさします。

□ **623** 明朝ホテルにお電話いたします。

明朝連絡することを告げる

我 明天 早上 打 电话 到 您 饭店。
Wǒ míngtiān zǎoshang dǎ diànhuà dào nín fàndiàn.

ポイント 『您饭店』は「あなたが泊まっているホテル」という意味合いです。

□ **624** 快適なご滞在をお祈り申し上げます。

滞在中の順調を願う

祝 您 旅途 愉快。【祝 您 在 逗留 期间 过得 愉快。】
Zhù nín lǚtú yúkuài. Zhù nín zài dòuliú qījiān guò de yúkuài.

ポイント これからの出発にも帰路の見送りにも使えるフレーズです。『祝您～』は「あなたが～であるように祈る」。「～でありますように」と、宴会のあいさつの締めくくりでもよく使われます ☞ *628*。

●見送りのあいさつ

□ 625 それではここで失礼します。

見送りの最後に

那 我 就 在 这里 告辞 了。
Nà wǒ jiù zài zhèli gàocí le.

ポイント このフレーズを見送る側が使うと、'見送りはここまでにする' という意味になります。

□ 626 それでは次回お目にかかるまで。

再会を誓う

那 再见 了。
Nà zàijiàn le.

ポイント 『再见』は「再び会う」が本来の意味です。「さようなら」というあいさつ言葉として定着していますが、「また会いましょう」という意味が込められている言葉です。

□ 627 ではまた明日 [来週 / 来月] お会いしましょう。

また会う予定があるとき

那 明天 [下星期 / 下个月] 见。
Nà míngtiān [xià xīngqī / xià ge yuè] jiàn.

ポイント 次に会うときがはっきりしている場合には、『再』の代わりに具体的な時期を入れます。

□ 628 道中お気をつけて。

帰路の無事を願う

祝 您 一路平安。
Zhù nín yílù píng'ān.

ポイント 『一路平安』は「道中ずっと無事である」。『一路顺风shùnfēng』(道中ご無事で) ともいいます。

□ 629 またのお越しをお待ちしています。

再訪を願う

欢迎 您 再 来。
Huānyíng nín zài lái.

ポイント 「再びいらしたら歓迎する」という言い回しです。「待つ」とは言わないところが日中の発想の違いですね。

UNIT 88 用件をたずねる

CD B-05

受付は会社の顔です。お客様をお迎えして用件を把握するための応対を学ぶのがこのUNITのテーマです。アポイントの有無や、お客様の名前・用件を丁寧にたずねる表現がまとめてあります。ぜひマスターしましょう。

□ 630 お約束でしょうか。

アポがあるかたずねる

您 事先 约 好 了 吗?

Nín shìxiān yuē hǎo le ma?

ポイント 『事先』は「あらかじめ」。『约好』は「アポイントが取れている」。

□ 631 どういったご用件でしょうか。

用件をたずねる

您 有 什么 事?

Nín yǒu shénme shì?

□ 632 失礼ですが、お名前を頂戴できますか。

名乗らない相手に

对不起，请问，您 贵姓?

Duìbuqǐ, qǐngwèn, nín guìxìng?

ポイント お名前をこちらから伺うことを『对不起』（ごめんなさい）と丁寧に切り出しています。『请问』からでも失礼には当たりません。

□ 633 高木様でしょうか。

名前を確認する

是 高木 先生 吗?

Shì Gāomù xiānsheng ma?

ポイント 伺ったお名前はこうして必ず、すぐに確認しましょう。

□ 634

アポがないとき

お名前とご用件をお聞かせいただきたいのですが。

您能把您的姓名和要办的事告诉我吗?

Nín néng bǎ nín de xìngmíng hé yào bàn de shì gàosu wǒ ma?

ポイント 『告诉』（告げる）内容が長いので『把』を使って前に出しています。『办事』は「仕事をする、用を足す」。「用件」は『事』☞ *631*、または『事情shìqing』とだけ言う場合もあります。

UNIT 89 担当者に取り次ぐ

CD B-06

担当者に取り次ぐことをお客様に伝える表現です。お待ちいただくことも必ず言い添えるようにしましょう。アポイントの有無など、場面に応じた使い分けができるように覚えておくといいでしょう。

□ 635 少々お待ちください。

待ってもらう

请 您 稍 候。

Qǐng nín shāo hòu.

ポイント お待たせする方が複数なら『您』を『各位』に置き換えます。

□ 636 おかけになってお待ちください。

席をすすめる

请 您 坐下 等 一 等，好 吗?

Qǐng nín zuò xià děng yi děng, hǎo ma?

ポイント 『坐下』は「腰を下ろす」。席をすすめる気遣いを忘れずに口にしたいですね。

□ 637 いらっしゃったことを本人に伝えます。

来訪を申し伝える

您 来 的 事，我 会 转告 给 他 本人 的。

Nín lái de shì, wǒ huì zhuǎngào gěi tā běnrén de.

ポイント 『转告』は「伝言する」。

□ 638 少々お待ちください。本人にお客様がお見えになったと申し伝えます。

请 稍 候。我 要 告诉 他，客人 已经 到 了。

Qǐng shāo hòu. Wǒ yào gàosu tā, kèren yǐjing dào le.

ポイント 『客人』は「客．お客様」反『主人zhǔren』（客にする対する主人，ホスト）。

☐ **639**

すぐ来ると伝える

すぐに参りますので、おかけになってお待ちください。

他马上就来，请您坐下等一会儿，好吗？

Tā mǎshàng jiù lái, qǐng nín zuò xià děng yíhuìr, hǎo ma?

ポイント 『马上』『就』ともに「すぐに」という意味です。

☐ **640**

本人にお見えになったと申し伝えます。高木様、そちらにおかけになってお待ちください。

我要告诉他本人，客人已经来了。

Wǒ yào gàosu tā běnrén, kèren yǐjing lái le.

高木先生，请您坐下等一会儿，可以吗？

Gāomù xiānsheng, qǐng nín zuò xià děng yíhuìr, kěyǐ ma?

☐ **641**

突然の来客

お会いできるかどうか島野に聞いてまいりますので、しばらくお待ちください。

我去问问岛野现在能不能见您。

Wǒ qù wèn wen Dǎoyě xiànzài néng bu neng jiàn nín.

请您稍微等一下。

Qǐng nín shāowēi děng yíxià.

ポイント 『问』を2つ重ねて「ちょっと聞いてみる」。『岛野』は『问』の目的語であるとともに、それ以下の主語でもあり、『岛野』以下の内容を聞くといっています。

☐ **642**

待たせたことを詫びる

お待たせして申し訳ないことをいたしました。

对不起，让您久等了。

Duìbuqǐ, ràng nín jiǔ děng le.

ポイント 『让您久等了』は「お待たせしました」の定番表現です。

UNIT 90 社内を案内する

CD B-07

お客様と同行してご案内する場合と、口頭で行き方を説明して理解していただく場合の両方をとりあげています。社内でお客様とすれ違い、場所を案内するケースにも応用できます。とっさに使えるようマスターしましょう。

□ **643** 島野のところへご案内いたします。

部署まで案内する

我 领 您 去 岛野 那里。
Wǒ lǐng nín qù Dǎoyě nàli.

ポイント 『领』は「率いる、引率する」。先頭に立って案内することを表します。

□ **644** （よろしければ）応接室［会議室］にご案内いたします。

部屋に案内する

（如果 方便 的 话，）我 先 领 您 去 接待室［会议室］。
(Rúguǒ fāngbiàn de huà,) wǒ xiān lǐng nín qù jiēdàishì [huìyìshì].

ポイント 『方便』は「都合がよい」。『接待』は「接待（する）、応接（する）」。客に対する応対やもてなし一般をさします。

□ **645** こちらにどうぞ。／ご一緒にどうぞ。

引率する

请 这边 走。／我们 一起 走 吧。
Qǐng zhèbian zǒu. Wǒmen yìqǐ zǒu ba.

ポイント 『走』は「行く」。『一起』は「一緒に」。

□ **646** すぐに島野がまいります。

担当者が来ると伝える

岛野 马上 就 来。
Dǎoyě mǎshàng jiù lái.

□ 647 営業部は2階にあります。

場所を案内する

营业部 在 2楼。

Yíngyèbù zài èr lóu.

ポイント 『主体+在+場所』は「〜にある」。所在を表します。『楼』は「階層、フロアー」。『2楼』は「2番目のフロアー・2階」ということです。「〜階」は助数詞を使い『〜层』ともいいます。

□ 648 あちらの階段を上がってください。

行き方を伝える

请 上 那边 的 台阶。

Qǐng shàng nàbian de táijiē.

ポイント 『上』は「上る、上がる」。反『下』(下る、下がる)。『台阶』は「ステップ、階段」。

□ 649 こちらの廊下をまっすぐ進んでください。

请 从 这边 走廊 一直 走过去。

Qǐng cóng zhèbian zǒuláng yìzhí zǒuguòqù.

ポイント 『走廊』は「廊下」。『一直』は「まっすぐ」。『走过去』は「歩いていま話しているところから遠ざかる」。

□ 650 オフィスは右側の奥から2番目です。

办公室 是 右边 从 里面 数 第二个 屋子。

Bàngōngshì shì yòubian cóng lǐmiàn shǔ dì èr ge wūzi.

ポイント 『办公室』は「事務所、オフィス」。『从〜数』は「〜から数える」。『屋子』は「部屋」。『房间』(部屋、室)ともいいます。

関連語句

●方向をあらわす言葉

右	左	前	後ろ
右边	左边	前面	后面
yòubian	zuǒbian	qiánmian	hòumian

UNIT 91 自分から来客にあいさつする

CD B-08

訪ねて来たお客様にあいさつするケースです。名乗ったあとに、会えてうれしい気持ち、来訪を歓迎する気持ちを伝えることが重要です。お客様よりあとに入室した場合、まず「お待たせしました」☞*643*から切り出しましょう。

□ ***651*** 私、小山と申します。

名乗る

我 叫 小山。

Wǒ jiào Xiǎoshān.

ポイント あいさつの切り出しはやはり名乗ることからですね。姓だけを名乗る場合には『叫』の代わりに『姓』（姓を～と言う）を使うことも可能です。

□ ***652*** お目にかかれてうれしく思います。

会えた喜び

见到 您 我 很 高兴。

Jiàn dào nín wǒ hěn gāoxìng.

ポイント『见到』は「会うことがかなう」。初対面なら『认识』（顔見知りになる）と置き換えて言うこともあります。『高兴』は「うれしい」。

□ ***653*** 私もお目にかかれてうれしく思います、中野さん。

中野 先生，见到 您 我 也 很 高兴。

Zhōngyě xiānsheng, jiàn dào nín wǒ yě hěn gāoxìng.

ポイント *652*を受けて必ず『也』（…も）でうれしい気持ちを返すようにします（ここからコミュニケーションが始まります）。このように冒頭で先方の名前を呼びかけるほうが中国語としては自然です。

□ ***654*** 当社にお迎えできてうれしく思っております。

来客にあいさつする

能 在 我 公司 见到 您，我 感到 很 高兴。

Néng zài wǒ gōngsī jiàn dào nín, wǒ gǎndào hěn gāoxìng.

ポイント『感到』は「感じる、思う」。

☐ **655**

歓迎の意を表す

グローバルフーズにようこそ。

欢迎　光临　环球　食品公司。

Huānyíng guānglín Huánqiú Shípǐn Gōngsī.

ポイント 『光临』は「ご来訪、ご光臨」。『欢迎光临』の4文字で「ようこそいらっしゃいました」のほか「いらっしゃいませ」というあいさつにもなります。

☐ **656**

会う機会がなかったとき

お噂はかねがね伺っております。

久 闻 大名。

Jiǔ wén dàmíng.

ポイント 『大名』は「ご高名」で、『名字』（名前）の尊敬表現です。『久闻』のかわりに『久仰』（お名前はかねがね伺っております）もよく使います。

☐ **657**

とうとう直接お目にかかることができたわけですね。

终于 有幸 见到 您 本人。

Zhōngyú yǒuxìng jiàn dào nín běnrén.

ポイント 『终于』は「ついに」。『有幸』は「幸運なことに」。『幸』は『幸运』（幸運）のことです。‘幸運に恵まれた’と表現されれば先方も悪い気はしないはずです。

☐ **658**

先にあいさつされたとき

恐れ入ります。申し遅れました、私、アジア2部の柴田と申します。

不好意思。没有 及早 报 姓名，

Bù hǎoyìsi. Méiyǒu jízǎo bào xìngmíng,

我 是 亚洲 2 部 的 柴田。

wǒ shì Yàzhōu èr bù de Cháitián.

ポイント 『不好意思』は「決まり悪い」。『及早』は「早いうちに、早めに」。『报姓名』は「名前を告げる、名乗り出る」。

UNIT 92 メンバーを紹介する

CD B-09

同席した自社の他のメンバーを紹介する表現です。名前の紹介から、肩書きや担当業務まで紹介できるように、さまざまな表現を集めました。社内の関連部署名は中国語で言えるようにしておきましょう。

□ 659 大塚をご紹介します。

同僚の紹介

让 我 介绍 一下。这是 大塚。
Ràng wǒ jièshào yíxià. Zhè shì Dàzhǒng.

ポイント 『让我介绍一下』は「紹介させてください」というへりくだった表現法で、紹介を切り出すときの定番です。社外の方を紹介するときには『这位是』（この方は…）となります。

□ 660 野田を紹介させてください。

让 我 介绍 一下 野田。
Ràng wǒ jièshào yíxià Yětián.

□ 661 丁さん、こちらは福田です。

相手へ呼びかけて紹介する

丁 先生，这 是 福田。
Dīng xiānsheng, zhè shì Fútián.

□ 662 営業課長［同僚］の岡本をご紹介します。

肩書き・名前を紹介する

让 我 介绍 一下。这 是 营业 科长［我 的 同事］、冈本。
Ràng wǒ jièshào yíxià. Zhè shì yíngyè kēzhǎng [wǒ de tóngshì]、Gāngběn.

ポイント 『同事』は「同僚」。社外の人を紹介するときは姓だけで呼ぶのは失礼にあたります。「姓+肩書き」の順番で話すといいでしょう。

□ 663 技術畑の人間を呼んでおきました。後藤をご紹介します。

専門分野を紹介する

我 叫 来 了 技术 人员。这 是 后藤。
Wǒ jiào lái le jìshù rényuán. Zhè shì Hòuténg.

ポイント 『人员』は「人員、要員」。

□ **664** 生産部門の人間です。

这是 生产 部门 的 人员 [生产 方面 的 专家]。
Zhè shì shēngchǎn bùmén de rényuán [shēngchǎn fāngmiàn de zhuānjiā].

ポイント 『方面』は「方面、…面」。『专家』は「専門家」。

□ **665** 品質管理の専門家です。

这 是 负责 质量 管理 的 专家。
Zhè shì fùzé zhìliàng guǎnlǐ de zhuānjiā.

ポイント 『负责』は「責任を負う、責任を持つ」。『质量管理』は「品質管理」で、いわゆるQCにあたる中国語がこれです。

□ **666** 労務管理を専門にしています。

他 专门 负责 劳务 管理。
Tā zhuānmén fùzé láowù guǎnlǐ.

ポイント 『专门』は「もっぱら、専門的に」。『负责』は責任者であることを示すほか、このように担当業務範囲を話すときにも使えます。

UNIT 93 本題に入る

CD B-10

あいさつ・紹介がひととおり終わり、打ち合わせの本題に入るときに切り出すフレーズです。着席をすすめ、打ち合わせを始める旨を提案できることがこのUNITの目標です。参加人数に応じて声のかけ方も工夫してみましょう。

□ 667 着席を促す

どうぞおかけください。

请 坐。
Qǐng zuò.

ポイント 『坐』の発音には要注意です！息を出して“cuò”と発音してしまうと、『请错』（どうぞ間違ってください）となり、意味が違ってしまいます。

□ 668 本題に入る

それでは始めましょうか。

那 我们 开始 吧。
Nà wǒmen kāishǐ ba.

ポイント 『那』は「それでは」。話題を転換するときに使い、相手方・聴衆の注意をひきつける効果もあります。『开始』は「始める」。反『结束jiéshù』（終わる、終える） ☞679

□ 669

それでは本題に入りましょうか。

那 好，我们 进入 正题 吧。
Nà hǎo, wǒmen jìnrù zhèngtí ba.

ポイント 『正题』は「本題、文章や話の本筋」。「本題に戻る」なら『言归正传yán guī zhèng zhuàn』といいます。

□ 670

みなさん、始めてよろしいでしょうか。

各位，我们 现在 可以 开始 了 吗？
Gèwèi, wǒmen xiànzài kěyǐ kāishǐ le ma?

ポイント 『各位』（みなさん）は、呼びかけ、同意を求める表現方法で、みなの注意をひきつけています。同席者が大勢の場合などに有効ですね。

□ 671 本題内容の提案

まずは私どもの事業内容をざっとお話しするというのはいかがでしょう。

我们 首先 粗略地 谈 一下 我们 的 工作 内容，可以 吗？
Wǒmen shǒuxiān cūlüè de tán yíxià wǒmen de gōngzuò nèiróng, kěyǐ ma?

ポイント 『首先』は「まず」。『粗略地』は「大まかに、大ざっぱに」。

UNIT 94

日程の打ち合わせ

CD B-11

お客様に滞在期間中の日程を提示する場面です。日程の組み方に問題がないか、提示段階で要望・質問を受けられるように切り出すことが大切です。また、いつでも耳を傾ける姿勢を示せば、お客様の信頼を得ることにつながります。

□ **672** 日程表の提示

ご滞在中の日程表です。

这 是 您 〈各位〉 逗留 期间 的 日程表。
Zhè shì nín <gèwèi> dòuliú qījiān de rìchéngbiǎo.

ポイント 『逗留』は「逗留する、滞在する」。

□ **673**

このように日程を組んでみました。

我们 这样 安排 了 一下 日程。
Wǒmen zhèyàng ānpái le yíxià rìchéng.

ポイント 『这样』は「このように」。『安排』は「(段取りを)組む、(スケジュールを)調整する」。

□ **674** 質問・要望を促す

ご要望［ご質問］があれば遠慮なくおっしゃってください。

如果 您 〈各位〉 有 什么 要求［问题］,
Rúguǒ nín <gèwèi> yǒu shénme yāoqiú [wèntí],
请 不 要 客气地 提出来。
qǐng bú yào kèqi de tí chūlái.

ポイント 『要求』『问题』ともに日本語の「要求」「問題」ほど意味が強くありません。『要求』は「要望、希望」、『问题』は「解答を求める問題」「解決を求める問題」をさします。

□ **675** 担当窓口

遠藤にいつでもお申し付けください。

请 随时 向 远藤 提出来。
Qǐng suíshí xiàng Yuǎnténg tí chūlái.

ポイント 『随时』は「必要に応じていつでも」。『向～』は「～に向かって、～へ、～に」。

UNIT 95 予定を聞き、食事に誘う

CD B-12

親睦を深め、より深い信頼関係を築くためにも必要な会食。相手の都合を気遣いながら誘うスマートな表現を学びます。食事の好みもさりげなく聞ければ、行き届いたおもてなしにつながり、申し分ないでしょう。

□ 676 今晩食事をご一緒にいかがですか。

食事に誘う

今天 晚上 我们 一起 吃饭，怎么样？

Jīntiān wǎnshang wǒmen yìqǐ chīfàn, zěnmeyàng?

ポイント 『一起』は「一緒に」。『吃饭』は「食事をする」。

□ 677 今晩、外で食事というのはいかがですか。

今天 晚上 在 外面 吃，怎么样？

Jīntiān wǎnshang zài wàimian chī, zěnmeyàng?

ポイント 『外面』は「外、表」。“wàimiàn”と発音すると「表面、うわべ、見かけ」という意味になります。

□ 678 コーヒーでも飲んでいきませんか。

喫茶に誘う

我们 一起 去 喝 杯 咖啡，您〈你〉看 怎么样？

Wǒmen yìqǐ qù hē bēi kāfēi, nín <nǐ> kàn zěnmeyàng?

ポイント 『看』は1人称か2人称が主語で「～と思う」。類『认为』(～と考える、～と思う)。『您看怎么样?』で相手の考え方・判断を聞いています。

□ 679 仕事のあとで一杯飲みに行きませんか。

飲食に誘う

工作 结束 后，我们 一起 去 干 一杯 吧。

Gōngzuò jiéshù hòu, wǒmen yìqǐ qù gān yì bēi ba.

ポイント 『结束』は「終わる、終わらせる」。反『开始』(始める) ☞668

□ 680　食べたいもの

何か特に召し上がりたいものはありますか。

您 有 没有 什么 特别 想 吃 的?
Nín yǒu meiyou shénme tèbié xiǎng chī de?

ポイント 『特別』は「とりわけ、ことのほか」。

□ 681　食べられないもの

何か召し上がらないものはありますか。

您 有 什么 不能 吃 的 东西 吗?
Nín yǒu shénme bù néng chī de dōngxi ma?

ポイント アレルギーなどの事情で食べられないものがある場合もあります。もてなす側として最初に切り出しておくと、客人も話しやすくなりますね。

□ 682　予定を聞き食事に誘う

今晩、外での食事にご案内したいと思いますが、
予定はあいていますか。

今天 晚上 想 约 您 去 外面 吃。
Jīntiān wǎnshang xiǎng yuē nín qù wàimian chī.

不 知 您 是否 已经 有 了 安排?
Bù zhī nín shìfǒu yǐjing yǒu le ānpái?

ポイント 『安排』は「段取り、手はず」。ここでは「予定」という意味合いです。

□ 683　飲食に誘う（丁寧）

よろしかったら仕事が終わったあとで、
一緒に飲みに行ければと思っていたのですが、いかがですか。

(如果 方便 的 话,) 工作 完了 以后,
(Rúguǒ fāngbiàn de huà,) gōngzuò wán le yǐhòu,

我们 一起 去 喝 点 酒, 怎么样?
wǒmen yìqǐ qù hē diǎn jiǔ, zěnmeyàng?

ポイント 『完了』は「完了する、終わる」。『点』は少量のものをさし、『喝点酒』で「ちょっとお酒を飲む」。

UNIT 96 食事の誘いを受ける・断る

CD B-13

UNIT 95に対する受け答えです。誘いを受ける場合には感謝と喜びの気持ちを表しましょう。また、断る場合には残念な気持ちと理由、さらに誘いへの謝辞を述べられると行き届きます。気持ちよい応対をめざしましょう。

□ **684** ありがとうございます。

誘いへの礼を言う

谢谢 你。

Xièxie nǐ.

ポイント お誘いを受けたら、まずは何をおいても謝辞。すぐに口について出るようにしましょう。

□ **685** ぜひご一緒させてください。

接待を受ける

我 也 很 想 去。

Wǒ yě hěn xiǎng qù.

ポイント 直訳すると「私もとても行きたい」という表現ですね。

□ **686** あいにく先約があります。

断る

对不起，我 有 个 约会。

Duìbuqǐ, wǒ yǒu ge yuēhuì.

【我 已经 有 了 安排 。】

Wǒ yǐjing yǒu le ānpái.

ポイント 『约会』は「会う約束」☞ *301*。『安排』☞ *682*。『空』は「暇、空き時間」。

□ **687** 残念ですが、今晩は都合がつきません。

はっきりと断る

真 遗憾，今天 晚上 我 不 行。

Zhēn yíhàn, jīntiān wǎnshang wǒ bù xíng.

ポイント 『不行』は「だめだ、いけない」反『行』(よろしい)。

□ **688** 申し訳ないのですが、明日のフライトが早いものでして。

理由を述べる

实在 抱歉, 我 明天 的 飞机 很 早。

Shízài bàoqiàn, wǒ míngtiān de fēijī hěn zǎo.

□ **689** どうしてもはずせない重要な先約があります。

我 有 一 个 不 能 推却 的 约会〈先约〉。

Wǒ yǒu yí ge bù néng tuīquè de yuēhuì <xiānyuē>.

ポイント 『推却』は「断る、拒絶する」。

□ **690** ご一緒したいのですが仕事［別の約束］がありまして。

我 很 想 和 你 一起 去, 但 我 有 工作 ［别的 约会］。

Wǒ hěn xiǎng hé nǐ yìqǐ qù, dàn wǒ yǒu gōngzuò [biéde yuēhuì].

ポイント 『别的』は「別の」。

□ **691** いずれにしましても、ご招待をありがとうございます。

謝辞を付け加える

不管 怎么 说, 非常 感谢 您 的 邀请。

Bùguǎn zěnme shuō, fēicháng gǎnxiè nín de yāoqǐng.

ポイント 『不管～』は「～であろうと」。後ろに疑問詞がつきます。『不管怎么说』は「何と言おうと」から発展して「いずれにしても」という意味で使われています。

□ **692** 次の機会によろしくお願いします。

希望 下次 能 再 得到 您 的 邀请。

Xīwàng xiàcì néng zài dédào nín de yāoqǐng.

ポイント 『得到』は「得る、受ける」。‘次回また招待が受けられることを希望している’という表現です。『邀请』☞ *866*。

UNIT 97 会食・酒宴でもてなす

CD B-14

宴席でお客様を出迎えるところから、会食のスタート、追加注文への気遣い、お開きのあいさつまでの代表的な表現をまとめました。各場面の決まり文句として、そのまま使えるように覚えて活用してください。

□ **693** お忙しい折にわざわざお呼び立てして、申し訳なく思っております。

お迎えのあいさつ

各位 在 百忙之中 特地 来 参加，实在 不好意思。
gèwèi zài bǎi máng zhī zhōng tèdì lái cānjiā, shízài bù hǎoyìsi.

ポイント 『百忙之中』は「お忙しい中」。他人が多忙であることを丁寧にいう表現です。『特地』は「わざわざ」。相手を尊重する気持ちが込められています。

□ **694** 今夜はどうぞ存分におくつろぎください。

希望 各位 今天 晚上 能 过得 愉快。
Xīwàng gèwèi jīntiān wǎnshang néng guò de yúkuài.

ポイント 『过得愉快』は「愉快に過ごす」。‘過ごすその状態が愉快である’ということです。

□ **695** どうぞ、ご遠慮なく召し上がってください。

食事をすすめる

请 各位 不要 客气，多 用 一些。
Qǐng gèwèi bú yào kèqi, duō yòng yìxiē.

ポイント 『客气』は「遠慮する」。『不要客气』は「遠慮の必要はない」。『多』は「たくさん、多く」。『用』は「飲食する」。敬語表現です。『用餐』☞ 696。『一些』は「いくばくか、少しばかり」。『多用一些』で「少しでも多く食べてください」ということですね。

□ **696** 冷めないうちに、どうぞ。

请 各位 趁热，尽快 用餐 吧。
Qǐng gèwèi chènrè, jǐnkuài yòngcān ba.

ポイント 『趁热』で「熱いうちに～する」。『尽早』は「なるべく早く」。『用餐』=『用饭』は「食事をする」の敬語表現です。

□ 697 お料理［酒］はいかがですか。

会食途中の気遣い

（今天 的）菜［酒］合 您 的 口味 吗？

Jīntiān de cài [jiǔ] hé nín de kǒuwèi ma?

ポイント『合～的口味』は「（味が）～の口に合う」。

□ 698 ご注文がありましたら、お気軽にお申し付けください。

您 如果有 想 点的东西，请 不要 客气 尽管 提出来。

Nín rúguǒ yǒu xiǎng diǎn de dōngxi, qǐng bú yào kèqi jǐnguǎn tí chūlái.

ポイント『点』＝『点菜』は「料理を1つずつ指定して注文する」。もちろん飲み物も含まれます。『不要客气』☞695。『尽管』は『かまわずに』。

□ 699 今宵はわざわざおいでいただきまして、どうもありがとうございました。

お開きのあいさつ

今晚 承蒙 各位 特意 光临，实为 感谢。

Jīnwǎn chéngméng gèwèi tèyì guānglín, shí wéi gǎnxiè.

ポイント『承蒙』は「賜る、～にあずかる」。『实为』は「まことに、ほんとうに」。『很』（とても）を使うより改まった感じがします。

UNIT 98 招待されたとき

CD B-15

UNIT 97に対する受け答えを「ゲストとしての言葉づかい」にまとめました。また後半は、お酒が飲めない方がお酒を勧められた際の、場をしらけさせない応対表現です。いずれも決まり文句としてマスターしましょう。

●ゲストとしての言葉づかい

□ 700

お迎えのあいさつを受けて

今日はお招きいただきまして、どうもありがとうございます。

今天 承蒙 贵方 的 邀请，非常 感谢。
Jīntiān chéngméng guìfāng de yāoqǐng, fēicháng gǎnxiè.

□ 701

お言葉に甘えて、存分に楽しませていただきます。

承蒙 您〈各位〉的 盛情，我们 过得 极为 愉快。
Chéngméng nín <gèwèi> de shèngqíng, wǒmen guò de jíwéi yúkuài.

ポイント 『**盛情**』は「厚意、厚情」。『**极为**』は「きわめて、とても」。

□ 702

食事や酒のすすめを受けて

恐れ入ります。

不好意思。
Bù hǎoyìsi.

ポイント 『**不好意思**』はきまり悪い気持ちや恥ずかしい心情を表します。また、「申し訳ない、面目ない」というあいさつ言葉としても使われます。

□ 703

それでは遠慮なく頂戴いたします。

那 我 就 不 客气 了。
Nà wǒ jiù bú kèqi le.

ポイント ‘今まで遠慮があったけれど、もうこれからは遠慮しない’、というニュアンスの表現です。

□ 704 今宵はご丁寧なおもてなしにあずかりまして、ありがとうございました。

お開きのあいさつを受けて

今晚 承蒙 各位 的 款待，真是 非常 感谢。

Jīnwǎn chéngméng gèwèi de kuǎndài, zhēn shì fēicháng gǎnxiè.

ポイント 『款待』は「ねんごろにもてなす」。ここは名詞用法です。

□ 705 おかげさまですっかりくつろぎました。

承蒙 您 的 款待，我们 度过了 非常 愉快 的 一个 晚上〈时光〉。

Chéngméng nín de kuǎndài, wǒmen dùguò le fēicháng yúkuài de yí ge wǎnshang <shíguāng>.

ポイント 『度过』は「（時間・休暇を）過ごす」。『时光』は「時、時間」。

□ 706 先日はごちそうさまでした。

後日会ったときに

谢谢 您 上次 的 款待。

Xièxie nín shàngcì de kuǎndài.

ポイント 『上次』は「前回」。

707 飲めないタチなので。

酒を受けないとき

我 不 会 喝 酒。

Wǒ búhuì hējiǔ.

ポイント 『不会』は『会』(～できる)の否定形で「～できない」。お断りする理由として、お酒を飲めないとはっきり伝えることが大切です。

708 私はジュースを頂戴します。

我 想 要 一点 果汁。

Wǒ xiǎng yào yìdiǎn guǒzhī.

ポイント 『一点』は「少し」。少量をさします。『果汁』は「果汁、ジュース」。

709 飲めないので、つまらないお相手になりますが。

酒を受けるとき

我 这个 不 会 喝 的 人 陪着 您,

Wǒ zhège bú huì hē de rén péizhe nín,

您 可能 会 觉得 没 意思 吧。

nín kěnéng huì juéde méi yìsi ba.

ポイント 『这个+名詞』は他の語句(ここでは『我』)のあとに使い、前に述べた人や事物を再びさし示しています。『陪』は「お供をする、付き添う」。『可能』は「～かもしれない」。『觉得』☞*618*。『没意思』は「つまらない」。

コラム

○お酒の席では

中国式の『**干杯** gānbēi』は文字どおり杯を干す、つまり酒を一気に飲み干すことを意味します。宴席でかつて主流だった『**白酒** báijiǔ』(中国の蒸留酒)のグラスが小さいのはこのためでしょう。中国のお酒はアルコール度数が強いので、お酒は強いと自信がある人こそ『**干杯**』を続けた挙句、足が立たなくなる、といった醜態を演じることにならないよう、注意しましょう。

お酒が飲めない人は飲めないことを告げてもまったく失礼になりません。乾杯が始まる前にお店のスタッフに依頼し、お茶など飲み干せるものを準備しておき、飲み干す動作を共有するのも一つの対処法です。

逆に中国のお客様を日本にお招きしたときには、「乾杯」と言ったものの杯を飲み干さなくても失礼にならないことを、あらかじめ教えてさし上げる心配りもお忘れなく。

○中国料理のお箸が長いのは

宴席で料理を客人に取り分けるのはホスト役の務めです。中国料理のお箸が長いのは、円卓の対面に座っているホスト(5章末コラム参照)が客人に料理を取り分けやすいようにするためとも言われます。日本で中国のお客様を招くときには、この点をわきまえて、取り分けに気を配ることも大切です。

UNIT 99 注文を決める

CD B-16

食事の注文をお客様に聞きながら決めていく際のフレーズです。たずねるホスト側とそれに答えるお客様側に分けてありますが、問いと答えで対になるようにしてあります。合わせてひとつの流れで覚えるとよいでしょう。

●注文をたずねる（ホスト側）

□ **710** 最初に何かお飲みになりますか。

飲み物をたずねる

您 想 先 喝 点 什么？
Nín xiǎng xiān hē diǎn shénme?

ポイント 『点』=『一点』☞ *468*。

□ **711** 最初はビールで、そのあとワインではいかがでしょうか。

飲み方を提案する

先 喝 点 啤酒，然后 喝 点 葡萄酒，怎么样？
Xiān hē diǎn píjiǔ, ránhòu hē diǎn pútaojiǔ, zěnmeyàng?

ポイント 『先～，然后…』で「まず～そのあと…」。

□ **712** オードブルは何にされますか。

料理をたずねる

不 知 您〈你〉想 要 一点 什么 前菜？
Bù zhī nín <nǐ> xiǎng yào yìdiǎn shénme qiáncài?

ポイント 『要』は「注文する」。

□ **713** メインは何をお取りになりますか。

主菜 您〈你〉想 要 些 什么？
Zhǔcài nín <nǐ> xiǎng yào xiē shénme?

ポイント 『些』は「いくらか、いくつか」。不定の数量を表します。メインディッシュを複数頼んでもかまわない雰囲気を演出しています。

□ *714* フルコース(肉と魚両方)のお食事になさいますか。

鱼 和 肉 都 要 一些, 您 看 如何?

Yú hé ròu dōu yào yìxiē, nín kàn rúhé?

ポイント 『如何』は「どうですか」。文末につけて、意見を求めています。

□ *715* デザートはどうなさいますか。

デザートをたずねる

甜点, 您〈你〉想 来 点 什么?

Tiándiǎn, nín <nǐ> xiǎng lái diǎn shénme?

ポイント 『甜点(心)』は「甘いお菓子、デザート類」。『来』は「(なにかを)する」。ここでは『要』(注文する ☞ *712*)の代動詞的な役割を果たしていますが、実際の場面では注文するときに『来』をよく使います。

□ *716* ご注文はお決まりになりましたか。

注文をたずねる

您 决定 好 点 什么 了 吗?

Nín juédìng hǎo diǎn shénme le ma?

ポイント 『動詞+好』で「〜し終わる」。動作の完了を表します。

□ *717* こちらのお店のおすすめは何ですか。

おすすめ料理を聞く

您 这 店 里 的 招牌菜〈值得 推荐 的 菜〉是 什么?

Nín zhè diàn li de zhāopáicài < zhíde tuījiàn de cài> shì shénme?

ポイント 『招牌』は「看板」。『招牌菜』で「看板料理」ということです。『値得』は「〜に値する」。『推荐』は「薦める」。

会食

●注文をたずねられたときの答え（客側）

□ **718** とりあえずビールをいただきます。

飲み物を決める

先 来 些 啤酒。
Xiān lái xiē píjiǔ.

ポイント 『来』☞ *715*

□ **719** やはりシャンパンにしようかと思っております。

还是要 点 香槟酒。
Háishi yào diǎn xiāngbīnjiǔ.

□ **720** 何か肉料理にするつもりです。それで十分です。

料理を決める

我们 想 来 点 肉菜。好, 就 这些 吧。
Wǒmen xiǎng lái diǎn ròucài. Hǎo, jiù zhèxiē ba.

ポイント 『好』は「はい」。同意・承諾を示します。『就这些吧。』は「ではこれ（ら）で」。‘注文は以上でよろしいですか’ などの問いかけに答えています。自ら注文を締めくくるときにも使えます。

□ **721** 鶏肉にしようかと思っています。

我们 要 来 点 鸡肉。
Wǒmen yào lái diǎn jīròu.

□ **722** 残念ながら満腹です。

追加注文しないとき

真遗憾，我们已经吃饱了。

Zhēn yíhàn, wǒmen yǐjing chī bǎo le.

ポイント 『吃饱了』は「食べておなかがいっぱいになった」。

□ **723** デザートはなしにしておきます。

デザートを断る

甜点就不要了。

Tiándiǎn jiù bú yào le.

□ **724** まだ注文が決まっていません。

注文が決まっていないとき

点什么菜，还没决定。

Diǎn shénme cài, hái méi juédìng.

会食

関連語句

●調味料

砂糖	塩	酢	醤油	ソース
糖	盐	醋	酱油	辣酱油
táng	yán	cù	jiàngyóu	là jiàngyóu

＊中国で『醋』といえば黒酢です。見た目では醤油と区別がつきませんので、注意して下さい。

UNIT 100 食事中のやりとり

CD B-17

お客様に好みのお食事を召し上がっていただくには、ホスト側の気遣いが不可欠です。ここではホストとしてよく使う呼びかけ表現と、それに対するお客様の受け答えを集めました。どちらの立場でも使えるよう習得しましょう。

□ 725 料理の味をたずねる

お料理の味はいかがですか。
— けっこうです。／実にすばらしい。

菜 的 味道 怎么样?
Cài de wèidao zěnmeyàng?

—很 好。／真 是 非常 好吃。
Hěn hǎo. Zhēn shì fēicháng hǎochī.

ポイント 『味道』は「味」。『好吃』は「おいしい」反『不好吃』（おいしくない）。

□ 726 口に合うかどうか

そのビーフ、お口に合いますでしょうか。
— なかなかいいですね。／（お気遣い）ありがとうございます。

这个 牛肉，不 知 是否 合 您 的 口味?
Zhège niúròu, bù zhī shìfǒu hé nín de kǒuwèi?

—很 不错。／谢谢 您 想得 这么 周到。
Hěn bú cuò. Xièxie nín xiǎng de zhème zhōudào.

ポイント 『周到』は「行き届いている」。『这么』は「こんなにも」。『合～的口味』☞ 697

□ 727

ソースを頼みましょうか。

要 一点 调味酱 吧。
Yào yìdiǎn tiáowèijiàng ba.

ポイント ソース ☞ P.199関連語句。

□ 728

サラダをもう少しいかがですか。
— はい、お願いします。／いいえ、けっこうです。

再 来 一点 沙拉，怎么样?
Zài lái yìdiǎn shālā, zěnmeyàng?

—好 的。／ 不 要 了，谢谢。
Hǎo de. Bú yào le, xièxie.

□ 729

おすすめのワイン

おすすめのワインをウェーターに聞いてみましょう。
— ぜひそうしてください。

让 我 问 问 服务员 有 什么 可以 推荐 的 葡萄酒。
Ràng wǒ wèn wen fúwùyuán yǒu shénme kěyǐ tuījiàn de pútaojiǔ.

—那 就 麻烦 您 了。
Nà jiù máfan nín le.

ポイント 『给』は動詞の前に置いて『一定』(必ず) とともに動作を強調しています。

□ 730

食事の締めくくり

お楽しみいただけましたでしょうか。

不 知 是 不 是 合 您 的 口味?
Bù zhī shì bu shi hé nín de kǒuwèi?

□ 731

客側の礼辞

どれもたいへんけっこうでした。

每 个 菜 都 做得 非常 好。
Měi ge cài dōu zuò de fēicháng hǎo.

ポイント 料理の種類には助数詞『道dào』が使われることもあります。☞ 745

UNIT 101 支払い

CD B-18

食事が終わり、会計の場面です。個人ベースの会食の支払いで想定されるやり取りをまとめました。接待する側はお客様にこちらで支払う意思を伝え、また別会計や割り勘にする際には、レジで意思表示できることが目標です。

□ *732* 支払いは私どもでいたします。

支払いを申し出る

我们 来 结帐 〈买单〉。
Wǒmen lái jiézhàng <mǎidān>.

ポイント 『结帐』『买单』☞ *475*。『来』☞ *736*。

□ *733* お気持ちはありがたいのですが、ここは是非任せてください。

您 的 心意 我们 领 了, 不过 这儿 还是 让 我们 来 吧。
Nín de xīnyì wǒmen lǐng le, búguò zhèr háishi ràng wǒmen lái ba.

ポイント 『心意』は「(他人に対する)心、気持ち」。『领』は「(精神的に)受ける、受け入れる、いただく」で前半の句は「お気持ちだけいただきます」。このケースのように支払いや、贈り物などを辞退するときの決まり文句です。

□ *734* 支払いは任せてください。

こちらで支払う

结帐 就 交给 我们 吧。
Jiézhàng jiù jiāogěi wǒmen ba.

ポイント 『交给～(+動詞句)』で「(任務・仕事などを) ～に任せる」。『来』☞ *736*

□ *735* これは私のおごりです。

我 来 请客。
Wǒ lái qǐngkè.

ポイント 『请客』は「客を招待する、ごちそうする」。『来』☞ *736*

□ 736　いや、本当にここは私に。

不行，不行。这儿 一定 要 由 我 来 付。
Bùxíng, bùxíng.　Zhèr　yídìng　yào　yóu　wǒ　lái　fù.

ポイント『由A来…』は「Aが…する」。Aが主体的に物事を行うことを示します。

□ 737　勘定は別々にお願いします。

別勘定にする(レジで)

各 结 各 的 帐。
Gè　jié　gè　de　zhàng.

ポイント『各＋動詞＋各』で「それぞれに～する」。後ろの『各』は指示代名詞の役割です。

□ 738　割り勘でいきましょう。

割り勘を提案する

分摊，分摊。
Fēntān,　fēntān.

ポイント『分摊』は「費用を分担する、割り勘にする」。若い友人同士などでは『AA制AA zhì』という言い方もあります。

ミニコラム

○食事の支払い

中国では、食事は「ごちそうするもの・されるもの」という感覚でとらえている方が多く、「割り勘」は、若い人の間につい最近芽生え始めた概念です。‘今日はAさんのおごりなら、次回はBさん’というように、長い目で見れば「割り勘」と同じようになるのです。「おごる」というのをむげに断わるのは相手の面子（メンツ）をつぶすことにもなりかねません。こういう場合には素直に申し出を受ける代わりに、答礼でご馳走する場を設けるほうがスムーズな人間関係を築けるでしょう。

UNIT 102 食べ物・食べ方の説明

CD B-19

日本で初めて目にする食べ物やその食べ方について、お客様に説明するフレーズです。特に食べ方は、実際に手を動かしながら説明するとさらにわかりやすくなるでしょう。食事から日本を知っていただくよい機会です。

●食べ物について

料理名や調理法を説明する

□ 739 これは“焼き鳥”といいます。

这 叫 “烤鸡”。
Zhè jiào kǎojī.

ポイント 『烤』は「あぶる、焼く」。有名な中国料理・北京ダック（アヒルの丸焼き）は『北京烤鸭yā』といいます。

□ 740 鶏肉を焼いたものです。

也 就 是 把 鸡肉 烤 了 吃。
Yě jiùshi bǎ jīròu kǎo le chī.

ポイント 『也就是』は「つまり」。言い換えて調理法を説明しています。

□ 741 すき焼きは、牛肉と野菜を一緒に食べます。

吃 寿喜烧，既 吃到 牛肉 又 吃到 蔬菜。
Chī shòuxǐshāo, jì chī dào niúròu yòu chī dào shūcài.

ポイント 『既A又B』は「AでもあればBでもある」。同じ構造の動詞句・形容詞句をつないで、同時に2つの性質・状態を備えていることを表しています。

742 これは“天ぷら”といって、野菜や魚介類などに衣をつけて、油で揚げたものです。

这叫“天妇罗”，是在蔬菜和鱼上
Zhè jiào tiānfùluó, shì zài shūcài hé yú shàng

裹上面，用油炸出来的。
guǒshàng miàn, yòng yóu zhá chūlái de.

ポイント 『裹』は「包む、くるむ、巻く」。『～上』は動作の結果あるものに付着することを示しています。『面』はもともと小麦粉などの粉の意ですが、ここではそこから作った衣のことです。『炸』は「揚げる」。

743 調味料を説明する

“ワサビ”って何ですか。

什么是“绿芥末酱”?
Shénme shì “ lǜ jièmo jiàng ”?

744 とても辛い日本のからしです。

是一种很辣的日式芥末。
Shì yì zhǒng hěn là de Rìshì jièmo.

ポイント 『辣』は「からい」。『日式』は「日本式（の）」。

745 日本の伝統料理

とてもヘルシーな、日本の伝統的料理です。

这是一道脂肪低、有利于健康的日本传统菜。
Zhè shì yí dào zhīfáng dī 、yǒulì yú jiànkāng de Rìběn chuántǒngcài.

ポイント 『道dào』は料理の種類を指す助数詞です。「この料理」なら『这道菜』。もともとは『第3道菜』（3番目に出される料理）など順番を示します。

●食べ方を説明する

□ 746 どうやって食べるのですか。

食べ方

这个 怎么 吃 呢?
Zhège zěnme chī ne?

□ 747 —この天つゆに、こんなふうにつけるだけです。

—象 这样，蘸着 这个 天妇罗汁 吃。
Xiàng zhèyàng, zhànzhe zhège tiānfùluó zhī chī.

ポイント 『像』は「例えば…のような（に）」。実際につけて見せながら話します。『蘸』は「（液体・粉末・のり状のものに）つけて取り出す、さっとつける、まぶす」

□ 748 これは何ですか。

食べ物と食べ方

这 是 什么?
Zhè shì shénme?

□ 749 —大根としょうがをおろしたものです。

—这 是 萝卜泥 和 姜泥。
Zhè shì luóboní hé jiāngní.

【这 是 把 萝卜 和 姜 擦成 了 泥。】
Zhè shì bǎ luóbo hé jiāng cā chéng le ní.

ポイント 『泥』は果物や野菜をすりつぶしたものをさします。『擦』は「（大根などを）すりおろす」。

□ 750 —からいですが、天つゆに入れるとおいしいですよ。

—有点 辣，但 放到 天妇罗汁 里，会 很 好吃。
Yǒudiǎn là, dàn fàng dào tiānfùluó zhī li, huì hěn hǎochī.

ポイント 『放到～里』は「～の中に入れる」。

□ *751* 生卵につけて召し上がってください。

すき焼きの食べ方

蘸着 生 鸡蛋 吃。

Zhànzhe shēng jīdàn chī.

□ *752* しょうゆにワサビを混ぜてください。

調味料の使い方

把 绿芥末酱 放进 酱油 里 搅 一下。

Bǎ lǜ jièmo jiàng fàng jìn jiàngyóu li jiǎo yíxià.

ポイント 『搅』は「かき混ぜる」。

UNIT 103 食べ物・飲み物をすすめる

CD B-20

初めて口にする食事を無理なくお客様にすすめるための表現です。756 以降のフレーズは特に、UNIT100 の場面や立食パーティーなど、幅広く使える表現なのでマスターしておきましょう。

☐ **753** すしを食べたことがありますか。

食べたことがあるかを聞く

您 吃过 寿司 吗?

Nín chīguo shòusī ma?

ポイント 『-过』は「～したことがある」。経験を示します。「すし」は『四喜(饭) sìxǐ(fàn)』と音から訳した言葉もあります。

☐ **754** 試しに召し上がってみてください。

食べたことがないとき

您 试着 尝 一 尝。

Nín shìzhe cháng yi cháng.

ポイント 『试』は「試みる、試す」。『尝』は「味わう、味を見る」。『尝一尝』で「ちょっと食べてみる」となります。

☐ **755** 口に合わないものは、無理に食べなくてもいいですよ。

不 合 口味, 就 不 要 勉强 吃。

Bù hé kǒuwèi, jiù bú yào miǎnqiǎng chī.

ポイント 『合～的口味』☞ *697*。『勉强』は「無理やり、いやいやながら、しぶしぶ」。

☐ **756** もう少しいかがですか。

さらにすすめる

再 来 一点, 怎么样?

Zài lái yìdiǎn, zěnmeyàng?

ポイント 『来』は『吃』(食べる) の代動詞としてよく使われます。

757 お取りいたしましょうか。

取り分けることを申し出る

我 来 给 你 加 吧。
Wǒ lái gěi nǐ jiā ba.

ポイント 『加』は「お皿に料理を加える」・「料理をとって入れる」という意味です。

758 ではごはんを召し上がりますか。

相手が酒類を頼まないとき

那么，来 点 米饭，怎么样?
Nàme, lái diǎn mǐfàn, zěnmeyàng?

ポイント 『米饭』は「ごはん」。『白米饭』ともいいます。

759 食後にお茶をいただきましょうか。

お茶をすすめる(提案)

饭 后 喝 点 茶 吧。
Fàn hòu hē diǎn chá ba.

760 食後にお茶になさいますか。

お茶をすすめる(意向確認)

饭 后 喝 点 茶 吗?
Fàn hòu hē diǎn chá ma?

中国式宴会とは

中国の宴会、とひとくちにいってもそのスタイルはさまざまです。円卓を囲み中華料理のフルコースを食べる正式な宴会、立食パーティー形式、会議を延長させる一環での食事、簡素な茶話会、ホームパーティーなどです。日本の宴会との決定的な違いは、『主人zhǔren』（ホスト）が『客人kèren』（ゲスト）をもてなす最高の社交場であり、その主役はホストである点です。また着席順で、ホスト側・ゲスト側それぞれの序列を示すことにもなるので、着席スタイルの食事の席ではことのほか気配りが必要です。席順を決めるにあたっては、必ず相手側の秘書や窓口部署に依頼して序列を確認し、できれば席順を決めていただくよう依頼できると間違いがありません。

円卓の席順は以下のとおりです。各座席に名札を置けば確実です。

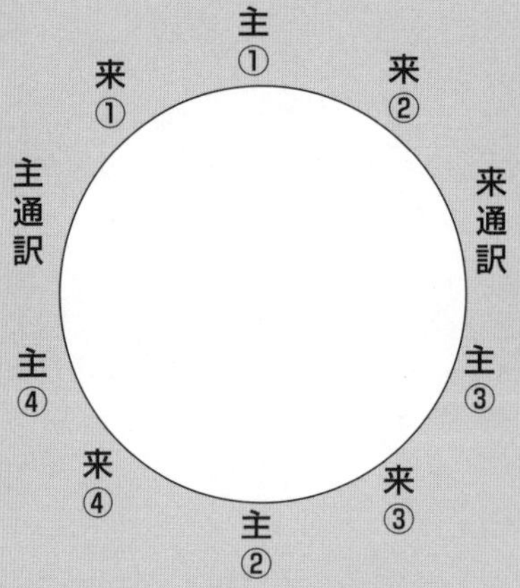

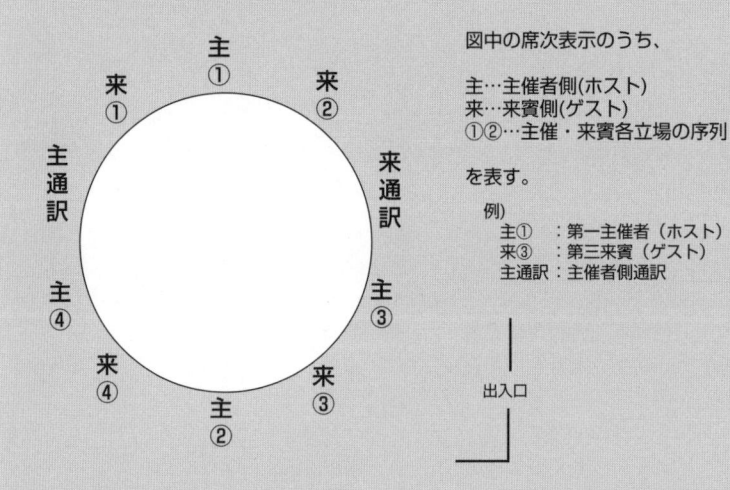

図中の席次表示のうち、

主…主催者側(ホスト)
来…来賓側(ゲスト)
①②…主催・来賓各立場の序列

を表す。

例)
主①　：第一主催者（ホスト）
来③　：第三来賓（ゲスト）
主通訳：主催者側通訳

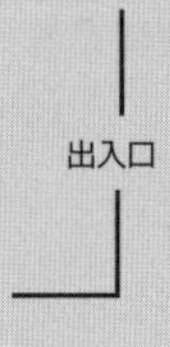

第6章

会議・プレゼンテーションでよく使うフレーズ

6-1 ▶ 会議の準備 212
6-2 ▶ 会議を進める 216
6-3 ▶ まとめと採決 231
6-4 ▶ 会議を締めくくる 234
6-5 ▶ プレゼンテーションの準備 236
6-6 ▶ プレゼンテーションを進める 238
6-7 ▶ プレゼンテーションを締めくくる 244

UNIT 104 会議のセッティング

CD B-21

会議室の予約や議事日程の作成など、開催準備の作業を依頼する場面です。会議の趣旨や日時、依頼内容を正確に伝えられるようにしましょう。依頼された側の準備完了報告も、合わせてマスターしてください。

□ 761 開催準備の依頼

野村さん、会議開催の手はずを調えてもらえませんか。

野村 先生，你 做 一下 会议 的 准备，好 吗？
Yěcūn xiānsheng, nǐ zuò yíxià huìyì de zhǔnbèi, hǎo ma?

□ 762

会議は2時から4時までの予定です。

会议 预定 从 两 点 开到 4 点。
Huìyì yùdìng cóng liǎng diǎn kāi dào sì diǎn.

ポイント 『预定』は「～の予定である」。『开会议』で「会議を開く」。『从～到…』は「～から…まで」。始まりと終わりを言うさまざまな表現に応用できます。

□ 763

会議室をとっておいてください。

请 预订 一下 会议室。
Qǐng yùdìng yíxià huìyìshì.

ポイント 『预订』は「予約する」。

□ 764 議事日程について

出席者に連絡しますが、議事日程はどうしましょうか。

我 要 和 出席 会议 的 人员 进行 联系，
Wǒ yào hé chūxí huìyì de rényuán jìnxíng liánxì,

所以 您 看 会议 日程〈会议 程序〉怎么 办？
suǒyǐ nín kàn huìyì rìchéng <huìyì chéngxù> zěnme bàn?

ポイント 『程序』は「順序、段取り、プログラム」。『怎么办』は「どうしよう」。どのようにしたらよいかをたずねます。

□ *765* ああ、そう、議事日程ですね。それも作って、事前に出席者全員にFAXしてください。

啊，对了。还有 会议 日程 呢。那 你 把 日程 也 做 一下，
Ā, duì le. Háiyǒu huìyì rìchéng ne. Nà nǐ bǎ rìchéng yě zuò yíxià,

事先 传真 给 全体 参加人员。
shìxiān chuánzhēn gěi quántǐ cānjiā rényuán.

ポイント 『还有』は「それから」、「それに」。『传真』は「FAXを送信する」。

□ *766* 開催準備の依頼

野村さん、地区担当マネジャーとの会議を火曜日に開けるよう手はずを調えてもらえませんか。

野村 先生，你 做 一下 准备，把 地区 主管
Yěcūn xiānsheng, nǐ zuò yíxià zhǔnbèi, bǎ dìqū zhǔguǎn

经理 的 会议 安排 在 星期二。
jīnglǐ de huìyì ānpái zài xīngqī 'èr.

ポイント 『主管』は「主管する、担当する」。『经理』は「マネージャー」。

□ *767* 会議の予定確認

月曜の10時に会議を開く手はずを調えてあります。

星期一 上午 10 点 的 会议 都 准备 好 了。
Xīngqīyī shàngwǔ shí diǎn de huìyì dōu zhǔnbèi hǎo le.

□ *768* 2月11日月曜日、午前10時からの会議が予定どおりであることを確認いたします。

我们 确认 2月 11 号〈日〉星期一 上午 10 点
Wǒmen quèrèn èr yuè shíyī hào <rì> xīngqīyī shàngwǔ shí diǎn

开始 的 会议 将 按 预定 计划 召开。
kāishǐ de huìyì jiāng àn yùdìng jìhuà zhàokāi.

ポイント 『按～』は「～どおりに、～に基づいて」。『召开』は「（会議を）召集する、開く」。

UNIT 105 会議への出席を依頼する

CD B-22

参加依頼と出欠確認は会議準備の中でも重要な部分です。ここでも日時・趣旨など会議の情報を正確に伝えた上で、参加や会議での役割を依頼することが大切です。細かい情報はメールなど書面で別途送付するといいでしょう。

□ 769 出席をお願いしたいのですが。

会議への出席依頼

希望 您 能 参加〈出席〉。

Xīwàng nín néng cānjiā <chūxí>.

□ 770 会議は2時間を予定しています。

会议 预计 开 两个 小时。

Huìyì yùjì kāi liǎng ge xiǎoshí.

ポイント 『预计』は「見込みである」。見積もる、予測する動作が後ろにきます。

□ 771 6階の603会議室をとりました。

開催場所

在 6楼 603 会议室 召开。

Zài liù lóu liù líng sān huìyìshì zhàokāi.

ポイント 『在+場所+動詞』で「～で…する」。部屋番号、電話番号、西暦の年号などは数字を1つずつ読みます。このとき「1」は“yāo”と発音します。

□ 772 横田さん、火曜日の会議の進行役をお引き受けいただきたいのですが。

進行役を依頼する

横田 先生，你 能 主持 一下 星期二 的 会议 吗?

Héngtián xiānsheng, nǐ néng zhǔchí yíxià xīngqī 'èr de huìyì ma?

ポイント 『主持』は「司会をする、主宰する」。

□ 773
日程を FAX連絡

後ほど議事日程をFAXしますので、そちらを確認しておいてください。

过 一会儿 我 将 把 会议 日程 传真 给 您，
Guò yíhuìr wǒ jiāng bǎ huìyì rìchéng chuánzhēn gěi nín,

请 您 收到 后 确认 一下。
qǐng nín shōudào hòu quèrèn yíxià.

ポイント 『收到』は「受け取る」。

□ 774
日時・出席依頼

火曜日の午後2時から地区担当マネジャーの会議を開きます。
この会議にぜひ出席してもらいたいのですが、出席できますか。

星期二 下午 两 点 将 召开 地区 主管 经理 的 会议。
Xīngqī 'èr xiàwǔ liǎng diǎn jiāng zhàokāi dìqū zhǔguǎn jīnglǐ de huìyì.

希望 您 能 参加，不 知 您 是否 可以 安排?
Xīwàng nín néng cānjiā, bù zhī nín shìfǒu kěyǐ ānpái?

□ 775
会議日程の変更

4月23日の会議が変更され、4月24日火曜日の午前10時15分から
446号室で開かれることとなりましたのでお知らせします。

预定 4月 23 号 召开 的 会议，将 改 在
Yùdìng sì yuè èrshisān hào zhàokāi de huìyì, jiāng gǎi zài

4月 24 号 星期二 上午 10 点 15 分 召开。
sì yuè èrshisì hào xīngqī 'èr shàngwǔ shí diǎn shíwǔ fēn zhàokāi.

地点 是 446 号 房间。
Dìdiǎn shì sì sì liù hào fángjiān.

ポイント 『改』は「変更する」。『在+時間+動詞』で行われる時間を述べます。日時など具体的な数字が入った情報は、あわてずゆっくりと聞きとりやすい速さで伝える工夫が必要です。『地点』は「場所」。

□ 776
会議の中止

4月23日月曜日開催予定の取締役会がキャンセルされました。

4月 23 号 星期一 预定 召开 的 董事会 被 取消 了。
Sì yuè èrshisān hào xīngqīyī yùdìng zhàokāi de dǒngshìhuì bèi qǔxiāo le.

ポイント 『取消』は「取り消す」。『被』がついて「取り消される」。

UNIT 106 会議を始める

CD B-23

会議の開始を宣言する表現です。参加者の構成・人数・会議の性格などで使い分けてください。議長役は参加者の信頼を得ることが何よりも大切。そのためにも切り出しのひとことはぜひマスターしておきたいですね。

□ 777 それでは始めましょうか。

会議を始める（部署内）

那 我们 现在 开会 吧。
Nà wǒmen xiànzài kāihuì ba.

ポイント『开会』は「会議を開く、会議をする」。

□ 778 よろしいですか。

可以 开始 了 吗?
Kěyǐ kāishǐ le ma?

□ 779 会議に入りましょうか。

会議を始める（一般）

那 我们 开会 吧。
Nà wǒmen kāihuì ba.

□ 780 みなさんおそろいのようですから、始めましょうか。

大家 好像 都 到 齐 了，那 我们 开始 吧。
Dàjiā hǎoxiàng dōu dào qí le, nà wǒmen kāishǐ ba.

ポイント『好像』は「～のようである」。『到齐了』は「到着してそろった」。

☐ 781

会議を始める（正式）

これより会議を正式に始めます。

会议 现在 正式 开始。

Huìyì xiànzài zhèngshì kāishǐ.

☐ 782

お集まりのみなさん、これより会議を開始いたします。

在座 的 各位，现在 会议 开始 了。

Zàizuò de gèwèi, xiànzài huìyì kāishǐ le.

ポイント 『在座』は「在席する、その場にいる」。

☐ 783

議長の自己紹介

私は今回の進行役を務めます横田です。

我 是 这次 会议 的 主持，我 叫 〈姓〉 横田。

Wǒ shì zhècì huìyì de zhǔchí, wǒ jiào <xìng> Héngtián.

ポイント 『主持』は「司会者、進行役」。

UNIT 107 外部参加者を紹介する

CD B-24

会議参加メンバーが互いに初対面の場合には、まず参加者の紹介が大切です。顔見知りが多い中に外部ゲストを招いた場合はなおさらです。ゲストにその役割を期待し、活発な議論を求めるならば、紹介にも気を配りましょう。

□ 784 黄さん、ようこそ。

ゲストを歓迎する

黄　先生，欢迎 您 出席 这次 会议。

Huáng xiānsheng, huānyíng nín chūxí zhècì huìyì.

□ 785 黄さんは上海からお見えになっています。

出身地

黄　先生 是 从 上海 来 的。

Huáng xiānsheng shì cóng Shànghǎi lái de.

ポイント『从～来』は「～から来る」。出身地を紹介するときにも使えます。

□ 786 自己紹介を兼ねてひとことお願いできますか。

あいさつの依頼

黄　先生，请 您 简单地 给 我们 讲 几 句 话，

Huáng xiānsheng, qǐng nín jiǎndān de gěi wǒmen jiǎng jǐ jù huà,

并且 顺便 做 一下 自我 介绍。

bìngqiě shùnbiàn zuò yíxià zìwǒ jièshào.

ポイント『简单地』は「簡単に」。『顺便』は「ついでに」。

□ **787** 最初にみなさんにゲストの黄さんをご紹介いたします。

ゲスト紹介（名　前）

首先 向 大家 介绍 一下 我们 的 嘉宾、黄先生。
Shǒuxiān xiàng dàjiā jièshào yíxià wǒmen de jiābīn、Huáng xiānsheng.

ポイント 『嘉宾』は「来客、ゲスト」。

□ **788** 私どもの中国とブラジルでのパートナーをご紹介したいと思います。

ゲスト紹介（業務関係）

我 想 介绍 一下 我们 在 中国 和 巴西 的 合作 伙伴。
Wǒ xiǎng jièshào yíxià wǒmen zài Zhōngguó hé Bāxī de hézuò huǒbàn.

ポイント 『合作』は「協力する」。『伙伴』は「パートナー」。『合作伙伴』はビジネスパートナーです。

□ **789** 黄さんが今日の会議に出席されるのは、先般経営陣が決めた中国市場進出についてお話しくださるためです。

来場目的

黄 先生 今天 参加 这个 会议，是 为了 给
Huáng xiānsheng jīntiān cānjiā zhège huìyì, shì wèile gěi

我们 讲 一 讲 前段 时间 公司 决定 进入
wǒmen jiǎng yi jiǎng qiánduàn shíjiān gōngsī juédìng jìnrù

中国 市场 的 问题。
Zhōngguó shìchǎng de wèntí.

ポイント 『为了～』は「～のためである」。『段』は一定の長さの時間を数える助数詞。

UNIT 108 会議のテーマを示す

CD B-25

顔合わせが終わったところで、会議の目的をはっきり示しましょう。これは、限りある時間で会議を効率的に進めるためのカギとなり、また、会議の本題に入る合図にもなります。具体的な提示の仕方を身につけましょう。

□ **790** みなさん、議事日程を1部お持ちですか。

テーマを示す前置き

各位，每 人 都 拿到 一份 会议 日程 了 吧?

Gèwèi, měi rén dōu ná dào yí fèn huìyì rìchéng le ba?

ポイント 『拿』は「持って行く、手に取る」。

□ **791** 最初にこの会議の目的を説明させてください。

首先 就 这次 会议的目的 进行 一下 说明。

Shǒuxiān jiù zhècì huìyì de mùdì jìnxíng yíxià shuōmíng.

ポイント 『就』は「～について」。

□ **792** それでは、最初の議題に入りたいと思います。

那么，我们 开始 进入 第一个 议题。

Nàme, wǒmen kāishǐ jìnrù dì yī ge yìtí.

□ **793** 今日集まったのは、最終予算案を検討するためです。

テーマを示す（一般）

我们 今天 在 这里 是 为了 探讨 研究 一下

Wǒmen jīntiān zài zhèli shì wèile tàntǎo yánjiū yíxià

最终 预算 方案。

zuìzhōng yùsuàn fāng'àn.

ポイント 『探讨』は「研究して討議する、詳しく討議する」。

□ 794　今日やりたいのは、最終予算案の検討です。

今天 要 做 的 是 探讨 研究 最终 预算 方案。
Jīntiān yào zuò de shì tàntǎo yánjiū zuìzhōng yùsuàn fāng'àn.

□ 795　本日の会議の目的は、予算の最終案を検討することにあります。

テーマを示す（正式）

今天 的 会议 目的 是 探讨 研究 预算 最终 方案。
Jīntiān de huìyì mùdì shì tàntǎo yánjiū yùsuàn zuìzhōng fāng'àn.

□ 796　基本的には資金調達の問題です。

具体的に議題を示す

基本 问题 是 筹措 资金 的 问题。
Jīběn wèntí shì chóucuò zījīn de wèntí.

ポイント『筹措资金』は「資金を調達する、資金繰りをする」。

□ 797　みなさんのご意見を伺わせていただきたいのですが。

想 请教 一下 大家 的 意见。
Xiǎng qǐngjiào yíxià dàjiā de yìjian.

ポイント『请教』は「教えを請う」。

UNIT 109 意見の交換を促す

CD B-26

議題やテーマを提示できたら、意見を求める呼びかけ方を学習します。まず、意見交換を促すことをめざし、さらに指名して発言を促せるようにしましょう。発言しやすい雰囲気を作れるようになることがこのUNITの目標です。

□ **798** どなたか話を始めてくださいませんか。

発言を促す

哪位 先 开 个 头?

Nǎwèi xiān kāi ge tóu?

ポイント 『哪位』＝『哪一位』は「どなた」。『哪个』(誰)の尊敬表現です。『开头』は「口火を切る、率先してする」。

□ **799** いかがお考えですか。田丸さん?

考えを聞く

田丸 先生, 您 是 怎么 看 的?

Tiánwán xiānsheng, nín shì zěnme kàn de?

ポイント 『怎么看』は「どう思う」。考え方を聞いています。

□ **800** 何か付け足される点はありませんか、浜さん?

補足を求める

滨 先生, 您 有 没有 什么 补充 的?

Bīn xiānsheng, nín yǒu meiyou shénme bǔchōng de?

□ **801** まだ発言なさっていないようですが。

未発言者に

您 还 没有 发言 吧?

Nín hái méiyǒu fāyán ba?

□ **802** 最初の点につき、人事の方の見解をお願いできますか。

部署見解を求める

可以 请 人事 部门 的 人员 谈 一 谈 对 第 一 个

Kěyǐ qǐng rénshì bùmén de rényuán tán yi tán duì dì yī ge

问题 的 看法 吗?

wèntí de kànfǎ ma?

ポイント 『看法』は「考え方、見解」。

□ **803** 藤木さん、遠藤さんのご意見に対して、どうお考えですか。

発言への見解を聞く

藤木 先生, 你 对 远藤 先生 的 意见 是 怎么 看 的?

Téngmù xiānsheng, nǐ duì Yuǎnténg xiānsheng de yìjian shì zěnme kàn de?

□ **804** 横山さん、今の話についてコメントはありませんか。

コメントを求める

横山 先生, 你 能 谈谈 对 刚才 发言 的 看法 吗?

Héngshān xiānsheng, nǐ néng tán tan duì gāngcái fāyán de kànfǎ ma?

ポイント 『刚才』は「たった今、先ほど」。

□ **805** 遠藤さん、このあとをお願いできますか。

远藤 先生, 随后 由 你 发言, 可以 吗?

Yuǎnténg xiānsheng, suíhòu yóu nǐ fāyán, kěyǐ ma?

ポイント 『随后』は「すぐあとで」。

UNIT 110 発言の許可を求める

CD B-27

意見がある、発言したい――そんなときに切り出すひとことを身につけます。発言内容まで中国語で言うのは無理でも、切り出しのひとことは中国語で挑戦したいですね。議長側の応答も議事進行の一環として覚えておきましょう。

□ **806** ちょっと失礼。

発言の許可を求める

对不起。

Duìbuqǐ.

ポイント 発言の許可を求めるために口を挟むことになりますから、そのことを詫びる切り出しをしています。

□ **807** ちょっとよろしいですか。

可以 吗?

Kěyǐ ma?

□ **808** ひとことよろしいでしょうか。

我 可以 说 一、两 句 吗?

Wǒ kěyǐ shuō yī、 liǎng jù ma?

□ **809** 今の点についてコメントさせてください。

コメントする

我 想 就 刚才 的 问题 谈谈 我 的 看法。

Wǒ xiǎng jiù gāngcái de wèntí tán tan wǒ de kànfǎ.

□ **810** 日本語［英語］での発言をお許しください。

他言語での発言許可

请 允许 我 用 日语［英语］发言。
Qǐng yǔnxǔ wǒ yòng Rìyǔ [Yīngyǔ] fāyán.

ポイント 『请允许我～』は「私が～するのを許してください」。『用』は「～を使って、用いて」。

□ **811** 通訳者を通して発言してもよろしいですか。

通訳を通して発言

可以 让 翻译 把 我 的 意思 翻过去 吗?
Kěyǐ ràng fānyì bǎ wǒ de yìsi fānguoqu ma?

ポイント 『翻译』は「通訳者」。「翻訳」は『翻译』といいます。『翻』は「訳す」。

□ **812** はい、どうぞ。

議長が許可を与える

可以，请 讲 吧。
Kěyǐ, qǐng jiǎng ba.

□ **813** 佐藤さん、亀井さんのご意見を最後まで聞きましょう。

発言を制する

佐藤 先生，让 龟井 先生 最后 把 他 的 意见 说完，好 吗?
Zuǒténg xiānsheng, ràng Guījǐng xiānsheng zuìhòu bǎ tā de yìjian shuō wán, hǎo ma?

ポイント 『说完』は「言い終わる」。「最後まで言い終わらせてあげましょう」という言い方をしています。

UNIT 111 発言を整理し、議事を進行する

CD B-28

議論が白熱してくると整理が必要です。発言順を決めたり、議論が横道にそれないようにするための「交通整理」表現を集めました。会議の成否を決めるのは議事進行。ぜひ身につけ、自信を持って議長役を務めましょう。

□ **814** 発言はおひとりずつお願いします。

発言を整理する

请 每 个 人 发表 一下 自己 的 看法。

Qǐng měi ge rén fābiǎo yíxià zìjǐ de kànfǎ.

□ **815** 手短にお願いできますか、橋本さん?

桥本 先生, 你 能 讲 得 简短 一点 吗?

Qiáoběn xiānsheng, nǐ néng jiǎng de jiǎnduǎn yìdiǎn ma?

ポイント 『简短』は「文章または言葉が短い」。『讲得』を前におき、話す状態が簡潔であることを表しています。

□ **816** 本題からそれないようにお願いします。

本題に戻す

希望 (大家) 不 要 离开 主题。

Xīwàng dàjiā bú yào líkāi zhǔtí.

□ **817** 清水さん、今のお三方の発言を日本語でまとめてください。

発言まとめを依頼

清水 先生, 你 把 现在 3 位 先生 的 发言 用 日语 总结 一下。

Qīngshuǐ xiānsheng, nǐ bǎ xiànzài sān wèi xiānsheng de fāyán yòng Rìyǔ zǒngjié yíxià.

ポイント 『总结』は「まとめる、総括する」。

□ **818**

別の機会に

その件は別の機会に譲りませんか。

那件事，我们再另找机会谈吧。

Nà jiàn shì, wǒmen zài lìng zhǎo jīhuì tán ba.

ポイント 『另找机会』は「別に機会を見つける」。

□ **819**

発言しかけた人を助ける

徐さん、何かおっしゃりたかったようですが?

徐先生，你刚才说什么?

Xú xiānsheng, nǐ gāngcái shuō shénme?

ポイント 「先ほど何をおっしゃいましたか」と水を向け、発言しづらい方の発言を促しています。

□ **820**

発言を促す

他にご意見は?関さん?

关先生，你有没有其它意见?

Guān xiānsheng, nǐ yǒu meiyou qítā yìjian?

ポイント 『其他』は「その他の」。

□ **821**

次の議題へ進める

今の点は片づいたと思いますので、次にいきましょうか。

这个问题解决了，那么我们进入下一个吧。

Zhège wèntí jiějué le, nàme wǒmen jìnrù xià yí ge ba.

ポイント 『下一个』は「次の1つ」。ここでは次の議題を言っています。

UNIT 112 発言内容を確認する

CD B-29

せっかくの発言内容が聞きとれない、わからないでは議論に参加できなくなります。そこで発言者に失礼のないように確認する表現をまとめました。議長としても、参加者としても必要なフレーズですので、繰り返し練習しましょう。

□ **822** 何とおっしゃいましたか。

聞きとれなかったとき

您 刚才 说 的 是 什么?

Nín gāngcái shuō de shì shénme?

ポイント 『刚才说的』は「いま言ったこと」。話の内容を聞いています。

□ **823** もう一度お願いできませんか。

您 再 说 一遍, 可以 吗?

Nín zài shuō yíbiàn, kěyǐ ma?

ポイント よく使われるフレーズです。聞こえなかったとき、内容が理解できなかったとき、メモを取りきれなかったときなど、使える場面はさまざまです。

□ **824** 恐縮ですが、聞き漏らしてしまいました。

对不起, 我 没有 听 清。

Duìbuqǐ, wǒ méiyǒu tīng qīng.

ポイント 『听清』=『听清楚』は「はっきり聞こえる」。

□ **825** 恐れ入りますが、最後のところをもう一度お願いできませんか。

对不起, 麻烦 您 再 把 最后 部分 讲 一下。

Duìbuqǐ, máfan nín zài bǎ zuìhòu bùfen jiǎng yíxià.

□ **826** 内容がわからないとき

すみません、わからなくなってしまいました。

对不起，我 不 大 明白 您 的 意思。

Duìbuqǐ, wǒ bú dà míngbai nín de yìsi.

ポイント 『不大』は「あまり～ではない」。『意思』は「（言葉などの）意味、内容」。『您的意思』は「あなたが話した内容」ということです。

□ **827**

恐縮ですが、もう一度お願いできませんか。

麻烦 您 再 说 一遍，可以 吗?

Máfan nín zài shuō yíbiàn, kěyǐ ma?

□ **828** 内容を確かめたいとき

そうしますと、予定どおりに進めたいということですね。

也 就是 说，我们 可以 继续 进行，是 吧?

Yě jiùshi shuō, wǒmen kěyǐ jìxù jìnxíng, shì ba?

ポイント 『是吧』は「そうですね」。念をおす、確認の意味を含んでいます。

UNIT 113 時間を計る

CD B-30

予定時間内で複数の議題を討議する場合など、時間配分が必要になります。会議の冒頭、あるいは合間に、時間配分を伝える表現を学びます。休憩を入れたり、次の議題に移るなど状況判断力も同時に身につけましょう。

□ 829

会議を終える・中断する

ここで終わりにしましょう。

那 这个 议题 就 讲 到 这里 吧。

Nà zhège yìtí jiù jiǎng dào zhèli ba.

ポイント 『讲到这里』は「話すのはここまで」つまり「この議題はここで終わり」の意味です。

□ 830

休憩を入れる

ここで10分間の休憩を取りましょう。

我们 现在 休息 10 分钟。

Wǒmen xiànzài xiūxi shí fēnzhōng.

□ 831

進行説明で休憩を知らせる

第2部のあとに30分の休憩時間があります。

会议 第二轮 之 后 有 30 分钟 的 休息 时间。

Huìyì dì èr lún zhī hòu yǒu sānshí fēnzhōng de xiūxi shíjiān.

ポイント 『轮』は循環する事物や動作をさす助数詞です。『休息』は「休憩する」。

□ 832

時間の配分を伝える

それでは、最後の問題を検討するとして、残り時間は10分ほどになります。

那我们讨论 一下最后一个问题。时间只 剩下 10分钟了。

Nà wǒmen tǎolùn yíxià zuìhòu yí ge wèntí. Shíjiān zhǐ shèngxià shí fēnzhōng le.

ポイント 『讨论』は「討論する・討議する」。『只～』は「ただ～だけ」。『剩下』は「残る、余る」。

□ 833

案件と時間配分を伝える

ご承知のとおり、議事日程上、議案は5件あります。第1号議案のために30分前後は必要かと思います。

众 所周知, 这次会议在 日程 上 有5 个 议案。

Zhòng suǒ zhōuzhī, zhècì huìyì zài rìchéng shàng yǒu wǔ ge yì'àn.

第 一 议案 的 讨论 大概 需要 30 分钟。

Dì yī yì'àn de tǎolùn dàgài xūyào sānshí fēnzhōng.

ポイント 『众所周知』は「周知のとおり」。文頭に使うことが多い言葉です。

UNIT 114 結論をまとめる

CD B-31

議論が尽くされたところで結論を出す場面です。まず議論内容をまとめ、参加者全体で確認し、その上で決定事項・合意内容を説明すればわかりやすくなります。確認すべきテーマをはっきり示すことから始めましょう。

□ **834** まとめの前置き

これまで話されてきたことをまとめましょう。

下面 我 把 会议 内容 总结 一下。

Xiàmian wǒ bǎ huìyì nèiróng zǒngjié yíxià.

ポイント 『下面』は「次に」。進行の節目や話題が変わる場面でよく使われます。『总结』☞ *817*。

□ **835** 決定事項を確認する

では、私たちはプロジェクトの延期ということで合意しました。

我们 在 项目 的 延期 问题 上 达成 了 协议。

Wǒmen zài xiàngmù de yánqī wèntí shàng dáchéng le xiéyì.

ポイント 『项目』は「プロジェクト」。『达成协议』は「合意に達する」。

□ **836**

本日のここでの決定事項は、第1番目には…、第2番目には…、そして最後は…。

今天 在 这里 决定 的 第一个 事项 是 …,

Jīntiān zài zhèli juédìng de dì yī ge shìxiàng shì …,

第二个 是 …, 最后 一个 是 …。

dì èr ge shì …, zuìhòu yí ge shì ….

ポイント 『第一个』『第二个』…『最后一个』と箇条書き方式で伝えると頭の整理がしやすいですね。初めに『一共有五个』(全部で5つです)などと項目数を告げる方法もあります。

□ **837** 継続審議を確認する

最後の議題は次回の継続審議と決まりました。

最后 一个 议题 将 在 下次 会议 上 继续 审议。

Zuìhòu yí ge yìtí jiāng zài xiàcì huìyì shàng jìxù shěnyì.

UNIT 115 採決をする

CD B-32

採決が必要なときの表現を集めました。採決を行う呼びかけができ、賛否を問い、結論を伝えられるようになることが目標です。いずれも決まり文句ですので、そのまま口に出るまで覚え、状況に応じて使い分けましょう。

□ **838** 採決する

この問題につき、決をとりましょう。

下面，对 这 一 问题 进行 表决。
Xiàmian, duì zhè yī wèntí jìnxíng biǎojué.

ポイント 『表决』は「表決する、採決する」。

□ **839**

この件につき正式に採決をしましょう。

让 我们 对 这 一 问题 正式 进行 表决。
Ràng wǒmen duì zhè yī wèntí zhèngshì jìnxíng biǎojué.

□ **840** 賛否を問う（一般）

動議に賛成の方は右手を挙げてください。

同意 这 一 提议 的 人，请 举起 右手。
Tóngyì zhè yī tíyì de rén, qǐng jǔ qǐ yòushǒu.

ポイント 『同意』は「同意する」。『赞成』☞ *844*。『提议』は「提議、提案」。『举手』は「手を挙げる」。

□ **841**

それでは、反対［棄権］の方は挙手をお願いします。

那么，反对［弃权］的 人，请 举手。
Nàme, fǎnduì [qìquán] de rén, qǐng jǔshǒu.

□ **842** 賛成多数が明らかなとき

本案に賛成の方は拍手をお願いします。

赞成 此 议案 的 人，请 鼓掌。
Zànchéng cǐ yì'àn de rén, qǐng gǔzhǎng.

ポイント 『此』は「これ、この」。反『彼』（あれ、あの）。『鼓掌』は「拍手する」。

□ **843** この動議は全会一致で可決されました。

全体 一致 通过 了 此 提议。
Quántǐ yízhì tōngguò le cǐ tíyì.

ポイント 『一致』は「満場一致で」。『通过』は「(議案を) 採択する、可決する」。

□ **844** 本動議に賛成の方は右手を挙げてください。

賛否を問う(正式)

赞成 此 提议 的 人，请 举 右手。
Zànchéng cǐ tíyì de rén, qǐng jǔ yòushǒu.

ポイント 『赞成』は「賛成する」。反『反对』☞ *841*

□ **845** それでは反対の方も同じように挙げてください。

那么 不 同意 的 人 同样 也 请 举起 手。
Nàme bù tóngyì de rén tóngyàng yě qǐng jǔ qǐ shǒu.

ポイント 『同样』は「同じように」。

□ **846** 動議に賛成 [反対] の方の起立を求めます。

赞成 [反对] 提议 的 人，请 站起来。
Zànchéng [Fǎnduì] tíyì de rén, qǐng zhànqǐlái.

ポイント 『站起来』は「立ち上がる、起立する」。

□ **847** 動議は7対5で否決されました。

結果を発表する

提议 以 7 比 5 被 否决 了。
Tíyì yǐ qī bǐ wǔ bèi fǒujué le.

ポイント 『～比…』は「～対…」。試合などの得点の対比でも使われる表現です。

まとめと採決

UNIT 116 会議の終了と次回の予定

CD B-33

会議終了を宣言する場面です。参加者に対し、参加と協力への謝辞を述べるとともに、次回の予定を伝え、場合によっては打診することもできるようにしましょう。終わりよければすべてよし。しっかり締めくくりたいですね。

□ **848** 今日はこれで終わりにしましょう。

終了を告げる

今天 的 会 就 开到 这儿 吧。
Jīntiān de huì jiù kāi dào zhèr ba.

ポイント 『开到这儿』は「会を開くのはここまで」つまり「会はここまでで終わり」ということです。

□ **849** これをもって会議を終了いたします。

終了を告げる（正式）

今天 的 会议 就 到此 结束。
Jīntiān de huìyì jiù dào cǐ jiéshù.

ポイント 『结束』は「終了する」反『开始』（開始する）。『到此结束』は「ここまでで終わりである」。

□ **850** 本日はご出席いただき、ありがとうございました。

谢谢 各位 的 参加。
Xièxie gèwèi de cānjiā.

□ 851 次回の会議は4月28日に開きます。

次回の予定を告げる

下次 会议 将 于 4月 28号 召开。
Xiàcì huìyì jiāng yú sì yuè èrshibā hào zhàokāi.

ポイント 『召开会议』で「会議を開催する」。

□ 852 次回の会議の日程については追って連絡します。

下次 会议 日程 将 随后 联系。
Xiàcì huìyì rìchéng jiāng suíhòu liánxì.

ポイント 『随后』は「（その）あとで、（それに）続いて」。『联系』は「連絡する」。

□ 853 次回の会議に向け、みなさんご都合がいいのはいつですか。

日程の打診

为了 下次 会议 的 召开，我 想 问 一下 大家
Wèile xiàcì huìyì de zhàokāi, wǒ xiǎng wèn yíxià dàjiā

什么 时候 比较 合适？
shénme shíhou bǐjiào héshì?

ポイント 『大家』は「みんな、みなさん」。『各位』（みなさま）は相手への敬意が加わったより丁寧な表現です。『合适』は「ちょうどよい、ぴったりする」。

会議を締めくくる

ミニコラム

○役職について

中国と日本では部署・役職の呼称は一致していません。中国の『**外交部 wàijiāobù**』が日本の「外務省」にあたるなど、中国の『**部 bù**』『**科 kē**』と日本の「部」「課」の組織規模には違いがあります。いちばんよいのは肩書きをそのまま中国語読みすることと、部署の規模を確認して言い添えること。中国の方の役職を日本語で紹介するのも同様です。『**经理 jīnglǐ**』は経理ではなく「マネージャー」。日本でいう課長クラス以上の役職からときには取締役にも使われます。『**项目经理**』は「プロジェクトマネージャー」。その案件専任の肩書きであることが多いです。『**经理**』の位には見極めが必要ですね。

UNIT 117 会場設営を確認する

CD B-34

プレゼンテーション会場の事前確認です。会場規模は適当か、必要な機材や設備は手配できているかなど、会場側や主催側と確認を取ることはプレゼンテーションの成否に直結する大切な準備です。落ち着いて確認しましょう。

□ **854** 事前打ち合わせ

今回のプレゼンテーションの件で打ち合わせをしたいと思います。

我 想 和 您 商量 一下 这次 介绍会 的 事情。
Wǒ xiǎng hé nín shāngliang yíxià zhècì jièshàohuì de shìqing.

ポイント 『商量』は「相談する」。『介绍会』は「プレゼンテーション」。

□ **855**

最初に必要なものについて読み上げましょうか。

首先 把 需要 的 东西 说 一下。
Shǒuxiān bǎ xūyào de dōngxi shuō yíxià.

□ **856** 使用機材

映写用スクリーン、ホワイトボード、マイク、そしてOHPです。

投影屏幕、白板、麦克风 以及 投影 胶片。
Tóuyǐng píngmù、báibǎn、màikèfēng yǐjí tóuyǐng jiāopiàn.

ポイント OHPは英語のまま言う場合もあります。プレゼンテーションでご自身がよく使われる機材の名前を、使う頻度の高い順にひとつずつ覚えていくとよいでしょう。

□ **857**

それでしたらそろっております。

那么 可以 说 是 都 备 齐 了。
Nàme kěyǐ shuō shì dōu bèi qí le.

ポイント 『可以说』は「言ってもよい、言える」。『备齐了』は「準備してそろっている」。

□ **858** 会場

それと会場は50人ぐらい入るセミナー室を用意してありますが、それでよろしいでしょうか。

会场 是 大约 能 容纳 50人 左右 的 洽谈室,
Huìchǎng shì dàyuē néng róngnà wǔshí rén zuǒyòu de qiàtánshì,

您〈你〉看 可以 吗?
nín <nǐ> kàn kěyǐ ma?

ポイント 『容纳』はもともと「(物を容器や運搬具に)しまい入れる、積み込む」。ここでは「(会場に人を)収容する」という意味で使われています。『大约～左右』で「約～」。

□ **859**

機材・設備の確認

プレゼンテーションの機材についてご相談したいのですが。

我 想和您 商量 一下 介绍会 上 使用的 机器。

Wǒ xiǎng hé nín shāngliang yíxià jièshàohuì shàng shǐyòng de jīqì.

□ **860**

今回のプレゼンテーションに向け、用意万端調っているかどうかを確かめておきたいと思います。

我 想 确认 一下 这次 介绍会 是不是 都 准备 妥 了。

Wǒ xiǎng quèrèn yíxià zhècì jièshàohuì shì bu shi dōu zhǔnbèi tuǒ le.

ポイント 『妥』は「（物事が）まとまる、かたづく」。『准备妥了』で「準備ができている」。

□ **861**

ネットへの接続

セミナー室からインターネットへの接続は可能ですか。参加者の方に私どものwebサイトにアクセスしていただきたいのです。

在 洽谈室 能 不 能 上网？ 我们 想 让 参加

Zài qiàtánshì néng bu neng shàngwǎng? Wǒmen xiǎng ràng cānjiā

会议 的 人员 能 上 我们 的 网站。

huìyì de rényuán néng shàng wǒmen de wǎngzhàn.

ポイント 『上网』は「インターネットにアクセスする、ログインする」。『网』は『互联网』（インターネット ☞*103*）のことです。『网站』は「ウェブサイト」。

□ **862**

―― 問題ありませんが、みなさんのノートパソコンにLANカードが組み込まれている必要があります。

—没有 问题。

Méiyǒu wèntí.

但 大家 的 笔记本 电脑 里 要 装 有 LAN卡。

Dàn dàjiā de bǐjìběn diànnǎo li yào zhuāng yǒu LAN kǎ.

ポイント 『笔记本电脑』は「ノートパソコン」。デスクトップ型なら『台式电脑』といいます。『装』は「据え付ける」。

UNIT 118 冒頭のあいさつと自己紹介

CD B-35

プレゼンテーションの導入部です。切り出しのあいさつでは、これからプレゼンテーション開始の合図と、機会を得た喜び・感謝を伝えます。決まり文句として身につけましょう。そのあとに自己紹介を続けます。

□ 863 みなさん、こんにちは。(よろしいでしょうか。)

冒頭のあいさつ

各位，你们 好。(可以 开始 了 吗?)

Gèwèi, nǐmen hǎo. (Kěyǐ kāishǐ le ma?)

□ 864 みなさん、こうした機会にご一緒できて、うれしく思います。

機会を得た喜び

今天 能 有 机会 和 各位 一起 参加 这个 会议,

Jīntiān néng yǒu jīhuì hé gèwèi yìqǐ cānjiā zhège huìyì,

我 感到 非常 高兴。

wǒ gǎndào fēicháng gāoxìng.

ポイント 『机会』は「機会、チャンス」。『感到』は「感じる、思う」。

□ 865 みなさんを私どもの会社にお迎えすることができて、うれしく思います。

今天 能 在 敝公司 迎来 各位, 感到 非常 高兴。

Jīntiān néng zài bì gōngsī yínglái gèwèi, gǎndào fēicháng gāoxìng.

ポイント 『敝公司』は「弊社」。このほか『我(们)公司』(当社) という言い方もあります。

□ 866 この度はお招きにあずかり、ありがとうございます。

招待に対する謝意

非常 感谢 贵公司 的 邀请。

Fēicháng gǎnxiè guì gōngsī de yāoqǐng.

ポイント 『贵公司』は「御社」。『邀请』は「招待 (する)」。

□ 867

自己紹介

私のことをご存じの方もいらっしゃることと思います。

在座 的 各位 中，可能 有 知道 我 的。
Zàizuò de gèwèi zhōng, kěnéng yǒu zhīdao wǒ de.

□ 868

自己紹介をさせていただきます。遠藤貴子と申します。

让 我 做 一下 自我 介绍。我 叫 远藤 贵子。
Ràng wǒ zuò yíxià zìwǒ jièshào. Wǒ jiào Yuǎnténg Guìzǐ.

ポイント 『做自我介绍』は「自己紹介をする」。

□ 869

私、福山隆一と申します。新世紀ラボラトリーズからまいりました。

我 叫 福山 隆一，我 是 新世纪研究所 的。
Wǒ jiào Fúshān Lóngyī, wǒ shì Xīnshìjì Yánjiūsuǒ de.

ポイント 文末には『职员』（職員）が省略されています。

□ 870

より丁寧に感謝を述べる

このプレゼンテーションの機会を頂戴できまして大変感謝しております。

我 非常 感谢 能 有 这样 的 机会 给 各位
Wǒ fēicháng gǎnxiè néng yǒu zhèyàng de jīhuì gěi gèwèi

进行 介绍。
jìnxíng jièshào.

ポイント 『给』は「～のために、～に」。動作・行為の受け手を導いています。

UNIT 119 概要を説明する

CD B-36

導入部ではテーマを示すことが大切です。話そうとする内容を「大きなテーマ→具体的なトピック」の順で示し、時間配分も伝えられるようにするのが目標です。聴衆をいかにひきつけられるか、成否がかかる重要な場面です。

● テーマを示す

□ *871* 本日は当社の新製品についてお話しさせていただきます。

テーマを示す

今天 我 想 就 我 公司 的 新产品 向 大家 进行 一下 介绍。
Jīntiān wǒ xiǎng jiù wǒ gōngsī de xīnchǎnpǐn xiàng dàjiā jìnxíng yíxià jièshào.

ポイント 『新产品』は「新製品」。

□ *872* 本日のプレゼンテーションのテーマは私どものヨーロッパでの事業です。

今天 要 介绍 的 主题 是 我们 的 欧洲 业务。
Jīntiān yào jièshào de zhǔtí shì wǒmen de Ōuzhōu yèwù.

ポイント 『主题』は「テーマ」。

□ *873* 本日は私どもがマーケティング・リサーチにおいてどのようなことをしているかをお話ししたいと思います。

今天 我们 想 就 如何 开展 市场 调查，向 大家 进行 介绍。
Jīntiān wǒmen xiǎng jiù rúhé kāizhǎn shìchǎng diàochá, xiàng dàjiā jìnxíng jièshào.

ポイント 『如何』は「どのように」。『开展』は「展開する」。『向』は「～に向けて」。

●話の構成と時間

□ *874* 3つのポイントに分けて話をさせていただきます。

話の構成を伝える

我 想 分 3个 重点 讲。
Wǒ xiǎng fēn sān ge zhòngdiǎn jiǎng.

ポイント 『分』は「分ける」。『重点』は「重点、ポイント」。

□ **875** 第一に、私どもの業界の沿革を見ていきます。

首先 讲一讲 我们 这 一 行业 的 发展变迁 的 历史〈发展史〉。

Shǒuxiān jiǎng yi jiǎng wǒmen zhè yī hángyè de fāzhǎn biànqiān de lìshǐ <fāzhǎnshǐ>.

ポイント 『首先』は「まず」。『行业』は「業界」。

□ **876** 第二に、私どもの会社の沿革を取り上げます。

第二，讲 一下 我们 公司 的 发展史。

Dì èr, jiǎng yíxià wǒmen gōngsī de fāzhǎnshǐ.

□ **877** そして最後に、私どもがどの方向に行こうとしているのかを説明いたします。

最后 谈 一 谈 我们 将 向 什么 方向 发展。

Zuìhòu tán yi tán wǒmen jiāng xiàng shénme fāngxiàng fāzhǎn.

□ **878** 1時間ほど話をさせていただきます。

所要時間を予告する

我 大概 要 讲 一个 小时 左右。

Wǒ dàgài yào jiǎng yí ge xiǎoshí zuǒyòu.

□ **879** 私どもの会社の沿革、最近の業績、そして見通しについて話をさせていただこうと思っています。

話の要点を伝える

我 想 就 我们 公司 的 发展史、最近 的 成就 以及 今后 的 展望 进行 一下 说明。

Wǒ xiǎng jiù wǒmen gōngsī de fāzhǎnshǐ、zuìjìn de chéngjiù yǐjí jīnhòu de zhǎnwàng jìnxíng yíxià shuōmíng.

ポイント 『成就』は「業績、成果」。『展望』は「展望、見通し」。

UNIT 120 質問を受ける

CD B-37

一方的に話すだけではなく、質問を受けることがお客様の理解をいっそう深めます。ここでは質問を受ける準備がある意思と、いつ質問を受けるかを伝える表現を学びます。答えの切り出し方も合わせてマスターしましょう。

□ **880** ご質問をどうぞ。

質問を受ける

请 大家 提问。
Qǐng dàjiā tíwèn.

ポイント 『提问』は「質問する」。

□ **881** 何かご質問があるようでしたら、途中でも承ります。

質問時間を伝える

如果 有 什么 问题，中途 也 可以 提出来。
Rúguǒ yǒu shénme wèntí, zhōngtú yě kěyǐ tí chūlái.

ポイント 『中途』は「途中」。

□ **882** ご質問がありましたら、いつでも［遠慮なく］おっしゃってください。

如果 有 问题，请 随时［不要客气地］提出来。
Rúguǒ yǒu wèntí, qǐng suíshí [bú yào kèqi de] tí chūlái.

ポイント 『随时』は「随時、いつでも」。『不要客气地』は「遠慮しないで」。質問しやすい雰囲気を作るために欠かせないフレーズです。

☐ **883** ご質問は最後のほうでお願いできればと存じます。

请 在 最后 进行 提问。
Qǐng zài zuìhòu jìnxíng tíwèn.

☐ **884** 講演のあと30分間の質疑応答の時間を設けております。

質問時間の長さ

演讲 之后 将 留出 30分钟 进行 问题 的 解答。
Yǎnjiǎng zhī hòu jiāng liú chū sānshí fēnzhōng jìnxíng wèntí de jiědá.

ポイント『留出（来）』は「特に残しておく、別にとっておく」。

☐ **885** いいご質問ですね。お答えしたいと思います。

質問に答える

您 这个 问题 提得 好。我 想 回答 一下 这个 问题。
Nín zhège wèntí tí de hǎo. Wǒ xiǎng huídá yíxià zhège wèntí.

☐ **886** 即答いたしかねますので、あとでよろしいでしょうか。

即答を避ける

我 不能 马上 回答 您，回头 给 您 答复，可以 吗？
Wǒ bù néng mǎshàng huídá nín, huítóu gěi nín dáfù, kěyǐ ma?

ポイント『回头』は「あとで」。『回答』『答复』ともに「回答する」。

UNIT 121 プレゼンテーションの終了

CD B-38

プレゼンテーションを終えることを告げる表現です。最後まで聞いてくださった聴衆への感謝を忘れずに織り込みます。気持ちが伝わるよう習熟しておきましょう。終了後の案内も、拍手にかき消されないように伝える工夫を。

□ 887　ご静聴ありがとうございました。

終わることを告げる

谢谢 大家。
Xièxie dàjiā.

□ 888　ひとまず今回のテーマについての話をここで終えます。

关于 这个 题目 我 就 先 谈到 这里。
Guānyú zhège tímù wǒ jiù xiān tán dào zhèli.

ポイント 『关于』は「～に関して、～について」。

□ 889　ご静聴に感謝しつつ、今回の話を終えさせていただきます。

感谢 大家 参加，我 的 介绍 就 到 这里。
Gǎnxiè dàjiā cānjiā, wǒ de jièshào jiù dào zhèli.

ポイント 『介绍』は「紹介（する）」。ここでは「プレゼンテーション」の意味で使われています。一般的な「話」なら『(讲) 话(jiǎng)huà』と置き換えます。

□ 890　以上で最新製品についての見通しをとりあげた私の話を終えます。

关于 最新 产品 的 展望，我 就 讲到 这里。
Guānyú zuìxīn chǎnpǐn de zhǎnwàng, wǒ jiù jiǎng dào zhèli.

□ **891** 後ろにデモンストレーションのブースを準備いたします。

終了後の案内

后面 是 我们 为 大家 设置 的 一个 表演间。
Hòumian shì wǒmen wèi dàjiā shèzhì de yí ge biǎoyǎnjiān.

ポイント 『**后面**』は「後ろ」。『**表演间**』は「実演をするための小空間」。展示会のブースなら『**展台** zhǎngtái』といいます。

□ **892** よろしければぜひ立ち寄ってお試しください。

如果 大家 感 兴趣，请 顺便 试 一 试。
Rúguǒ dàjiā gǎn xìngqù, qǐng shùnbiàn shì yi shì.

ポイント 『**感兴趣**』は「興味がある、興味を持つ」。『**顺便**』は「ついでに」。『**试一试**』は「ちょっと試してみる」。

会議に臨む

打ち合わせ・会議は結論を導くためのプロセスの１つです。そのプロセスの通り方にも中国と日本の違いが垣間見えます。

日本では、見解を出し合いながら共通点を見いだし、そこに歩み寄って結論や方向性を出す、というのが一般的ですね。それに対して中国は、それぞれの立場で考え方を徹底的に出し合い、お互いの違いをはっきりさせ、理解をすることによって合意点を見いだすスタイルなのです。討論慣れしている中国の方々にとってはこれが当たり前。文化の違いをしっかり理解したうえで、討論や次章の交渉に臨みましょう。

中国の方が大半の会議・打ち合わせに同席し、意見を求められて「同感です」「いいと思います」とだけ発言していると、我々と本気で話す気がない、と思われ信頼関係にひびが入ります。同意見であることを示すためには、理由・根拠を添えて同意していることを告げる工夫が必要です。

逆に中国の方を招いて会議などをするときには、文化の違いを踏まえ、参加者間のクッション役になれるような舵取りをできると、実りある打ち合わせになることでしょう。

中国語での発言も無理をせず、出だしの決まり文句だけは中国語で、という気持ちからスタートしてはいかがでしょうか。「ここからは日本語(英語)で」(☞*810,811*)と中国語で話すだけでも印象がまったく違います。

第7章

商談・交渉でよく使うフレーズ

7-1 ▶ 入札 248

7-2 ▶ 交渉の準備 254

7-3 ▶ 交渉を始める 256

7-4 ▶ 交渉を終える 268

7-5 ▶ プロジェクトの終了 272

UNIT 122 入札公告・入札条件確認

CD B-39

入札公告に盛り込まれている条項について説明する場面です。公告を見て応札部隊にいち早く伝える役割を担ったときを想定しています。情報を受ける側になっても問い合わせて聞きとれるよう、用語に精通しておきましょう。

□ **893** 入札の番号は0311-A2030240です。

入札公告

招标　编号 是〈为〉0311-A2030240。
Zhāobiāo biānhào shì <wéi> líng sān yāo yāo - A èr líng sān líng èr sì líng.

ポイント 『招标』は「入札（を）募集（する）」。『编号』は「通し番号、整理番号」。『为』は主に書き言葉で『是』（～である）の意味で使われます。入札公告の書面では『为』であることが考えられます。

□ **894** 入札募集企業は河北省機電設備招標公司です。

招标　机构 是〈为〉河北省 机电设备 招标　公司。
Zhāobiāo jīgòu shì <wéi> Héběishěng Jīdiàn Shèbèi Zhāobiāo Gōngsī.

□ **895** 入札対象製品は豆電球の生産ラインです。

招标　产品 名称 是 微型 灯泡 生产线。
Zhāobiāo chǎnpǐn míngchēng shì wēixíng dēngpào shēngchǎnxiàn.

ポイント 『微型』は「小型の、ミニ～」。『生产线』は「生産ライン」。工場見学の説明などでもよく出る単語です。覚えておきましょう。

□ **896** 入札書類の価格は800元または100米ドルです。

入札書類の価格

投标　文件 售价 为 800元人民币 或100美元。
Tóubiāo wénjiàn shòujià wéi bābǎi yuán Rénmínbì huò yìbǎi Měiyuán.

ポイント 『投标』は「応札する」。入札に応募することです。『招标文件』ともいいます。『售价』は「売価、売り値」。『或』は「または、あるいは」。2種類の通貨で販売しているということです。

□ **897** 郵送の場合、国内郵便料金は50元または30米ドルです。

郵便料金

国内 邮寄 50元人民币 或 30美元。
Guónèi yóujì wǔshí yuán Rénmínbì huò sānshí Měiyuán.

ポイント 『邮寄』は「郵送する、郵便で送る」。ここは名詞的用法です。

☐ 898　販売時間は休日を除く午前9時から11時45分、午後2時から4時半です。

入札書類の販売時間

购买　招标　文件　时间是上午9点至11点45分，
Gòumǎi zhāobiāo wénjiàn shíjiān shì shàngwǔ jiǔ diǎn zhì shíyī diǎn sìshiwǔ fēn,

下午　两 点 至 4 点 半。节假日除外。
xiàwǔ liǎng diǎn zhì sì diǎn bàn. Jiéjiàrì chúwài.

ポイント 『至』は『到』（～まで）と同じ意味で使われています。書き言葉だけでなく、話し言葉でも使われます。『节假日』は「祝日・休日」。『节日』（祝日）と『假日』（休日）が合わさった言葉です。

☐ 899　販売場所は上海服装有限公司です。

入札書類の販売場所

购买　招标　文件　地点　是 上海　服装　有限 公司。
Gòumǎi zhāobiāo wénjiàn dìdiǎn shì Shànghǎi Fúzhuāng Yǒuxiàn Gōngsī.

☐ 900　開札時間は8月1日の午前10時です。

開札

开标 时间 为 8月 1 号〈日〉上午10点。
Kāibiāo shíjiān wéi bā yuè yí hào <rì> shàngwǔ shí diǎn.

ポイント 『开标』は「開札する」。入札した箱を開いて札を調べることです。

☐ 901　開札場所は深圳電子集団公司です。

开标 地点 是 深圳 电子集团公司。
Kāibiāo dìdiǎn shì Shēnzhèn Diànzǐ Jítuán Gōngsī.

☐ 902　連絡先はこちらのとおりです。

联系 单位 在 此。
Liánxì dānwèi zài cǐ.

ポイント 『单位』は機関・団体またはこれに属する各部門のことです。官民問わず使え、日本語にはない概念です。

※実際の場面では、入札募集企業、入札書類の販売場所、開札場所は同じであることが多いです。会社名のところに実際の社名を当てはめて活用して下さい。

UNIT 123 応札資料準備

CD B-40

UNIT122とは逆に、応札準備をする立場の表現です。応札の準備をする過程で必要な情報を、現地スタッフや入札募集窓口に問い合わせるときのフレーズを集めました。催促の表現も上手に使えるようにしましょう。

□ **903** 入札書類をなるべく早く入手してください。

応札準備

尽快 把 投标 文件 拿到 手。

Jǐnkuài bǎ tóubiāo wénjiàn ná dào shǒu.

ポイント 『尽快』は「なるべく早く」。『投标文件』☞ *896*。『拿手』は『入手する』。『到』は動作の結果や目的が達成されることを示し、ここでは手にできる状態をさしています。

□ **904** 入札書類は何語ですか。

入札書類の言語

投标 文件 是 什么 语言?

Tóubiāo wénjiàn shì shénme yǔyán?

ポイント 『语言』は「言葉、言語」。使用言語を聞いています。解読不可能・困難な言語であれば早急に翻訳手配が必要になるため、早めにチェックしておくべきことがらです。

□ **905** 仕様(スペック)をなるだけ早く英語に訳してください。

仕様の訳出

请 尽快 把 规格〈规范书〉 翻译成 英文。

Qǐng jǐnkuài bǎ guīgé <guīfànshū> fānyì chéng Yīngwén.

ポイント 『规格』は「(製品の) 規格、スペック」。『把A翻译成B』で「AをBに訳す」。

□ **906** 提出する資料は何語で作成するのですか。

応札使用言語

提交 的 资料 用 什么 语言 写?

Tíjiāo de zīliào yòng shénme yǔyán xiě?

ポイント 『提交』は「(討論や処理が必要な案件・書類などを) 提出する」。*904* に対し、こちらは提出書類に使用する言語を聞いている表現です。

□ **907** 資料は何部必要ですか。

必要部数

需要 几 部 资料?

Xūyào jǐ bù zīliào?

ポイント 『部』は書籍・映画などを種類・セットとして数える助数詞。このほか新聞・書類を数える助数詞として『份』もあります☞ *912*。

□ **908** 公開質疑応答会はありますか。

質疑応答会

有 没有 公开 答疑?

Yǒu meiyou gōngkāi dáyí?

ポイント 『答疑』は「質問に答える」。入札企業が一堂に会して入札に関する疑問点に答えてもらう機会です。

□ **909** 個別打ち合わせの場合、当社の日時はいつですか。

個別打ち合わせ

如果 进行 个别 洽谈 的话,

Rúguǒ jìnxíng gèbié qiàtán de huà,

我们 公司 被 安排 在 什么 时候?

wǒmen gōngsī bèi ānpái zài shénme shíhou?

ポイント 『洽谈』は「(多く商売に関し)折衝する、面談する」。「打ち合わせ」という日本語に対応する中国語です。*908* に対し、入札参加企業ごとに客先が疑問点に答える形式です。

□ **910** 公開質疑応答会の議事録は発行されますか。

議事録の有無

公开 答疑 的 会议 记录 是 不 是 公布?

Gōngkāi dáyí de huìyì jìlù shì bu shi gōngbù?

ポイント 『公布』は「交付する、公表する」。入札募集側が議事録を作成・配布することがあります。万が一質問会に参加できなくても、入手して入札書類作成の大切な資料にします。

□ **911** 入手次第なるべく早く送付してください。

早急に送付を依頼

如果 拿到 了, 就 请 尽快 寄过来。

Rúguǒ ná dào le, jiù qǐng jǐnkuài jìguolai.

ポイント 『寄』=『邮寄』は「郵送する」。

UNIT 124 開札・入札評価

CD B-41

応札資料を持ち込んで開札し、入札評価対象となって評価を受けるところまでをとりあげます。応札準備部隊と入札場所が離れているときには、現地側とのやり取りが頻繁です。問い合わせ・応対の表現をぜひマスターしましょう。

☐ **912** 資料送付・持ち込み

応札書類(プロポーザル)は開札場所に1部持ち込んでください。

请　将 一份 投标 文件 送达 开标 地点。

Qǐng jiāng yí fèn tóubiāo wénjiàn sòngdá kāibiāo dìdiǎn.

ポイント 『将』は『把』(～を)と同じ使い方です。『份』は新聞・書類を数える助数詞です。『开标』☞ *900*。

☐ **913** メール送付

それと同様のものを下記3ヶ所にメール送付してください。

将　同样 内容 用 电子邮件 发到〈传到〉以下 3个 电子信箱。

Jiāng tóngyàng nèiróng yòng diànzi yóujiàn fā dào <chuán dào> yǐxià sān ge diànzi xìnxiāng.

ポイント 『电子邮件』は「電子メール」。「メールを送る」という動詞に『发』や『传』を使います。受信するなら『收shōu』(受け取る)。『电子信箱』は「電子メールのメールボックス」です。☞ P.25 関連語句

☐ **914** 応札書類提出

A社です。プロポーザルを持ってまいりました。

我 是 A公司 的。我 来 提交 投标 文件。

Wǒ shì A gōngsī de. Wǒ lái tíjiāo tóubiāo wénjiàn.

□ ***915*** 開札結果を教えてください。

開札結果

请 告诉 我 开标 结果。

Qǐng gàosu wǒ kāibiāo jiéguǒ.

ポイント 公開入札では札をあけるときに入札価格を読み上げることがあり、これを『**唱标** chàngbiāo』といいます。

□ ***916*** 上位3企業に入り、評価対象になるようです。

已 进入 前 3 家 企业，

Yǐ jìnrù qián sān jiā qǐyè,

有 可能 成为 评价〈评标〉对象。

yǒu kěnéng chéngwéi píngjià <píngbiāo> duìxiàng.

ポイント 『**家**』は家庭・企業・商店などを数える助数詞。『**有可能**』は「可能性がある」。『**成为**』は「～になる」。『**评标**』は「入札評価（をする）」。

□ ***917*** この設備の納入実績資料を要求されています。

入札評価

要求 提供 此 设备 销售 实际 业绩 资料。

Yāoqiú tígōng cǐ shèbèi xiāoshòu shíjì yèjì zīliào.

ポイント 『**销售**』は「販売する」。「納入実績」は「客先に売った実績」という中国語にします。

□ ***918*** 客先から質問状が出ています。

質問状

用户〈客户〉提出 了 问题。

Yònghù <kèhù> tíchū le wèntí.

ポイント 『**用户**』は「使用者、利用者、ユーザー」。『**最终用户**』は「エンドユーザー」。購入窓口が商社であり、実際に使う客先が別であるケースがあり、区別するためよく使われます。『**客户**』☞ *1072*。

UNIT 125 日程を確認・調整する

CD B-42

第2章2-6のアポイント ☞ P.76から続く場面です。交渉日が近づいたら日時に問題ないか確認をしましょう。予定の変更を申し出る場合には、相手の都合に配慮する姿勢を見せる表現をとりあげています。

□ **919** 日程確認

予定どおり4時に御社でということでよろしいでしょうか。

按 原定 计划 4点 在 贵公司 进行 谈判，可以 吗?
Àn yuándìng jìhuà sì diǎn zài guì gōngsī jìnxíng tánpàn, kěyǐ ma?

ポイント 『按』は「～に基づき」類『按照』(～に照らして)。『原定』は「最初に規定（確定）する」。『谈判』は「交渉する、折衝する」類『磋商』(意見を交換する、協議する)。

□ **920**

17日木曜の午前11時にお会いする約束になっているかと存じます。

我 想 我们 约定 17号 星期四 上午 11点 见面〈洽谈〉。
Wǒ xiǎng wǒmen yuēdìng shíqī hào xīngqīsì shàngwǔ shíyī diǎn jiànmiàn <qiàtán>.

ポイント 『约定』は「約束する、前もってとり決める」。

□ **921**

金曜日に予定されているミーティングの確認をしようと思って電話をさし上げました。

我 给 您 打 电话 是 想 确认 一下 预备 星期五 开会 的 事情。
Wǒ gěi nín dǎ diànhuà shì xiǎng quèrèn yíxià yùbèi xīngqīwǔ kāihuì de shìqing.

ポイント 『预备』は「準備する、予定する」。

□ **922** 日程変更

ミーティングを後の日に延期する［繰り上げる］ことはできないものでしょうか。

能 不 能 把 会议 延期［提前］?
Néng bu neng bǎ huìyì yánqī [tíqián]?

□ **923** 火曜日の午前に繰り上げて［午後まで延期して］いただけますか。

能 不 能 把 会议 提前 到 星期二 的 上午

Néng bu neng bǎ huìyì tíqián dào xīngqī'èr de shàngwǔ

［延期 到 下午］？

[yánqī dào xiàwǔ]?

ポイント *922* にさらに具体的な日程を加えた表現です。『到～』は「～まで」。

□ **924** もちろん、ご都合がよろしければの話ですが。

相手を気遣う

当然，如果 您 方便 的话。

Dāngrán, rúguǒ nín fāngbiàn de huà.

□ **925** いろいろご無理を申し上げてしまってすみません。

提出 了 很 多 要求，实在 对不起。

Tíchū le hěn duō yāoqiú, shízài duìbuqǐ.

□ **926** 申し訳ないのですが、金曜の午後ですとこちら側の人間で一部都合のつかない者がおります。それで連絡がとりたかったのです。

对不起，星期五 下午 我们 有些 人 不 大 方便。

Duìbuqǐ, xīngqīwǔ xiàwǔ wǒmen yǒuxiē rén bú dà fāngbiàn.

所以 我 一直 想 和 您 取得 联系。

Suǒyǐ wǒ yìzhí xiǎng hé nín qǔdé liánxì.

ポイント『有些』は「ある一部の」。『一直』は「ずっと～している」。『取得联系』は「連絡をとる」。

UNIT 126 交渉の開始とテーマの確認

CD B-43

交渉の開始を切り出します。開始の宣言ができること、交渉のテーマを示せることを目標とします。UNIT106の会議開始の場面とも通じますが、限られた時間で内容の濃い交渉を進めるためにも大切な導入部分です。

□ **927** はじめましょうか。

交渉を切り出す

我们 开始 吧。

Wǒmen kāishǐ ba.

□ **928** それでは本題に入りましょうか。

那 让 我们 进入 正题 吧。

Nà ràng wǒmen jìnrù zhèngtí ba.

□ **929** みなさん、用意がよろしければ、始めましょうか。

如果 各位 准备 好 了，那 我们 就 开始 吧。

Rúguǒ gèwèi zhǔnbèi hǎo le, nà wǒmen jiù kāishǐ ba.

□ **930** —けっこうです。用意はできております。

—可以。我们 已经 准备 好 了。

Kěyǐ. Wǒmen yǐjing zhǔnbèi hǎo le.

☐ **931** どうぞお話を進めてください。

切り出されたときの回答

那 请 开始 吧。
Nà qǐng kāishǐ ba.

☐ **932** 今回の話し合いで何をめざしたいかと申しますと…。

交渉テーマを確認する

我们 这次 商谈 是 为了…。
Wǒmen zhècì shāngtán shì wèile….

ポイント『商谈』は「話し合いをする、打ち合わせる」。『为了～』は「～のためである」。

☐ **933** 今回の話し合いの目的は、…にあります。

这次 商谈 的 目的 是…。
Zhècì shāngtán de mùdì shì….

ポイント *932*を言い換えた表現です。

☐ **934** ご提案の取引の基本条件についてお話をさせていただけたらと思います。みなさんのお考えをお聞かせください。

我们 想 就 贵方 提出 的 有关 交易 的
Wǒmen xiǎng jiù guìfāng tíchū de yǒuguān jiāoyì de
基础 条件，听 听 您 的 意见。
jīchǔ tiáojiàn, tīng ting nín de yìjian.

ポイント『就』は「～について」。『有关』は「～に関する」。『交易』は「取引、交易」。

UNIT 127 自分の立場を明らかにする

CD B-44

交渉のテーマに対するこちら側の立場を相手に示す表現を習得します。まずは立場を説明する切り出し方の表現を学び、見解を示したり、提案できることをめざします。考えの根拠を説明する出だしの部分も参考にしてください。

□ **935** 私どもの立場はこうです。

主張を切り出す

我们 的 观点 是 这样 的。
Wǒmen de guāndiǎn shì zhèyàng de.

ポイント 『观点』は「見方、見地、観点」。

□ **936** 私どもはこう見ております。

我们 是 这样 看 的。
Wǒmen shì zhèyàng kàn de.

□ **937** 私どもの考えるアプローチはこうです。

我们 考虑 的 办法 是 这样 的。
Wǒmen kǎolǜ de bànfǎ shì zhèyàng de.

ポイント 『办法』は「方法、手段、対策」。『方法fāngfǎ』より、よく使う中国語です。似た発音ですが聞き分けられることをめざしましょう。

□ **938** 理由はこういうことです。

理由を述べる

理由 是 这样 的。
Lǐyóu shì zhèyàng de.

□ **939** もう少し詳しく説明していただけますか。

説明を求める

请 再 详细地 解释 一下，可以 吗?
Qǐng zài xiángxì de jiěshì yíxià, kěyǐ ma?

ポイント 『解释』は「説明する」。日本語の「解釈する」とは違いますので覚えておきましょう。

□ **940** なぜ単価を変えなければならないのですか。

自分の立場を主張する

为 什么 要 改变 单价 呢?
Wèi shénme yào gǎibiàn dānjià ne?

ポイント 『为什么（～呢）?』は「なぜ～なのか」と理由を聞きます。

□ **941** 交渉の余地があるのではないかと信じております。

我 相信 还是 有 交涉 余地 的。
Wǒ xiāngxìn háishi yǒu jiāoshè yúdì de.

ポイント 『相信』は「信じる」。

□ **942** まずは販売代理店契約の検討から始めることをご提案申し上げます。

検討課題の提案

我 建议 先 从 讨论 销售 代理店 合同 开始。
Wǒ jiànyì xiān cóng tǎolùn xiāoshòu dàilǐdiàn hétóng kāishǐ.

ポイント 『合同』は「契約」の最も一般的な単語です。中国語の『契约qìyuē』は不動産売買などの契約をさし、『合同』よりもかたい表現です。代理販売については『代销dàixiāo』『代售』（代理販売をする）という言い方もあります。

UNIT 128 相手の立場をたずねる

CD B-45

UNIT127とは反対に、相手の考え・提案とその根拠をたずねる表現です。丁寧なたずね方を保ちながら、聞きたい要点はしっかり押さえるようにします。UNIT127とともに使えるように覚えておきましょう。

□ *943* 意見を求める

御社のご提案［お考え］を聞かせていただけますか。

请 谈 一 谈 贵公司 的 建议［看法］。

Qǐng tán yi tán guì gōngsī de jiànyì [kànfǎ].

ポイント 『建议』は提案、『看法』は「ものの見方、考え方」。

□ *944*

判断の根拠は何ですか。

各位 根据 什么 进行 判断 呢?

Gèwèi gēnjù shénme jìnxíng pànduàn ne?

ポイント 『根据』は「～に基づく、～を根拠にする」。

□ *945* 主張の根拠をたずねる

どのようにしてそのような判断に至るのでしょうか。

你们 是 通过 什么 得以 如此 判断 的 呢?

Nǐmen shì tōngguò shénme déyǐ rúcǐ pànduàn de ne?

ポイント 『通过』は「～を通じて」。『A得以B』は「AによってBすることができる」。ここでは『通过什么』がAにあたります。『如此』☞ *951*。

□ *946*

この数字の出どころはどこなのでしょうか。

这个 数字 是 出自 什么 地方?

Zhège shùzì shì chūzì shénme dìfang?

ポイント 『出自』は「～から出る」。出典、根拠を示します。『地方』☞ *182*。

□ 947

考えや提案をたずねる

値引き率につきましては、どういったオファーを用意してくださっているのでしょうか。

关于 折扣率，你们 准备 了 什么样 的 报价?

Guānyú zhékòulǜ, nǐmen zhǔnbèi le shénmeyàng de bàojià?

ポイント 『折扣』は「値引きする」。『什么样的』は「どのような」。『报价』は「値段をつける、オファーする」。引き合いに対して価格を提示することです。

□ 948

ディスカウントについてはどういった姿勢で臨んでいらっしゃるのでしょうか。

关于 折扣，你们 是 如何 考虑 的?

Guānyú zhékòu, nǐmen shì rúhé kǎolǜ de?

ポイント 『如何』 ☞ *873*。

□ 949

ディスカウントについてのお考えを聞かせていただけませんか。

能 不 能 谈 一 谈 你们 对 折扣 的 看法?

Néng bu neng tán yi tán nǐmen duì zhékòu de kànfǎ?

UNIT 129 問題点の所在を確認する

CD B-46

交渉を進めると、双方の見解が一致しない点が出てきます。このUNITでは、合意に至らない点を整理するための表現を学びます。双方の対立点を確認し、話し合い継続の意思や対処法を表明できるよう、重要表現を覚えましょう。

□ **950** 問題は納期のようですね。

問題点の所在を確認する

问题 好像 是 交货期。
Wèntí hǎoxiàng shì jiāohuòqī.

ポイント 『问题』☞674。『好像』は「～のようである」。推測を示します。『交货』は「商品を引き渡す、納品する」。『交货期』で「納期」。

□ **951** ―ええ、そのとおりです。

―是，确实 如此。
Shì, quèshí rúcǐ.

ポイント 『确实』は「たしかに」。『如此』は「このようである、そのとおりである」。

□ **952** 当然ですが、できる限り御社のご意向に沿いたいと思います。

我们 当然 想 尽量 满足 贵方 的 要求。
Wǒmen dāngrán xiǎng jǐnliàng mǎnzú guìfāng de yāoqiú.

ポイント 『尽量』は「できるだけ」。『贵方』は「そちらさま」図『我方』(当方、わたしども)。「御社」は『贵公司』ともいえます☞867。『要求』☞674。

□ **953** ただ、もう一度社内で相談してご返事申し上げます。

只是 要 和 公司 商量 一下，才 能 给 您 回信。
Zhǐshì yào hé gōngsī shāngliang yíxià, cái néng gěi nín huíxìn.

ポイント 『只是』は「ただ、だが」。前の文(ここでは952)に重点があり、『只是』以下の文で修正・補足しています。『要～才能…』は「～してこそはじめて…できる」。『回信』は「返事をする」。

☐ **954** 部内で相談してから改めてお話しさせてもらう必要があります。

需要 在 部里 商量 一下，然后 重新 给 您 回复。
Xūyào zài bù li shāngliang yíxià, ránhòu chóngxīn gěi nín huífù.

ポイント 『然后』は「その後」。前に『先』『首先』（まず）で始まる句があり、それを受けて使うことが多いです。『重新』は「改めて」。『回复』は「返答する、返事する」。

☐ **955** この件については改めて話をさせてもらう必要があります。

这 件 事 需要 重新 和 您 谈 一下。
Zhè jiàn shì xūyào chóngxīn hé nín tán yíxià.

ポイント 『这件事』（この件）はよく使われますので、ことがらをさす助数詞『件』を覚えてしまいましょう。

交渉を始める

☐ **956** 合意を見ていない事項の1つとして、まず納期の問題があります。

対立点を確認する

没有 达成 协议 的 问题 之 一 首先 是
Méiyǒu dáchéng xiéyì de wèntí zhī yī shǒuxiān shì

交货期 的 问题。
jiāohuòqī de wèntí.

ポイント 『达成协议』☞*835*。『～之一』は「～の1つ」。『首先』は「まず」。『交货期』☞*950*。

☐ **957** すると、解決を要する最後の問題は、支払い条件ですね。

那么 最后 要 解决 的 问题 就是 支付 条件 了。
Nàme zuìhòu yào jiějué de wèntí jiùshì zhīfù tiáojiàn le.

ポイント 『A就是B』は「AはすなわちBである」。『支付』は「支払う」。支払い条件とは支払い回数・時期・割合・通貨などの方法・条件をさします。

UNIT 130 合意内容を整理する

CD B-47

交渉の結びで大切なのは、交渉で合意した事項の確認です。相手方との合意内容の解釈が一致しているかを確認できるようになるのが狙いです。そのための切り出し方の表現をマスターしましょう。

□ **958** これまでに合意した点を振り返っておきましょう。

合意点を確認する

让 我们 回头 看 一下 双方 达成 协议 的 部分。
Ràng wǒmen huítóu kàn yíxià shuāngfāng dáchéng xiéyì de bùfen.

ポイント 『回头』は「振り返る」。『达成协议』☞ *835*。

□ **959** 本日合意した点を確認しておきましょう。

让 我们 把 今天 双方 达成 协议 的 几点
Ràng wǒmen bǎ jīntiān shuāngfāng dáchéng xiéyì de jǐ diǎn

确认 一下。
quèrèn yíxià.

ポイント 『几点』は「何点か、いくつかの点」。『几』は10までの不定の数をさします。

□ **960** これまで合意した点をざっと見ておきましょうか。

让 我们 简单地 把 达成 协议 的 部分 总结 一下。
Ràng wǒmen jiǎndān de bǎ dáchéng xiéyì de bùfen zǒngjié yíxià.

ポイント 『总结』☞ *817*。

□ **961** 私のメモで確認させてください。

メモで確認

让 我 通过 笔记 确认 一下。
Ràng wǒ tōngguò bǐjì quèrèn yíxià.

ポイント 『通过』☞ *945*。『笔记』は「メモ」。ここでは '交渉記録メモを通じて→メモを使って・よりどころとして' といったニュアンスです。

□ **962** これでよろしいですか。

判断をあおぐ

您 看，这样 可以 吗?
Nín kàn, zhèyàng kěyǐ ma?

ポイント 『您看』は直訳すれば「あなたが思う」。文頭で相手の注意を喚起し、*961*で確認の内容が問題ないか判断を求め、考えを聞いています。

□ **963** —そうですね。／あと1点、次回までの課題があります。

—我 想 可以。／在 下次 商谈 之前 还 有
Wǒ xiǎng kěyǐ. Zài xiàcì shāngtán zhīqián hái yǒu

一个 问题 要 考虑〈研究〉的。
yí ge wèntí yào kǎolǜ <yánjiū> de.

ポイント *962*に対する答えです。『研究』は「検討する」。日本語の「研究」の意味のほかに広がりがあります。『研究一下』で「ちょっと考えてみる、ちょっと問題にしてみる」といった軽い意味にも使われます。

□ **964** 今のところそれで全部ですね。

目前 就 这些 吧。
Mùqián jiù zhèxiē ba.

ポイント 『目前』は「目下のところ、現在」。『这些』は「これら」。同様の場面でよく使われる言い回し、「こういったところ(でしょうか)」という日本語にも対応できる単語ですね。

UNIT 131 次のステップを提示する

CD B-48

交渉が再度行われる場合、締めくくりに次回のテーマを確認することもまた重要です。ここでは次回の話し合い内容を確認するとともに、交渉を前進させる意思を示す表現を学びます。前向きに締めくくることが大切ですね。

□ **965** 次のステップは納期について話し合うことですね。

次のステップを確認する

下一步 是 商量 交货期 的 问题。
Xià yíbù shì shāngliang jiāohuòqī de wèntí.

ポイント 『下一步』は「次の一歩」。'次の段階・ステップ' ということです。『交货期』☞ 950。

□ **966** 次回はまた納品の問題を取り上げましょう。

次回のテーマを確認する

我们 下次 讨论 一下 交货 问题 吧。
Wǒmen xiàcì tǎolùn yíxià jiāohuò wèntí ba.

ポイント 『交货』☞ 950。納品のほか，輸送手段・納品形態などを協議する場合も含まれます。

□ **967** 納期。次回はこれですね。

下次，要 谈 交货期（这一点）了。
Xiàcì, yào tán jiāohuòqī (zhè yìdiǎn) le.

【交货期。下次 要 谈 这 一点 了。】
Jiāohuòqī. Xiàcì yào tán zhè yìdiǎn le.

ポイント 『这一点』は「この点」。これを入れることでテーマがより強調され正確に伝わります。

□ **968** 障害を乗り越えられればと思っています。

希望 我们 能 克服 障碍。
Xīwàng wǒmen néng kèfú zhàng'ài.

ポイント 『希望』は「望む、希望する」。『克服』は「克服する」。『障碍』は「障害、妨げ」。合意に至るための妨げになっている問題をさしています。

□ **969**

次回の日程を確認する

（次回の）会議は来週の木曜日ではいかがでしょうか。

下次 会议 定 在 星期四，怎么样？
Xiàcì huìyì dìng zài xīngqīsì, zěnmeyàng?

ポイント 『定在～』は「～に決める、決まる」。「～」には時間・場所などが入ります。

□ **970**

— それでけっこうです。それでは来週の木曜日に。

—可以。那 我们 下 星期四 再 谈。
Kěyǐ. Nà wǒmen xià xīngqīsì zài tán.

□ **971**

問題点の再確認

ディスカウントについては合意しましたが、納期についてはまだ結論が出ておりません。

我们 在 折扣 问题 上 已 达成 协议，
Wǒmen zài zhékòu wèntí shàng yǐ dáchéng xiéyì,

但是 在 交货期 上 还 没有 结论。
dànshì zài jiāohuòqī shàng hái méiyǒu jiélùn.

□ **972**

この問題については隔たりが大きいようですが、きっと解決策はあると確信しています。

虽然 在 这个 问题 上 我们 之间 的 隔阂
Suīrán zài zhège wèntí shàng wǒmen zhījiān de géhé

比较 大，但 我 相信 会 找到 解决 办法的。
bǐjiào dà, dàn wǒ xiāngxìn huì zhǎo dào jiějué bànfǎ de.

ポイント 『虽然～但（是）…』は「～ですが…」。『隔阂』は「へだたり、みぞ、わだかまり」。『相信』☞ *941*。『找到』は「見つける」。

UNIT 132 交渉を終える① 商談成立

CD B-49

商談がまとまった際の表現です。合意に至ったのは双方歩み寄りの結果。相手方の協力に対し感謝を述べましょう。今後も有意義な議論を尽くせるビジネスパートナーとの関係を大切にする表現です。ぜひマスターしてください。

□ **973** 話がまとまり、うれしく思います。

交渉を終えると切り出す

我们 的 谈判 达成 协议，我 感到 非常 高兴。
Wǒmen de tánpàn dáchéng xiéyì, wǒ gǎndào fēicháng gāoxìng.

ポイント 『谈判』☞ *919*。ここでは名詞用法です。『达成协议』☞ *835*。まずは切り出しで合意に達したことの喜びを伝え、相手と気持ちを分かち合いましょう。

□ **974** お越しくださり、ありがとうございます。

非常 感谢 各位 来 参加 洽谈。
Fēicháng gǎnxiè gèwèi lái cānjiā qiàtán.

ポイント 『洽谈』☞ *909*。

□ **975** おつきあいくださり、ありがとうございます。

感谢 各位 前来 参加 谈判。
Gǎnxiè gèwèi qiánlái cānjiā tánpàn.

□ **976** 有意義な話し合いでした。

相手への感謝を述べる

我们 的 洽谈 非常 有意义。
Wǒmen de qiàtán fēicháng yǒu yìyì.

【我们 进行 了 非常 有意义 的 洽谈。】
Wǒmen jìnxíng le fēicháng yǒu yìyì de qiàtán.

ポイント 『有意义』は「有意義である」。内容の濃い交渉ができたことへの感謝を述べています。

□ **977** それに柔軟に応じてくださった点に感謝しております。

感谢 各位〈您〉灵活 的 对应。
Gănxiè gèwèi <nín> línghuó de duìyìng.

ポイント 『灵活』は「融通が利く、弾力性を持つ」。『对应』は「対応（する）、相応（する）」。

□ **978** 改めてお礼申し上げます。

再次 表示 感谢。
Zàicì biǎoshì gǎnxiè.

ポイント 『再次』は「再度、いま一度」。

□ **979** 合意が調い、ほっとしています。

合意について感謝を述べる

谈判 达成 协议，我 有些 放心 了。
Tánpàn dáchéng xiéyì, wǒ yǒuxiē fàngxīn le.

ポイント 『有些』は「少し、いくらか」。『放心』は「ほっとする、安心する」。

□ **980** 何とか話がまとまり、うれしく思っています。

双方 终于 达成 协议，我 感到 非常 高兴。
Shuāngfāng zhōngyú dáchéng xiéyì, wǒ gǎngdào fēicháng gāoxìng.

ポイント 『终于』は「ついに」。『感到』『非常』☞ 588。

UNIT 133 交渉を終える② 商談見送り

CD B-50

議論の成り行きから合意が難しいと判断したら、協議を打ち切る勇気も必要です。ここでは関係を保ちながら取引を見送る提案の表現をとりあげます。交渉が行き詰まった局面で使うフレーズも章末☞P.276に載せました。ぜひ活用してください。

□ **981** 残念ながらお互いの立場がひどく違っています。

交渉を見送ると述べる

非常 遗憾，我们 之间 的 观点 存在着 很 大 的 分歧。

Fēicháng yíhàn, wǒmen zhījiān de guāndiǎn cúnzàizhe hěn dà de fēnqí.

ポイント 『遗憾』は「遺憾である、残念である」。『观点』☞ *936*。『分歧』は「（思想・記載・意見などの）相違、不一致、ずれ」。

□ **982** その違いをどうしたら解決できるのかも見当もつきません。

如何 解决 这 一 分歧，我们 真 有些 束手 无策。

Rúhé jiějué zhè yī fēnqí, wǒmen zhēn yǒuxiē shùshǒu wúcè.

ポイント 『束手无策』は「手をこまねいてなす術がない」。

□ **983** 残念ながら、これ以上話し合いを続ける意味はないようですね。

很 遗憾，好像 没有 什么 继续 谈下去 的 意义 了 吧。

Hěn yíhàn, hǎoxiàng méiyǒu shénme jìxù tánxiaqu de yìyì le ba.

ポイント 『好像』☞ *950*。『没有～了』は「～がなくなった」。

□ **984** 今は適当な時期ではないということでしょうか。

现在 谈 这个 不 太 适宜 吧。

Xiànzài tán zhège bú tài shìyí ba.

ポイント 『适宜』は「ほどよい、（～に）適する」。

☐ **985** このたびの協議を打ち切ることをご提案申し上げます。

我 建议 我们 的 这次 谈判 就 到此 结束 〈告终〉。
Wǒ jiànyì wǒmen de zhècì tánpàn jiù dào cǐ jiéshù <gàozhōng>.

ポイント 『建议』 ☞ *122*。『告终』は「終わりを告げる」。終了を告げる表現 ☞ *849*。

☐ **986** となると、互いに合意できないという点で合意したということですね。

就是 说，双方 在 未 达成 协议 这 一点 上
Jiùshì shuō, shuāngfāng zài wèi dáchéng xiéyì zhè yìdiǎn shàng

已 达成 一致 了 〈已有 一致 的 认识 了〉。
yǐ dáchéng yízhì le <yǐ yǒu yízhì de rènshi le>.

ポイント 『就是说』 ☞ *61*。『换句话说』（言い換えると）も同じように使われます。

☐ **987** ただ連絡は保ち、状況に応じて何かできないものか見ていきましょう。

让 我们 互相 保持 联系，根据 情况 寻找 解决 办法。
Ràng wǒmen hùxiāng bǎochí liánxì, gēnjù qíngkuàng xúnzhǎo jiějué bànfǎ.

ポイント 『保持』は「保つ」。『寻找』は「さがす」。

☐ **988** おっしゃるとおりです。

您 说 的 太 对 了。
Nín shuō de tài duì le.

ポイント 『您说的』は「あなたのおっしゃること」。『的』で名詞化しており、後ろに『话huà』（話）や『内容nèiróng』（内容）などが省略されています。『太～了』は「たいへん～である」。

☐ **989** 話は別の機会に譲りましょう。

让 我们 另 寻 机会 再 谈 吧。
Ràng wǒmen lìng xún jīhuì zài tán ba.

ポイント 『另』は「別に、ほかに」。『寻(＝找) 机会』は「機会をさがす、機会を見つける」。

UNIT 134 懸案事項の確認

CD B-51

契約を締結・実行に移したプロジェクトも終了局面にさしかかりました。引き渡すにあたって、未解決のことがらを洗い出す作業をします。懸案事項の代表例を覚え、誠実な対応の受け答えができるようマスターしましょう。

□ **990** 本プロジェクトで懸案事項はありませんか。

懸案事項の確認

此 项目 有 没有 尚未 解决〈悬而未决〉的 问题?
Cǐ xiàngmù yǒu meiyou shàngwèi jiějué <xuán ér wèi jué> de wèntí?

ポイント 『此』=『这个』。『项目』 ☞835。『有没有～?』=『有～吗?』(～はあるかどうか、ありますか)。『悬而未决』は「懸案となっていて未解決のままである」。

□ **991** 日本側に修理を依頼した部品がまだ返送されていません。

懸案事項を述べる

请 日方 修理 的 零部件 还 没有 送回来。
Qǐng Rìfāng xiūlǐ de língbùjiàn hái méiyǒu sònghuílái.

ポイント 『日方』は「日本側」。中国側なら『中方』になります。『零部件』は「部品、パーツ」。『零件』(自動車などの部品・パーツ)と『部件』(部品、組み立て材料:いくつかの『零件』からできているもの)の総称です。

□ **992** 修理を依頼してから完了までに時間がかかりすぎます。

从 委托 修理 到 修好,花 的 时间 太 长 了。
Cóng wěituō xiūlǐ dào xiū hǎo, huā de shíjiān tài cháng le.

ポイント 『从～到…』は「～から…まで」。『修好』は「修理を完了する」。『花时间』は「時間を費やす」。『太～了』は「あまりにも～すぎる」。

□ **993** 機器によくトラブルが起き、なかなか正常に操作できません。

设备 经常 发生 问题,难以 正常 操作。
Shèbèi jīngcháng fāshēng wèntí, nányǐ zhèngcháng cāozuò.

ポイント 『经常』は「いつも、しょっちゅう」。『难以～』は「～するのが難しい」。

□ **994** ただ今の件は現状を確認後、1週間以内にご連絡します。

懸案事項への対応

这件事我马上进行确认，一星期以内和您联系。

Zhè jiàn shì wǒ mǎshàng jìnxíng quèrèn, yì xīngqī yǐnèi hé nín liánxì.

ポイント 『一（个）星期以内』は「1週間以内（に）」。

□ **995** 修理品は8月末までにすべて返送を完了します。

8月底我们已将修理品全部送还出去了。

Bā yuè dǐ wǒmen yǐ jiāng xiūlǐpǐn quánbù sònghuánchuqu le.

ポイント 『～月底』は「～月末」。『送还』は「送り返す」。

□ **996** 通信不良は今月末に現地調整の技術者を派遣します。

这个月底我们将派现场调测技术员去解决通信不良的问题。

Zhège yuèdǐ wǒmen jiāng pài xiànchǎng tiáocè jìshùyuán qù jiějué tōngxìn bùliáng de wèntí.

ポイント 『派』は「派遣する」。『调测』は『调试 tiáoshì』（調整する）と『测试 cèshì』（テストする）の合わさった単語です。納入地の現場へ行って貨物を据え付け、正常に作動するよう調整したり、不具合を調整することをさしています。『通信』は「（コンピュータなどで）通信する」☞ *509*。

プロジェクトの終了

UNIT 135 最終引渡し

CD B-52

貨物を最終的に客先に納入する最終引渡しと、ソフト部分も含めた引渡しの最終検収をとりあげます。問題点を覚書にまとめる提案や、調印に至るまでの表現をマスターしてください。参加者全員の笑顔を引き出しましょう。

□ **997** 以上で問題点が明らかになりました。

要点整理

就此 问题 都 已 明确 了。
Jiùcǐ wèntí dōu yǐ míngquè le.

ポイント 『就此』は「これで、ここで」。『已』＝『已经』（すでに）。『明确』は「明らかにする、はっきりさせる」。

□ **998** それでは重要な点を覚書としてまとめましょう。

那么 让 我们 把 关键 的 地方 写进 备忘录 里。
Nàme ràng wǒmen bǎ guānjiàn de dìfang xiě jìn bèiwànglù li.

ポイント 『关键』は「カギ、かなめ、肝心な点」。『写进～里』は「～に書き入れる」。『备忘录』は「覚書、メモランダム」。最終引渡し前だけでなく、交渉の途中段階でも懸案事項・合意点を書面整理する必要があります。

□ **999** 今後のスケジュールも記します。

也 把 今后 的 日程 安排 写进去。
Yě bǎ jīnhòu de rìchéng ānpái xiě jìnqù.

ポイント 『也』は「～も」。『日程安排』は日程のやりくりをした結果、出来上がったスケジュールの意味で使われています。

□ **1000** ではこれで本プロジェクトの貨物最終引渡しが調いました。

署名式

到此 本 项目 的 最终 交货 手续 都 准备 齐 了。

Dào cǐ běn xiàngmù de zuìzhōng jiāohuò shǒuxù dōu zhǔnbèi qí le.

ポイント 『交货』☞*950*。『齐』は「欠けることなく全部揃っている、完備している」。『准备』(準備する)の後ろについて準備した結果の状態を示し、「準備が整った」ことを表します。

□ **1001** それでは李部長、こちらのCertificate(証明書)にサインをお願いします。

下面，请 李 部长 在 证明书 上 签字。

Xiàmian, qǐng Lǐ bùzhǎng zài zhèngmíngshū shàng qiānzì.

ポイント 『请+人+動詞』で「人に〜してもらうように頼む」。『签字』は「署名する」。

□ **1002** 本堂部長、右の日本側の欄にサインをお願いします。

本堂 部长，请 您 在 右面 日方 签字栏 内 签字。

Běntáng bùzhǎng, qǐng nín zài yòumiàn Rìfāng qiānzì lán nèi qiānzì.

□ **1003** これで最終引渡しを無事、終了いたしました。

至此 最终 验收[终验] 手续 都 顺利 地 完成 了。

Zhì cǐ zuìzhōng yànshōu [zhōngyàn] shǒuxù dōu shùnlì de wánchéng le.

ポイント 『至此』は「ここで、これをもって」。『最终验收』は「最終引渡し」☞下欄ミニコラム。『顺利地』は「順調に、スムーズに」。

ミニコラム

○プロジェクトの引渡し

客先に品物(ハードウエア)とそれに伴う技術(ソフトウエア)を売る案件では、品物を納入・据付した時点 ☞*1000* を『**初步验收**』(PAC:Provisional Acceptance)、技術提供完了、すなわちプロジェクト終了時点を『**最终验收**』(FAC:Final Acceptance) といいます。日本ではPAC,FACでとおっています。それぞれの時点で証明書に署名してもらい、代金回収をします。

関連表現

●交渉の棚上げ・ペンディング　行き詰まったときのフレーズ

1. これは国際慣例です。

这 是 国际 惯例。
Zhè shì guójì guànlì.

2. 当社の信用が確かではないということですか。

是 不是 我们 公司 的 资信〈信誉〉不可靠?
Shì bu shì wǒmen gōngsī de zīxìn <xìnyù> bù kěkào?

3. それでは今回は特例で受け入れることとします。

那 我们 这次 就 破例 接受。
Nà wǒmen zhècì jiù pòlì jiēshòu.

4. ケース・バイ・ケースで考えていきましょう。

我们 根据 具体 情况 而 具体 处理 吧。
Wǒmen gēnjù jùtǐ qíngkuàng ér jùtǐ chùlǐ ba.

5. 専門家の貴職に申し上げるまでもないでしょう。

您 是 行家, 就 不容 我 多费 唇舌 了。
Nín shì hángjia, jiù bùróng wǒ duō fèi chúnshé le.

6. 本件はとりあえず棚上げにしておきましょう。

这个 问题 就 暂且 搁 在 一旁〈挂起来〉吧。
Zhège wèntí jiù zànqiě gē zài yìpáng <guàqilai> ba.

7. ある程度貴方のご要望を受け入れてもかまいません。

我们 在 某 种 程度 上 也 可以 接受 贵方 的 要求。
Wǒmen zài mǒu zhǒng chéngdù shàng yě kěyǐ jiēshòu guìfāng de yāoqiú.

8. そうあってほしいと願うばかりです。

但 愿 如此。
Dàn yuàn rúcǐ.

第8章

技術現場でよく使うフレーズ

8-1 ▶ 施設見学 278
8-2 ▶ 立ち会い検査 284
8-3 ▶ 納入品据え付け・現地調整 299

UNIT 136 見学内容を説明する

CD B-53

工場見学を例にとりました。最初に工場に着くまでの時間を利用し、見学内容や順序を説明できるようにしましょう。移動時間が長いときは、ビデオによる説明をご覧いただくのも効果的ですね。

□ **1004** 本日は当社へお越しいただき、まことにありがとうございます。

歓迎のあいさつ

欢迎 各位 今天 光临 我公司。

Huānyíng gèwèi jīntiān guānglín wǒ gōngsī.

ポイント 『欢迎各位』でみなさまを歓迎する→‘みなさまようこそ’これが最低限の歓迎の言葉です。おひとりでお見えなら『欢迎您』ですね。『光临』☞ *655*。『我公司』☞ *528*。

□ **1005** 技術部の伊藤と申します。よろしくお願いします。

自己紹介

我 是 技术部 的 伊藤。请 多 关照。

Wǒ shì jìshùbù de Yīténg. Qǐng duō guānzhào.

ポイント 見学案内の担当者として、まず名乗り出てあいさつする表現です ☞UNIT1 自己紹介。

□ **1006** 本日は工場を2つご覧いただきます。

見学内容の説明

今天 我们 想 带 大家 参观 两个 车间。

Jīntiān wǒmen xiǎng dài dàjiā cānguān liǎng ge chējiān.

ポイント 『带』は「率いる、引き連れる」。『参观』は「見学する、参観する」。『车间』は「作業場、生産現場、仕事場」☞下欄ミニコラム。

□ **1007** 本日はみなさんを2つの工場にご案内いたします。

今天 想 领 大家 参观 两个 车间。

Jīntiān xiǎng lǐng dàjiā cānguān liǎng ge chējiān.

ポイント 『领』は「率いる、引率する」。

ミニコラム

○比べてみよう **『工场』『工厂』『车间』**

『工场』…作業場　主に手工業を行う場所　**『工厂』**…工業生産を行う工場

『车间』…作業現場　製造の一工程、製品生産ライン

□ ***1008*** 1つ目が「リサイクル工場」と呼ばれる工場です。

一个 是 被 我们 叫做 “再生 车间” 的 车间。

Yí ge shì bèi wǒmen jiàozuò “zàishēng chējiān” de chējiān.

ポイント 『被+人+動詞』は「～に…される」。受け身の文で行為者を導きます。『叫做』は「～と呼ばれる、～という」。『再生』は「再生する、リサイクルする」。

□ ***1009*** 2つ目の設備は製版工場です。

第二个 是 制版 车间。

Dì èr ge shì zhìbǎn chējiān.

ポイント 『第二个』は「2番目、2つ目」。***1008***のように『第一个是…』(1番目は…)で紹介を始め、『第二个是…』と同じスタイルで続けると統一感が生まれます。『设备』(設備)は話さなくても十分通じますね ☞***129***。

□ ***1010*** まず最初にリサイクル工場にご案内いたします。

首先 让 我们 去 再生 车间 参观。

Shǒuxiān ràng wǒmen qù zàishēng chējiān cānguān.

ポイント 『首先』は「まず」。このあとに『其次』(その次に)、『然后』(それから)、『最后』(最後に)などが続きます。☞***1034～1036,1038***。『参观』☞***1006***。

□ ***1011*** 工場到着まで説明ビデオをご覧ください。

移動時間の活用

在 到达 车间 之前 我们 先 看 一下 录像 讲解。

Zài dàodá chējiān zhīqián wǒmen xiān kàn yíxià lùxiàng jiǎngjiě.

ポイント 『到达』は「到着する」。『之前』は「～の前に」。話しているこのときと工場到着時点との間の時間をさしています。『先』☞ ***20***。『录像』は「ビデオ」。『讲解』は「解説する、説明する」。

□ ***1012*** 本日ご案内いたしますのはリサイクル工場と製版工場です。

今天 大家 将要 参观 的 是 再生 车间 和 制版 车间。

Jīntiān dàjiā jiāngyào cānguān de shì zàishēng chējiān hé zhìbǎn chējiān.

ポイント 『大家』☞ ***852***。『将要』は「まもなく～しようとする」。「みなさんがこれから見学されるのは～」という文型です。***1006～1009***の内容を1文で表しています。

UNIT 137 見学① 工場到着・移動

CD B-54

移動に使った車を降りて工場へ向かうときや、場内に入るときにかけるとっさのひとことを集めています。次の見学先へ移動する際などに、ねぎらいの言葉をさりげなくかけられるよう、自然に口にできるまで練習しましょう。

□ 1013 リサイクル工場に到着しました。

工場到着

我们 到 再生 车间 了。

Wǒmen dào zàishēng chējiān le.

ポイント 『到＋場所＋了』は「～に到着した」。随行案内のときには到着を告げるフレーズは頻出・必須です。

□ 1014 工場見学のあとにビデオの続きをご覧いただきます。

参观 后 请 大家 再 接着 看 录像。

Cānguān hòu qǐng dàjiā zài jiēzhe kàn lùxiàng.

ポイント 『接着』は「続けて、そのまま」。‘工場見学前に見ていた説明ビデオを続きから見ていただく’ ということです。

□ 1015 貴重品は必ず身につけてください。

見学の注意事項

请 务必 将 贵重 物品 携带 在 身上。

Qǐng wùbì jiāng guìzhòng wùpǐn xiédài zài shēnshang.

ポイント 『务必』は「ぜひ、必ず、きっと～しなければならない」。『贵重物品』は「貴重品」。『携带』は「携帯する、持ち歩く」。中国語の『携带』は人・物どちらも対象にします。『身上』は「手もと（に携帯する）」。

□ 1016 工場内での写真撮影はご遠慮ください。

车间 内 禁止 摄影。

Chējiān nèi jìnzhǐ shèyǐng.

ポイント 『禁止』は「禁止する」。『摄影』は「写真をとる、撮影する」。「ビデオを撮影する」のは『录像』です ☞ 1011。

□ **1017** ガラス越しに工場の設備がご覧いただけると思います。

見学中の説明

大家 可以 隔着 玻璃 观看 车间 的 设备。

Dàjiā kěyǐ gézhe bōli guānkàn chējiān de shèbèi.

ポイント 『隔着』は「隔てている」。『玻璃』は「ガラス」。『观看』は「観覧する、観察する」。

□ **1018** みなさんお疲れさまでした。

大家 辛苦 了。

Dàjiā xīnkǔ le.

ポイント 『辛苦了』は「ご苦労さま」。あいさつの決まり文句です。☞ *26*

□ **1019** 続いて製版工場に向かいます。

下面 我们 接着 去 制版 车间。

Xiàmian wǒmen jiēzhe qù zhìbǎn chējiān.

ポイント 『接着』☞ *1014*。

□ **1020** 貴重品は必ず身につけて工場に行っていただきますようお願いします。

注意事項

请 一定 带 好 贵重 物品，然后 去 车间 参观。

Qǐng yídìng dài hǎo guìzhòng wùpǐn, ránhòu qù chējiān cānguān.

ポイント 『動詞+好』は「～し終わる」。『带』（携帯する、持つ）という動作が満足できる状態まで行えていることを示します。「（落とさないように）しっかり身につける」にあたる中国語ですね。

ミニコラム

〇移動時間の活用

見学場所を移動する時間を利用し、バス内で見学場所を紹介するビデオをお見せするのもいいでしょう（*1011, 1014*）。また、移動時間が長い場合は、車窓から観光案内する備えもしたいですね。

UNIT 138 見学② 場内注意・見学終了

CD B-55

安全のために工場内で見学者に注意を喚起できるようにします。また、見学を終えるときに参加者に感謝し、気持ちよく見学を締めくくるための表現も学習します。内容説明以外の気遣いの表現を、ぜひマスターしましょう。

場内での注意事項

□ **1021** 気をつけてください。

请 大家 小心。
Qǐng dàjiā xiǎoxīn.

ポイント 『小心』は「注意する、気をつける」。

□ **1022** 場内は暗くなっています。[滑りやすくなっております。]

车间 里 比较 暗 [有些 滑]。
Chējiān li bǐjiào àn [yǒuxiē huá].

ポイント 『暗』は「暗い」。『有些』☞ *979*。『滑』は「つるつるしている」。

□ **1023** 足元にお気をつけください。

请 大家 注意 脚下。
Qǐng dàjiā zhùyì jiǎoxià.

ポイント 『注意』は「注意する」☞ *1021*『小心』。『脚下』は「足元」。

□ **1024** ここから階段を上り[下り]ます。

在 这儿 上 [下] 台阶。
Zài zhèr shàng [xià] táijiē.

ポイント 『台阶』は「踏み段」。『上』は「上る」、『下』は「下りる」です。

☐ **1025** 冷たい飲み物をご用意しております。

見学者への配慮

我们 为 大家 准备 了 一些 冷饮。

Wǒmen wèi dàjiā zhǔnbèi le yìxiē lěngyǐn.

ポイント 『冷饮』は「清涼飲料」。サイダー、ジュースなどをさします。

☐ **1026** 本日は工場見学にご参加いただき、まことにありがとうございました。

来場御礼

感谢 各位 今天 来 我 工厂 参观。

Gǎnxiè gèwèi jīntiān lái wǒ gōngchǎng cānguān.

ポイント 『我工厂』は「当工場」。『我们工厂』『我厂』ということもあります。

☐ **1027** またのご来場をお待ち申し上げております。

盼望 大家 能 再次 来访。

Pànwàng dàjiā néng zàicì láifǎng.

ポイント 『盼望』は「待ち望む、切に希望する」。『再次』は「再度、もう一度」。『来访』は「訪ねてくる、来訪する」。

☐ **1028** 場内は暗くなっておりますので、足元にお気をつけください。

場内での注意事項

车间 里 比较 暗，请 大家 注意 脚下。

Chējiān li bǐjiào àn, qǐng dàjiā zhùyì jiǎoxià.

ポイント ***1023, 1024*** を合わせた表現です。「～ので」にこだわらず、2つの情報を並べて話せば、意味合いが伝わります☞ ***1023, 1024***。

UNIT 139 進行を確認する

CD B-56

納入する商品が契約したとおりの品か、出荷する工場で見て確認してもらうのが立会い検査です。検査の進行手順を事前、あるいは検査の冒頭で確認するための表現を学びます。順序を示す表現は幅広く応用できます。

●事前打ち合わせ

□ **1029** 立ち会い検査の進行手順について打ち合わせを行いたいと思います。

事前打ち合わせ

我想 就出厂检验的程序和您 商量一下。

Wǒ xiǎng jiù chūchǎng jiǎnyàn de chéngxù hé nín shāngliang yíxià.

ポイント 『出厂检验』は「立ち会い検査」。工場からの出荷（＝『出厂』）前に行われる検査です。『检验』は「検査する、検証する」。『程序』は「順序、手順」。『商量』☞855。

□ **1030** 各検査の時間配分はいかがいたしましょうか。

各项 检验 时间 怎样 安排?

Gè xiàng jiǎnyàn shíjiān zěnyàng ānpái?

ポイント 『项』は項目を表す助数詞。『怎样+動詞』は「どう、どのように」。方法を聞く表現です。ここでは具体的な時間配分を聞いています。

●検査開始

進行手順の説明例を示しています。説明順序例として接続詞の使い方を参考にして下さい。

□ **1031** では検査を始めます。

検査開始

下面 开始 检验。

Xiàmian kāishǐ jiǎnyàn.

ポイント 『下面』（これから）で関係者の注意をひきつけ、開始を宣言します。『检验』を置き換えればどんな始まりの言葉にもなります。

□ **1032** これより出荷前立ち会い検査を行いたいと思います。

下面 进行 出厂 检验。

Xiàmian jìnxíng chūchǎng jiǎnyàn.

ポイント *1031*と同内容ですが、これから行うことを告げるフレーズです。行う内容が変わる節目ごとにも使える表現です。ここでの『检验』は名詞化し、『进行+名詞』で「～を行う」。

☐ **1033** では本日の予定についてご説明申し上げます。

検査内容の説明

下面 解释 一下 今天 的 安排。
Xiàmian jiěshì yíxià jīntiān de ānpái.

ポイント 『解释』☞ *939*。『安排』は「スケジュールを調整する」という動詞から転じて「（調整した）スケジュール」を意味する名詞で使われています。☞ *999*『日程安排』。

☐ **1034** まず最初に納入機器の確認をお願いします。

首先 确认 一下 所 购买〈采购〉的 设备。
Shǒuxiān quèrèn yíxià suǒ gòumǎi <cǎigòu> de shèbèi.

ポイント 『首先』☞ *1010*。話者からすれば「納入」ですが、ここは聞き手＝客先側から見た表現で『购买』（購入する）を使っています。『所＋動詞＋的』で「～するところの（もの）」。名詞を修飾します ☞ *1039*。

☐ **1035** 次に試験の対象機器を選んでいただきます。

然后 选择 测试 的 设备。
Ránhòu xuǎnzé cèshì de shèbèi.

ポイント 『然后』☞ *1010*。『选择』は「選ぶ」。『测试』は「テストする」。機械・計器などのほか、人の知識・技能などをテストする場合にも用いられます。

☐ **1036** その後、試験方法を双方で確認します。

之后，双方 确认 测试 方法。
Zhīhòu, shuāngfāng quèrèn cèshì fāngfǎ.

ポイント 『之后』は「その後」。文頭に使ったときには、前文で言ったことがらのあとをさします。

☐ **1037** 試験時間は3日間、月曜日には終了予定です。

検査期間の説明

测试 时间 为 3天。计划 星期一 完成 测试。
Cèshì shíjiān wéi sān tiān. Jìhuà xīngqīyī wánchéng cèshì.

ポイント 『为』＝『是』。『天』は「一昼夜、日」。『数字＋天』で「～日間」。『计划』は「計画する、～の予定である」。

☐ **1038** 最後に来週から実施予定の試験内容を打ち合わせたいと思います。

補足事項を述べる

最后 商量 一下 下星期 要 进行 的 测试 内容。
Zuìhòu shāngliang yíxià xià xīngqī yào jìnxíng de cèshì nèiróng.

ポイント 『最后』☞ *129*。『商量』☞ *854*。『下星期』☞ *30*。『要』＝『将要』☞ *1012*。事前打ち合わせはスムーズな進行のために不可欠ですね。

UNIT 140 納入機器の確認

CD B-57

納入予定の機器が契約どおりのものか、契約のリストに沿ってひとつずつ確認していく場面です。客先にわかりやすく説明するよう努めましょう。決まり文句として覚えてしまえば、落ち着いて対処できるはずです。

□ **1039** 機器を確認してください。

納入機器の確認

请 确认 一下 设备。
Qǐng quèrèn yíxià shèbèi.

ポイント 相手に確認を求める表現はさまざまな場面で応用できます。『请』(どうぞ～して下さい)をつけて丁寧に話します。『确认』は「確認する」。

□ **1040** 御社にこのたび納入予定の全装置です。

这 是 贵公司 此次 将 购买 的 全部 设备。
Zhè shì guì gōngsī cǐ cì jiāng gòumǎi de quánbù shèbèi.

ポイント 『此次』＝『这次』は「今回」。『全部』は「全部の、全～」。

□ **1041** 機器リストはこちらです。

这 是 设备 清单。
Zhè shì shèbèi qīngdān.

ポイント 『清单』は「明細書、目録」。『～单』で「～リスト」という単語を作ります。

□ **1042** こちらがITEM1です。

这个 设备 是 ITEM 〈清单 序号〉 1。
Zhège shèbèi shì ITEM <qīngdān xùhào> yī.

ポイント 『序号』は順序を示す番号。上から1, 2, 3とつけた‘整理番号’というニュアンスでItem Noにあたります。リストに英語がそのまま載っている場合も多く、英語で言うこともあります。

□ ***1043*** ITEM5.5は中国国内調達になります。

ITEM〈序号〉5.5 要 在 中国 国内 采购。
ITEM <xùhào> wǔ diǎn wǔ yào zài Zhōngguó guónèi cǎigòu .

ポイント 『采购』は「(官庁や企業が) 購入する、買い付ける、仕入れる」。『筹备chóubèi』は「準備する」。一時的に借りてきて準備する「調達」はこちらを使います。

□ ***1044*** これで全アイテムをご確認いただけたと思います。

我 想 各位 对 所有 设备 都 确认 完 了。
Wǒ xiǎng gèwèi duì suǒyǒu shèbèi dōu quèrèn wán le.

ポイント 『所有』は「あらゆる、すべての」。名詞を修飾します。『動詞+完了』は「～し終わる」。

□ ***1045*** よろしいでしょうか。

没有 问题 吧。
Méiyǒu wèntí ba.

ポイント 『吧』は相手に同意を求める確認のニュアンスを表します。

□ ***1046*** 機器リストに沿って納入機器の確認をお願いします。

请 各位 根据 设备 清单 确认 所 购买 的 设备。
Qǐng gèwèi gēnjù shèbèi qīngdān quèrèn suǒ gòumǎi de shèbèi.

ポイント 『根据』☞ *944*。確認を求める表現 ☞ *1039*。

UNIT 141 温度特性試験

CD B-58

納入する機器が決められた温度の範囲で正常に動作するかを確認する試験です。試験対象装置の選定や、試験温度範囲の確認といった試験開始前に必要な表現と、試験終了後に結果を客先に提示する表現を学習します。

□ **1047** 試験装置を選んでください。

装置を選定する

请 选择 测试 设备。
Qǐng xuǎnzé cèshì shèbèi.

ポイント 『选择』『测试』☞ *1035*。全装置を試験していられないので、装置を選んでサンプル試験します。

□ **1048** この中でどの装置を試験対象装置にされますか。

在 这些 设备 中，您 想 选择 哪个 作为 测试 呢？
Zài zhèxiē shèbèi zhōng, nín xiǎng xuǎnzé nǎge zuòwéi cèshì ne?

ポイント 『哪个』は「どれ」。『作为』は「～とする」。丁寧な表現法です。

□ **1049** それでは試験方法を確認させてください。

試験方法の確認

下面 让 我们 确认 一下 测试 方法。
Xiàmian ràng wǒmen quèrèn yíxià cèshì fāngfǎ.

□ **1050** 当社が保証しております温度の範囲は0℃から50℃でございます。

保証条件の説明

我 公司 保证 的 温度 范围 是
Wǒ gōngsī bǎozhèng de wēndù fànwéi shì
从 0 摄氏度 到 50 摄氏度。
cóng líng shèshì dù dào wǔshí shèshì dù.

ポイント 『保证』は「間違いがないと請け合う」。『保障』は「危険や侵犯から守る、保護する」という意味。違いに注意しましょう。『从～到…』は「～から…まで」。『～摄氏度』は「摂氏～℃」。

□ 1051 契約書に添付した技術資料のとおりです。

这 和 合同 所 附 的 技术 资料 内容 相同。

Zhè hé hétóng suǒ fù de jìshù zīliào nèiróng xiāngtóng.

ポイント 『所+動詞+的』☞1034。『附』は「つけ加える」。『相同』は「同じである」。

□ 1052 試験範囲の確認

試験を行う範囲も当社の保証範囲でよろしいですね？

测试 范围 也 和 我 公司 的 保证 范围 相同，

Cèshì fànwéi yě hé wǒ gōngsī de bǎozhèng fànwéi xiāngtóng,

这样 可以 吗?

zhèyàng kěyǐ ma?

□ 1053 — けっこうです。

—可以。

Kěyǐ.

□ 1054 保証範囲外のとき

— 納入地の環境条件に合わせ、マイナス20℃から50℃の範囲を試験したいです。

—根据 设备 使用地 的 环境 条件，我们 想 在 零下 20 摄氏度 到 零上 50 摄氏度 之间 进行 测试。

Gēnjù shèbèi shǐyòngdì de huánjìng tiáojiàn, wǒmen xiǎng zài língxià èrshí shèshì dù dào líng shàng wǔshí shèshì dù zhījiān jìnxíng cèshì.

ポイント 『零下』は「零下、マイナス～℃」。『零上』は「0℃より上、プラス」。このように『零下』と対比するときには使いますが、通常は言いません。

□ 1055 湿度は60%でお願いします。

湿度 请 调 到 百分之六十。

Shīdù qǐng tiáo dào bǎi fēn zhī liùshí.

ポイント 『百分之～』は「百分の～、～%」。

□ *1056* 次に試験対象機器の数量・タイプをチェックしていただきます。

試験対象機器の確認

下面 请 确认 一下 测试 设备 的 数量 和 类型。

Xiàmian qǐng quèrèn yíxià cèshì shèbèi de shùliàng hé lèixíng.

ポイント 『数量』は「数量」。『类型』は「種類、タイプ」。

□ *1057* ―確かに間違いありません。／ITEM1の型番が違います。

―没有 问题。／ITEM〈序号〉1的 型号 不对。

Méiyǒu wèntí. ITEM <Xùhào> yī de xínghào bú duì.

ポイント 『型号』は「（機械・農具などの）規格とサイズ」。『不对』は「誤りである、間違っている」。

□ *1058* それでは本日午後より3日間、試験を行います。

試験期間

从 今天 下午 开始 将 进行 为期 3天 的 测试。

Cóng jīntiān xiàwǔ kāishǐ jiāng jìnxíng wéiqī sān tiān de cèshì.

ポイント 『为期』は「～を期間・期限とする」。

□ *1059* 温度・湿度変化による結露を防ぐため、ゆっくりと条件を変化させます。

試験方法

为了 防止 温度 和 湿度 的 变化 引起 结露，

Wèile fángzhǐ wēndù hé shīdù de biànhuà yǐnqǐ jiélù,

我们 将 慢慢 改变 测试 条件。

wǒmen jiāng mànmàn gǎibiàn cèshì tiáojiàn.

ポイント 『为了』☞ *529*。『防止』は「防止する」。『引起』は「引き起こす」。『慢慢』は「ゆっくりと」。『改变』は「変える」。

●試験終了

□ ***1060*** 試験は先ほど終了いたしました。

試験終了

测试 刚 结束。

Cèshì gāng jiéshù.

ポイント 『刚』☞ *11*。『结束』☞ *850*。

□ ***1061*** こちらが3日間の試験データでございます。

データ提示

这 是 3 天 的 测试 数据。

Zhè shì sān tiān de cèshì shùjù.

ポイント 『数据』は「データ」。

□ ***1062*** 温度・湿度の変化による不具合は起きておりません。

結果説明

温度 和 湿度 的 变化 没有 引起

Wēndù hé shīdù de biànhuà méiyǒu yǐnqǐ

什么 不良 情况 发生。

shénme bùliáng qíngkuàng fāshēng.

ポイント 『不良』は「よくない」。『不良情况』で「よくない状態」。

□ ***1063*** ― 温度特性に問題はありません。よろしいでしょう。

試験終了の確認

―在 温度 特性 上 没有 问题。

Zài wēndù tèxìng shàng méiyǒu wèntí.

我 想 这个 可以 通过 了。

Wǒ xiǎng zhège kěyǐ tōngguò le.

ポイント 『通过』は「（関係する人や組織の）同意・承認を得る」。

UNIT 142 単体試験

CD B-59

1つの装置として正常に動くかをテストする場面です。時間の制約がある中でいかに客先の満足のいく試験をするかがカギです。打ち合わせどおりに進むとも限りません。当日変更の対応も含めたフレーズをマスターしましょう。

1064 ではこれより単体試験に入ります。

単体試験の開始

下面 进行 单机 测试。

Xiàmian jìnxíng dānjī cèshì.

ポイント 『单机』は「単一の機器、機器単体」。

1065 今回は3タイプの装置があります。

単体試験の説明

这是 3种 类型 的 设备。

Zhè shì sān zhǒng lèixíng de shèbèi.

ポイント 『这次』は「今回」。今回納入する貨物＜機器＞という意味で、ほかに『这批货＜设备＞zhè pī huò＜shèbèi＞』という言い方もできます。『批』はまとまった数量の物品などを数える助数詞で「ロット」にあたります。

1066 こちらが各装置について試験を行ったデータです。

这是 对 每 一 设备 进行 的 测试 数据。

Zhè shì duì měi yī shèbèi jìnxíng de cèshì shùjù.

ポイント 『对』は「〜に対して」。『每一+名詞』は「一つ一つ（の）、それぞれ（の）」。『数据』☞*1061*。

1067 ここで全タイプについて試験を行いますか。

試験対象

要不要 对 所有 类型 设备 都 进行 测试?

Yào bu yao duì suǒyǒu lèixíng shèbèi dōu jìnxíng cèshì?

ポイント 『要不要』＝『要〜吗?』（〜する必要がありますか）。『测试』☞*1035*。

1068 ―全タイプを試験してください。

―请 对 所有 类型 进行 测试。

Qǐng duì suǒyǒu lèixíng jìnxíng cèshì.

□ **1069** ―時間の制約もありますから、装置Aについては実機で試験してください。

―因为 时间 有限，
Yīnwèi shíjiān yǒuxiàn,

关于 设备 A 请 用 实用 设备 进行 测试。
guānyú shèbèi A qǐng yòng shíyòng shèbèi jìnxíng cèshì.

ポイント『有限』は「限りがある」。『实用』は「実際に使用する」。

□ **1070** ―装置Bはこのデータで試験に代えましょう。

―用 这个 数据 代替 设备 B 的 测试 吧。
Yòng zhège shùjù dàitì shèbèi B de cèshì ba.

ポイント『用～』は「～を使って」。『代替』は「とって代わる、代わりを務める」。

□ **1071** 試験手順

試験内容は契約書添付のTEST PROCEDURE（試験手順）に基づいて実施してよろしいですか。

测试 内容 按 合同 所 附 的 TEST PROCEDURE
Cèshì nèiróng àn hétóng suǒ fù de TEST PROCEDURE

〈测试 程序〉 进行，可以 吗？
<cèshì chéngxù> jìnxíng, kěyǐ ma?

ポイント『按』☞ *919*。『程序』☞ *1029*。

□ **1072** ―かまいません。／客先提示の手順でお願いします。

―可以，没有 问题。／请 按 用户 提出 的 程序 测试。
Kěyǐ, méiyǒu wèntí. Qǐng àn yònghù tíchū de chéngxù cèshì.

ポイント『用户』は「ユーザー」。『客户』は「得意先、取引先」。

8-2 立ち会い検査

●当日変更への対応

□ **1073** エンドユーザーのスペックに沿って全項目を検査してください。

試験内容変更を要請する

请 按 最终 用户 的 技术 要求〈规格〉对 所有 项目 进行 测试。

Qǐng àn zuìzhōng yònghù de jìshù yāoqiú <guīgé> duì suǒyǒu xiàngmù jìnxíng cèshì.

ポイント 『最终用户』は「エンドユーザー」。購入品の最終使用者です。『技术要求』は購入品に対する技術上のリクエストで、スペック（Specification）と呼ばれています。

□ **1074** これはエンドユーザーの希望です。

这 是 最终 用户 的 要求。

Zhè shì zuìzhōng yònghù de yāoqiú.

ポイント 『要求』☞ *674*。

□ **1075** その場合、項目47の検査は測定器がなく、できかねます。

試験内容変更への回答

这 种 情况 下，没有 测试仪 很 难 进行 第 47 项 测试。

Zhè zhǒng qíngkuàng xià, méiyǒu cèshìyí hěn nán jìnxíng dì sìshiqī xiàng cèshì.

ポイント 『这种情况下』は「このような情況の下で」。『测试仪』は「測定器」☞ *1140*『测量仪』。『很难＋動詞』は「～するのが難しい、～しがたい」☞ *993*『难以＋動詞』。

□ **1076** 事前打ち合わせになかったため準備しておりません。

事先 没有 商量，所以 我们 没有 准备。

Shìxiān méiyǒu shāngliang, suǒyǐ wǒmen méiyǒu zhǔnbèi.

ポイント 『事先』は「事前に、前もって」。＝『事前shìqián』。『（因为）～所以…』は「～なので…」。因果関係を示し、前句が原因、後句が結果になっています。

□ **1077** ではこちらの試験を追加で行うことでいかがですか。

那么，补加 进行 这个 测试，怎么样？
Nàme, bǔjiā jìnxíng zhège cèshì, zěnmeyàng?

□ **1078** 以上で単体試験を終了いたしました。

試験終了を告げる

单机 测完 了。【单机 的 测试 已经 完成 了。】
Dānjī cè wán le. Dānjī de cèshì yǐjing wánchéng le.

ポイント 『動詞+完了』☞ *1044*。『已经』は「すでに」。

□ **1079** 何か問題はございますか。

問題点の確認

有 什么 问题 吗？
Yǒu shénme wèntí ma?

ポイント 『问题』☞ *674*。

□ **1080** なければシステム試験に入ります。

如果 没有 问题，进入 系统 测试。
Rúguǒ méiyǒu wèntí, jìnrù xìtǒng cèshì.

ポイント 『系统』は「システム」。

ミニコラム

○当日変更への対応

契約時か事前打ち合わせでテスト項目を決め、テストが可能な器具を備えておきます。ただし、テスト項目を決めたのは買い付けた商社、当日に立ち会うのは製品のエンド・ユーザー、という場合、当日になって違う試験項目・手順を要求されることがあります。こんなときには、事前打ち合わせになくできない内容については準備していないことをはっきり伝える（*1076*）と同時に、その場でできうる代案を示しましょう（*1077*）。最善を尽くす姿勢を示すことが、客先から信頼を得るいちばんの近道です。

UNIT 143 システム試験

CD B-60

装置同士を接続した状態で、正常に働くかを見るテストです。接続して動作確認をする手順を説明しながらテストできるよう、必要なフレーズを集めました。一つ一つの事項を確認しながら話すことをめざしましょう。

□ **1081** ではこれより3装置を接続します。

システム試験

那么 下面 将 接上 3个 设备。
Nàme xiàmian jiāng jiēshàng sān ge shèbèi.

ポイント 『接上』は「接続しつなげる、つながる」。『一上』は動作の結果、あるものに付着することを示しています。

□ **1082** 接続ができましたので、システム試験を始めます。

接上了，下面 进行 系统 测试。
Jiēshàng le, xiàmian jìnxíng xìtǒng cèshì.

ポイント 『系统测试』は「システム試験」。装置複数を接続して正常に動作するかを確認します。

□ **1083** 装置Aの入力端子より信号を送ります。

从 A 设备 的 输入口 送出 信号。
Cóng A shèbèi de shūrùkǒu sòng chū xìnhào.

ポイント 『输入』は「入力、インプット（する）」。『输入口』は「入力端子」。日本語の「輸入」は『进口jìnkǒu』といいます。

□ **1084** 装置Cの出力端子からの出力を確認できました。

C 设备 输出口 输出 的 信号 已 得到 确认。
C shèbèi shūchūkǒu shūchū de xìnhào yǐ dédào quèrèn.

ポイント 『输出』は「出力、アウトプット（する）」。『输出口』は「出力端子」。日本語の「輸出」は『出口chūkǒu』といいます。『得到』☞ *692*。

□ **1085** 出力状態は正常です。／エラーが出ています。

信号 输出 状态 正常。／错误 发现 了。
Xìnhào shūchū zhuàngtài zhèngcháng. Cuòwù fāxiàn le.

ポイント 『正常』は「正常である」反『不正常』（正常ではない）。『异常』は尋常ではないという意味になり、使われません。『错误』はエラーの中国語訳として定着しています。『发现』は「（研究・考察の結果）見いだす、発見する」。

UNIT 144 検査の完了

CD B-61

立会い検査終了の場面です。客先が確認した検査データの記入を依頼したり、検査証明への署名をお願いするなどの、重要な表現を集めました。検査の全工程に協力いただいたことに感謝しながら話すようにしましょう。

□ **1086** 以上で立ち会い検査は終了いたしました。

検査完了を告げる

出厂 检验 就 到此 结束 了。
Chūchǎng jiǎnyàn jiù dào cǐ jiéshù le.

□ **1087** シートにデータ記入をお願いします。

データ記入

请 在 表上 填入 数据。
Qǐng zài biǎo shàng tiánrù shùjù.

ポイント 『表』は『数据表』(データシート)のこと。『填入』は「書き入れる」。

□ **1088** エンドユーザーサート(Cert.)にご署名願います。

署名

请 在 最终 用户 证明书 上 签名。
Qǐng zài zuìzhōng yònghù zhèngmíngshū shàng qiānmíng.

ポイント 『最终用户证明书』はEnd User Certificate、つまり製品の最終使用者による証明書。出荷・入金に必要な書類と契約でよく規定されます。『签名』は「サインする、署名する」☞ *1090*。

□ **1089** 契約者双方用と出荷書類の添付用の合計3部です。

一共 有 3 套。其中 两 套 是 给 合同 双方,
Yígòng yǒu sān tào. Qízhōng liǎng tào shì gěi hétóng shuāngfāng,

另 一 是 作为 货运 单据 附件 所用。
lìng yī shì zuòwéi huòyùn dānjù fùjiàn suǒ yòng.

ポイント 『套』は「セット」。『其中』は「その中で、そのうち」。『给』は「与える」。『另一』=『另外一套』(ほかの一部)。『货运单据』は「貨物輸送用書類(shipping document)」。『合同』☞ *942*

□ **1090** 中文、英文各1部ずつサインしてください。

请 分别 在 中文、英文 上 签字。

Qǐng fēnbié zài Zhōngwén、Yīngwén shàng qiānzì.

ポイント 『分别』は「それぞれ、別々に」。中文・英文2種類の書類を作るケースも多く、両文とも契約書正本とすることもあります。『签字』は「（書類に）署名する、サインする」☞ *1088*。

□ **1091** 明日ご宿泊先にサインをいただきに伺います。

明天 我 去 您 下榻 的 地方 请 您 签字。

Míngtiān wǒ qù nín xiàtà de dìfang qǐng nín qiānzì.

ポイント 『下榻』☞ *605*。『请＋人＋動詞』☞ *1002*。

ミニコラム

○検査証明書類

立会い検査終了後に、検査結果として製品の品質や動作に問題がないことを示す証明書類に署名を求めます。この証明書が、代金回収のときの提出書類として必要になるケースが多いからです。また、新規客先との契約交渉時にも、検査実績を示すものとして効果があり、ときには検査不要で契約成立になるケースもあります。

UNIT 145 工事開始

CD B-62

客先で納入する品を動作可能なように据え付ける工事の開始場面です。工事の技術者は客先側手配の現地スタッフで、初めての顔合わせ。工事がスムーズに行くように中国語であいさつする表現を学びます。

● 工事開始

□ 1092 工事の現場監督を担当する中田です。

開始のあいさつ

我 是 负责 安装 的 现场 督导，我 叫 中田。
Wǒ shì fùzé ānzhuāng de xiànchǎng dūdǎo, wǒ jiào Zhōngtián.

ポイント 『负责』☞7。『安装』は「据え付ける」。『督导』は「監督して指導する」。

□ 1093 短い日程ですので作業を効率的に行いましょう。

日程 很 紧，让 我们 有效地 开展 工作 吧。
Rìchéng hěn jǐn, ràng wǒmen yǒuxiào de kāizhǎn gōngzuò ba.

ポイント 『紧』は「(日程・仕事・活動などが) 切迫している」類『紧张』(忙しい)。『有效地』は「効果的に、効率よく」。『开展』☞873。

□ 1094 ご協力をよろしくお願いします。

请 您 多 给予 合作。
Qǐng nín duō jǐyǔ hézuò.

ポイント 『多』☞2。『给予』は「与える」。目的語は抽象的な意味の名詞(主に2音節)をとる場合が多いです。『合作』は「協力」。

□ 1095 各位の業務分担を発表します。

業務分担の発表

下面 公布 各位 的 业务 负责 范围。
Xiàmian gōngbù gèwèi de yèwù fùzé fànwéi.

ポイント 『公布』は「公表する」。政府機関のことがらだけではなく、団体の通知事項を公にし、みなに知らしめることもさします。

UNIT 146 開梱・員数検査

CD B-63

届いた品が過不足ないか、まずは箱を開けて検品することから始めます。材料・機材、現地での調達品など、工事に必要な品がすべてそろっているかを確認でき、不足品の調達を指示できることをめざします。

□ 1096 品物を確認してください。

開梱・員数検査

请 确认 一下 物品。

Qǐng quèrèn yíxià wùpǐn.

ポイント 確認依頼のフレーズは応用範囲が広いのでマスターしましょう。『物品』は「物品、品物」。『贵重物品』で「貴重品」という意味になります。

□ 1097 これが据え付け機器・工材リストです。

这 是 要 安装 的 设备 和 材料 清单。

Zhè shì yào ānzhuāng de shèbèi hé cáiliào qīngdān.

ポイント 『要』☞ *1012*。『安装』☞ *1092*。『清单』☞ *1041*。「工材」は『安装材料』といい、納入機器を据え付け・接続するためのケーブルなど部品のほか、工具類、測定器などを含みます。

□ 1098 リストの左からC/S NO.、ITEM NO.、機器名、数量です。

从 左 至 右 的 顺序 是 箱号、序号、

Cóng zuǒ zhì yòu de shùnxù shì xiānghào、xùhào、

设备 名称 和 数量。

shèbèi míngchēng hé shùliàng.

ポイント 『从〜到…』は「〜から…へ」。『箱号』は箱番号C/S No.（=case number）、『序号』はItem No ☞ *1042*。

□ **1099** リストどおりの品があるか、箱ごとに確認を行ってください。

请 确认 每 箱 的 物品 是否 与 清单 一样
Qǐng quèrèn měi xiāng de wùpǐn shìfǒu yú qīngdān yíyàng

〈完全 符合 / 吻合〉。
<wánquán fúhé / wěnhé>.

ポイント 『每』は「各〜」。『是否』=『是不是』は「〜かどうか」。『一样』☞ *572*。『符合』は「一致する、ぴったり合う」。『吻合』は「ぴったり合う、完全に一致する」。

□ **1100** 現地調達品はそろっていますか。

調達品の確認

需在 当地 采购 的 物品 已经 备 齐 了 吗?
Xū zài dāngdì cǎigòu de wùpǐn yǐjing bèi qí le ma?

ポイント 『需』=『需要』。『当地』は「現地」。『采购』『筹备』☞ *1043*。『物品』☞ *1096*。『备齐了』☞ *857*。箱ごとの梱包物を確認するには『装箱单zhuāngxiāngdān』(P/L:Packing List) を使います ☞ *1101*。

□ **1101** ITEM5(のケーブル)が入っていません。

ITEM 5 (的 电缆) 没 装 在箱子里。
ITEM wǔ (de diànlǎn) méi zhuāng zài xiāngzi li.

ポイント 『电缆』は「電気ケーブル」。『装』は「(物を容器や運搬具に) しまい入れる、詰め込む」。『装在箱子里』で「箱に入れる、入っている」。

□ **1102** こちらで調達可能ですか。

在 这里 可以 采购 到 吗?
Zài zhèli kěyǐ cǎigòu dào ma?

ポイント 『動詞+到』で動作の結果や目的を達成することを表します。ここでは調達できる状態を表します。

UNIT 147

据え付け・図面確認

CD B-64

品物の確認ができたら、いよいよ工事の始まりです。工事図面を見て据え付けの位置を確認したり、据え付けの具体的な指示を出すための表現を集めました。さまざまなレベルの技術者と仕事できるようしっかり覚えましょう。

□ 1103 これが工事図面です。

図面確認

这 是 设备 安装图。

Zhè shì shèbèi ānzhuāngtú.

ポイント 『**安装图**』は「据え付け図面」。どの機器をどの位置に据え付けるのかを図示したものです。

□ 1104 装置間の配線図はこれです。

这 是 设备 之间 的 配线图。

Zhè shì shèbèi zhījiān de pèixiàntú.

ポイント 『**配线图**』は「配線図」。『**布线图**bùxiàntú』『**接线图**jiēxiàntú』ともいいます。

□ 1105 客先既設機器との配線は図2のとおりです。

与 用户 原有 设备 之间 的 配线 如 图表2 所 示。

Yú yònghù yuányǒu shèbèi zhījiān de pèixiàn rú túbiǎo èr suǒ shì.

ポイント 『**原有**』は「もとからある、古くからある」。『**如～所+動詞**』は「～で…するとおりである」。『**图表**』は「図」。表は『**表格**biǎogé』といいます。

ミニコラム

○コンセントと電圧

中国の電圧は220V。日本の110Vとは違いますので、日本国内仕様の機器を直接コンセントに差し込むとたちまち壊れてしまいます。また、コンセントの形も異なり、しかも1種類とは限りません。必ず納入先のコンセントの形を確認し、それに合わせた対応を取ります。特に検査用機器には110Vに電圧変換可能なコンデンサーや、コンセントのアダプターなどの準備をしましょう。

□ 1106　既設機器の位置は図面どおりでしょうか。

据え付け位置確認

原有 设备 的 位置 和 图表 上 的 一样 吗?

Yuányǒu shèbèi de wèizhi hé túbiǎo shàng de yíyàng ma?

ポイント 『图表上的』の後ろに『位置』が省略されています。『的』は「～のもの」と名詞を作り、ここでは「図面上のもの」という句になっています。

□ 1107　納入装置の据え付け位置を確認してください。

请 确认 设备 安装 位置。

Qǐng quèrèn shèbèi ānzhuāng wèizhi.

ポイント 確認を求める表現 ☞ 1044。

□ 1108　コンセントの位置を確かめましたか。

你 确认 插座 的 位置 了 吗?

Nǐ quèrèn chāzuò de wèizhi le ma?

ポイント 『插座』は「コンセント」☞ P.302ミニコラム。

□ 1109　据え付け位置の水平を確保してください。

请 确保 安装 位置 呈 水平 状态。

Qǐng quèbǎo ānzhuāng wèizhi chéng shuǐpíng zhuàngtài.

ポイント 『确保』は「確保する」。『呈』は「(～の状態・様子を) 示している」。

○コンセントの形状

中国のコンセントの形で主なものは次のとおりです。
さまざまな形状があるので世界対応のマルチアダプター持参をおすすめします。

□ **1110** まず図面どおりに機器を設置してください。

据え付け指示

首先 请 按图 所 示 安装 设备。
Shǒuxiān qǐng àn tú suǒ shì ānzhuāng shèbèi.

ポイント 『首先』☞ *1010*。『按图所示』は「図で示したのに基づいて」。☞ *1105*

□ **1111** 接地位置を決めてください。

请 确定 接地 位置。
Qǐng quèdìng jiēdì wèizhi.

ポイント 『确定』は「確定する」。『接地』☞ *1112*。位置を定めた後、機器設置地点や機器のアース線引き込み場所からアース線の長さなどを決めます。

□ **1112** アースを取ってください。

请 接地。
Qǐng jiēdì.

ポイント 『接地』は「接地する、アースを取る」。電圧も高く(220V)、納入品に万全を期すためにも欠かせない作業です。

□ **1113** 電気ドリルで接地面に穴を開け、ボルトで締めて固定してください。

请 用 电钻 在 接地 的 面 上 钻孔,
Qǐng yòng diànzuàn zài jiēdì de miàn shàng zuānkǒng,

然后 用 螺丝钉 固定住。
ránhòu yòng luósīdīng gùdìngzhù.

ポイント 『电钻』は「電気ドリル」。『钻孔』は「穴を開ける」。『然后』☞ *1010*。『用～…』は「～を使って…する」。『螺丝钉』は「ボルト」。『動詞+住』は動作の結果、確実になる・安定・固定することを表します。

□ **1114** 接続に必要な長さにケーブルを切断してください。

请 将 电缆 切成 连接 时 所 需要 的 长度。

Qǐng jiāng diànlǎn qiē chéng liánjiē shí suǒ xūyào de chángdù.

ポイント 『動詞+成』で「～にする、～となる」。『连接』は「つなぐ」。『所+動詞+的』☞ *1034*。
『长度』は「長さ」。幅の広さは『宽度kuāndù』、深さは『深度shēndù』。

□ **1115** ケーブルとコネクターをはんだ付けしてください。

请 把 电缆 和 接插件 焊接 上。

Qǐng bǎ diànlǎn hé jiēchājiàn hànjiē shàng.

ポイント 『电缆』☞ *1101*。『接插件』は「コネクター」あらゆる形のものを含んだ総称です。
『焊接』は「はんだ付けをする」。

□ **1116** ケーブルの両端に同じ色のコネクターを取り付けてください。

请 在 电缆 的 两端 接上 同样 颜色 的 接插件。

Qǐng zài diànlǎn de liǎng duān jiē shàng tóngyàng yánsè de jiēchājiàn.

ポイント 『接上』☞ *1081*。『同样』は「同様である」☞ *845*。『颜色』は「色」☞ *483*。

□ **1117** 赤のコネクターを機器の赤いジャックに差し込んでください。

请 把 红色 接插件 插到 设备 的 红色 插口 上。

Qǐng bǎ hóngsè jiēchājiàn chā dào shèbèi de hóngsè chākǒu shàng.

ポイント 『红色』は「赤（色）」。『插到～上』は「～に差し込む」。『插口』は「差し込み口」。コンセントは『插座』といいます。

□ **1118** 装置内に組み込むユニットをすべて実装してください。

请 把 所有 部件 安装 到 设备 中。

Qǐng bǎ suǒyǒu bùjiàn ānzhuāng dào shèbèi zhōng.

ポイント 『所有』は「あらゆる、すべての」。『部件』☞ *991*。

UNIT 148 動作確認

CD B-65

据え付けた装置が正常に動作するかを確認します。立会い検査と同じように、まずは装置単独で、次にシステムとして正常に動作するか、役割分担をして確認指示が出せるよう、関連表現をマスターしてください。

納入装置の動作確認

□ 1119 電源を入れてください。

请 接上 电源。

Qǐng jiēshàng diànyuán.

ポイント 『接上』☞ 1081。'電源が入るように回路をつなげる' といったニュアンスです。『打开电源』（電源スイッチを入れる）もよく耳にします ☞ 1133。

□ 1120 装置の動作を確認してください。

请 确认 设备 的 工作 状态。

Qǐng quèrèn shèbèi de gōngzuò zhuàngtài.

ポイント 『工作状态』はここでは装置の作動状態をさしています。

□ 1121 ケーブルで3装置をつないでください。

用 电缆 将 3个〈种〉设备 连接上。

Yòng diànlǎn jiāng sān ge <zhǒng> shèbèi liánjiēshàng.

ポイント 『种』を使えば「3種類の装置」というニュアンスになります。

□ 1122 入力した信号が出力されるか確認します。

确认 输入 的 信号 是否 被 输出。

Quèrèn shūrù de xìnhào shìfǒu bèi shūchū.

ポイント 『输入』☞ 1083。『是否』☞ 1099。『输出』☞ 1084。『信号』は「信号、シグナル」。交通信号は『红绿灯hónglǜdēng』といいますので注意してください。

☐ **1123** 李さんは入力を担当してください。

李先生，请你负责输入。

Lǐ xiānsheng, qǐng nǐ fùzé shūrù.

ポイント 『负责』はもともと「責任を持つ」という意味。‘責任を持って業務を担当する’ということでここの「担当する」にあたる中国語として使われています。

☐ **1124** 王さんはC装置の出力確認にあたってください。

王先生，请你来负责确认C设备的信号输出。

Wáng xiānsheng, qǐng nǐ lái fùzé quèrèn C shèbèi de xìnhào shūchū.

ポイント 『来』は動詞の前について主体的に動作を行うことを示しています。

☐ **1125** 装置ごとに動作エラーが出ないか、確認してください。

请确认每个设备是否出现操作误差〈错误〉。

Qǐng quèrèn měi ge shèbèi shìfǒu chūxiàn cāozuò wùchā <cuòwù>.

ポイント 『每』は「～ごとに」。『误差』は「エラー、誤り、誤差」。『错误』☞ *1086*。

☐ **1126** A装置から入力した信号がC装置に出力されるか確認します。

确认从A设备输入的信号是否输出到C设备。

Quèrèn cóng A shèbèi shūrù de xìnhào shìfǒu shūchū dào C shèbèi.

ポイント *1122*に設備名を加えて、より具体的な説明をしているフレーズです。『動詞+到』☞ *1102*。

UNIT 149 既設装置との接続

CD B-66

客先既設の装置とつなぎます。既設装置側に施す作業や接続の指示、接続後の動作確認の表現を集めています。技術者にも客先にも作業の説明ができるように、あらかじめフレーズに慣れておくといいですね。

□ **1127** 客先のソフトウェアをアップグレードしてください。

既設装置との接続

请 给 用户 升级 软件。
Qǐng gěi yònghù shēngjí ruǎnjiàn.

ポイント 『给』は「～のために」。『升级』は「アップグレードする」。アップデートのこともさします。『软件』は「ソフトウエア」。ハードウエアは『硬yìng件』。

□ **1128** このフロッピーをPCに挿入してください。

请 把 这张 软盘 插进（个人）电脑 中。
Qǐng bǎ zhè zhāng ruǎnpán chā jìn (gèrén) diànnǎo zhōng.

ポイント 『张』☞ *88*。『软盘』は「フロッピーディスク」。『(个人)电脑』は「パソコン(PC)」。中国語の中でそのままPCということもあります。

□ **1129** 客先の主力機器と接続してください。

请 与 用户 主要 设备 进行 连接。
Qǐng yú yònghù zhǔyào shèbèi jìnxíng liánjiē.

ポイント 『主要』は「主な、主要な」。『连接』☞ *1114*。

□ **1130** それではインストールを開始してください。

请 开始 安装 软件。
Qǐng kāishǐ ānzhuāng ruǎnjiàn.

ポイント 『安装』は「インストールする」。アンインストールは『卸装程序xièzhuāng chéngxù』。

□ **1131** 次に既設装置と新規納入機器を接続してください。

请 将 原有 设备 与 新 设备 连接。
Qǐng jiāng yuányǒu shèbèi yú xīn shèbèi liánjiē.

ポイント 『原有』☞ *1105*。『A与B』は「AとB」。『连接』☞ *1114*。

□ **1132** システムとしての動作をテストします。

测试 系统 的 操作 状态。
Cèshì xìtǒng de cāozuò zhuàngtài.

ポイント 『测试』☞ *1035*。

□ **1133** 全装置の電源を入れてください。

请 打开 所有 设备 的 电源。
Qǐng dǎkāi suǒyǒu shèbèi de diànyuán.

ポイント 『打开』は「スイッチを入れる、つける」。『打开电源』で「電源をつける、電源スイッチを入れる」☞ *1119*『接上电源』。『所有』☞ *1118*。

□ **1134** このフロッピーをPCに挿入し、客先の主力機器と接続します。

把 这个 软盘 插进（个人）电脑，
Bǎ zhège ruǎnpán chā jìn (gèrén) diànnǎo,
与 用户 主要 设备 进行 连接。
yú yònghù zhǔyào shèbèi jìnxíng liánjiē.

ポイント *1128, 1129* を1文にした表現です。続けて話すだけで、作業手順が伝わります。

□ **1135** これで全機器接続を完了いたしました。

接続完了

到此 所有 设备 连接 完毕。
Dào cǐ suǒyǒu shèbèi liánjiē wánbì.

ポイント 『到此』は「ここまでで、これにて」。『完毕』は「終了する、完了する」☞ *849*。

UNIT 150 エラーへの対応

CD B-67

据え付け・調整段階でのエラーに対応する表現です。まずエラーの原因をつかみ、その状態に対してどう対処するかを指示できるようにします。監督する立場として正確に指示を伝えられるよう、丁寧な表現を心がけましょう。

□ **1136** 配線がショートしているようです。

エラーの原因を述べる

配线 好像 短路 了。

Pèixiàn hǎoxiàng duǎnlù le.

ポイント 『好像』は「どうも～みたいだ、（まるで）～のようだ」。『短路』は「ショート（する）」。エラー状況に対する初期判断を客先や工事スタッフに伝えます。

□ **1137** ケーブルを差し込み直してください。

エラーへの対応

把 电缆 重 插 一遍。

Bǎ diànlǎn chóng chā yíbiàn.

ポイント 『电缆』☞*1101*。『重』＝『重新』は「再び、もう一度」。一文字の動詞『插』にあわせ『重』一文字で修飾しています。『重～一遍』で「もう一度～し直す」。

□ **1138** コネクターのはんだ付けを頑丈に行ってください。

把 接插件 焊得 牢些。

Bǎ jiēchājiàn hàn de láo xiē.

ポイント 『焊』＝『焊接』は「はんだ付けをする」。『得』がはんだ付けの状態を導きます。『牢』は「かたくてしっかりしている」。『動詞・形容詞＋些』で「（もう）少し」。はんだが弱いとショートの原因になります。

□ **1139** このコンデンサーでショート箇所を確認してください。

请 用 电容器 查明 在 哪儿 短路。

Qǐng yòng diànróngqì chámíng zài nǎr duǎnlù.

ポイント 『电容器』は「コンデンサー」。『查明』は「調べて明らかにする」。『在哪儿』は「どこで」。ショート箇所を突き止めるための作業指示を出します。

□ *1140* この測定器を使ってもう一度出力検査をしてください。

请 用 这个 测量仪 再 检查 一下 信号 的 输出。

Qǐng yòng zhège cèliángyí zài jiǎnchá yíxià xìnhào de shūchū.

ポイント 『测量仪（器）』は「測定器」。☞ *1075*『测试仪』。『检查』は「（問題や欠点・故障などがないか）検査する」☞ *1031*『检验』。『信号』☞ *1122*。『输出』☞ *1084*。ショート箇所修理後は、配線が回復したかを検査し、必ず目視確認します。

技術者の交流こそ最先端の現場

「中国人は商人、日本人は職人」 国民性の違いをとらえる言葉の一つとしてこんな表現を耳にします。

日本の技術力の高さは中国も認めるところであり、中国も一部分野の技術においては目覚ましい伸びを見せていますが、まだこれからが正念場ではないでしょうか。「手に職」と申しますが、中国では技術者は『工程师 gōngchéngshī』、なかでもレベルの高い人は『高级gāojí工程师』と呼ばれ、高待遇を得ています。その意味でも、これからますます技術者が直接中国に出向いて指導を行う場面が増えていくと考えられます。

現場で向き合うのは現地の技術者。大都市企業の技術者の中には英語の文献を読みこなせる人もいますが、専門分野に精通しているものの、口頭のコミュニケーションはままならないこともあるでしょう。現地の技術者と力を合わせて工事を行うときには、やはりお互いの信頼関係が第一。私たち日本側が指導する立場に立つことも多いため、できればあいさつのひとことから、中国語を使うことをはじめてみてはいかがでしょうか。直接言葉を交わす中で、現場監督としての信頼も自然に得られると思います。

索 引

数字----本文の各フレーズの頭についているフレーズ番号をさしています。
pp.---関連表現のページ、U---UNIT番号を表しています。

あ

＜あいさつ＞

会えた喜び……652〜654
朝……19
外出……22, 23
帰り際……20, 21
歓迎……pp. 167, 655, 1004
帰社……24〜26
帰任……15
協力依頼……1094
再会……520〜524
締めくくり……699, 1026, 1027
出向……18
昇進……17
初対面……6, 513, 656, 657
退職……16
着任……13
転任……14
入社……12
プレゼンテーション……863
見送り……625〜629
迎え入れ（食事）……693, 694
別れ……621〜624
アシスタント……179
案内する　陳列場所……491

い

Eメール
　送付……100, 913
　添付ファイル……101
いたずら電話……270
移動
　行き先……605, 611, 612
　移動手段……611, 612
　移動前確認……609, 610
　車待機……608
　所要時間……607
　道案内……606
インターネット 検索……103

う

＜受け答え＞

アポイント有無……510〜512
アポ受諾……298〜300
アポ見送り……301
行き方
……396, 397, 427, 428, 432〜434
売り場……485〜487
会社・所属部署……531, 532
聞き直す……60
喫煙・禁煙……440
業務（作業）の見通し……113
クレーム対応……576〜579
再会　近況……525, 526
作業進捗状況……110
残務……111
仕事の締め切り……81
出発時刻……400, 401
所要時間（旅行）……617
知らない……53
旅の様子……615
調査後回答……52
停車する・しない……405〜407
できる・できない……83〜85
人数……435
納期……555
訪問目的……323
補足質問……61
本人確認……533, 601
要点確認……59

＜受付（応対）＞

アポイント有無……630
案内……643〜645, 647〜650
着席を促す……636
突然の来客……641
取り次ぎ……637〜640, 646
名前……632〜634
待たせたお詫び……642
待ってもらう……635
用件……631, 634

＜打ち合わせ＞

開始……668〜670
質問・要望……674, 675
着席を促す……667
内容提示……671
日程提示……672, 673
本題に入る……669

お

お礼
　誘い……684, 691, 692
　招待……866
　食事（後日に）……706
　助言……123, 124
　手伝い……70
　プレゼンテーション……870
　申し出……74

か

＜会議＞

言い直し依頼……823, 825, 827
開始……127, 777〜782
聞きとれない……822
聞き漏らし……824
議事進行　次のテーマ……141
議事日程　後送……773
議題……128〜131, 796, 833
休憩……830, 831
切り出し……126
ゲスト紹介……784〜789
採決
　可決……843
　棄権……841
　切り出し……838, 839
　起立……846
　賛成……840, 842, 844
　全会一致（可決）……843
　反対……841, 845
　否決……847
参加への謝辞……850
次回日程……851〜853
時間……770, 833
自己紹介　進行役……783
締めくくり……829, 848, 849
終了……133
出席依頼……769, 774
準備……761〜768

進行
　最初の議題……792
　次の議題……821
　進行役依頼……772
　中止……776
　中断……132, 829
　テーマ提示…790, 791, 793～795
　日時……774
　日程変更……775
残り時間……832
場所……771
発言
　切り出し……809
　再討議……140
　賛成……137
　他言語……810
　通訳つき……811
　支持……139
　反対……138
　発言許可……812
　発言許可要求　切り出し
　……806～808
発言趣旨　確認……828
発言整理……814～819
発言を促す
……134～136, 797～799,
801～805, 819, 820
発言を制する……813
補足……800
まとめ
　切り出し……834
　継続審議……837
　決定事項……836
　合意内容……835
わからない（内容）……826

会社紹介……534～541

＜買い物＞
売り場
……477～478, 485～487, 491
材質……479, 488
試着……484, 492
セール商品……489, 490
値段……480, 481
別商品
　色違い……483
　サイズ違い……482

き

休暇　申し出……27～30
業務指示
　断る……85
　仕事の締め切り……80, 81
　指示……U11-14
　承諾……79, 83, 84
　できるかたずねる……82
　優先度……86
　レポート……78, 87
許可　申し出……41, 42

く

空席……402, 435, 439
空室……353
クレーム
　品違い……572
　数量違い……573
　破損……575
　不良品……574
　未着……573
クレーム対応
　確認（注文書）……580
　確認（伝票番号）……581
　原因調査……576
　重大なクレーム……578, 579
　全力を尽くす……585
　早急善処……577
　代替品……584
　返金……583
　返送　着払い……582

こ

＜交渉＞
考えを聞く……943, 949
切り出し……927～931
検討課題の提案……942
合意点……971
　確認（全量）……964
　切り出し（確認）……958～960
　同意……963
　判断をあおぐ……962
　メモ確認……961
交渉過程　pp. 276
交渉の余地……941
根拠（数字）……946
根拠（判断）……944, 945
姿勢を聞く……948
主張　切り出し……935～937
進展への期待……968, 972
成立……973～980
説明を求める……939
対応……952～955
次のステップ……965
提案を聞く……943, 947
テーマ提示……934, 966, 967
日程確認……969, 970
値引……947
納期……956
納品……966
見送り……981～989
目的……932, 933
問題点
　……950, 951, 956, 957, 971
理由　述べる……938
理由　聞く……940

＜交渉準備＞
日程確認……919～921
日程変更
　延期……922, 923
　お詫び……925
　繰り上げ……922, 923
　都合打診……924
　申し出……926

後任……181
交通機関の行き先……405～407
交通手段の選択……398, 399

索 引

顧客対応
意見聴取(商品)……594
欠陥……592
使い心地……590
品質……593
不都合な点……591
断る　依頼を断る……75, 76
申し出を断る……77
コピー
拡大・縮小……89
とり直し……92, 93
濃度……91, 92
端が切れている……93
部数……88
両面コピー……90

さ

<作業進捗状況>
業務見通し……112, 113
残務……111
状況対処
締め切り厳守……114～116
状況を聞く……109
進度を伝える……110

誘う　飲食
……676～679, 682～683

し

自己紹介
会社・担当業務……7, 8
会社名……514
帰任……15
切り出し……9
勤務先……4
出向……18
昇進……17
所属部署……5, 532
退職……16
着任……13
転任……14
名乗る……1, 3, 7, 8, 651, 1005
入社……12
部署……1005
役職・職種……11
よろしく……2, 10
施設見学
移動時間の活用……1011
歓迎のあいさつ……1004
見学案内
……1010, 1013, 1017～1019
見学者への配慮……1018, 1025
見学内容……1006～1009, 1012
自己紹介　名前・部署……1005
施設到着……1013
締めくくり……1026, 1027
説明(ビデオ)……1011, 1014
注意事項
貴重品携帯……1015, 1020
写真撮影禁止……1016
場内……1021～1024, 1028
質問回答
あとで回答……886
即答……885
支払い
カード払い……358～360
ルームチャージ……361, 362
宿泊変更
延長……363
キャンセル……364
宿泊日変更……365
紹介
会社……535
自社紹介　切り出し……527
新製品……528
製品　切り出し……542～544
紹介(人)
肩書き……662
社員……659～661
専門分野……663～666
ショート(配線)……1136, 1139

<食事>
飲食のすすめ
お茶……759, 760
ごはん……758
追加……756
はじめての食べ物……754, 755
おすすめ料理……443, 449
キャンセル　未配膳品……473
空席……435, 439
車の手配……476
食事経験……753
精算……475
別勘定……737, 738
ホスト払い……732～736
食べ方……741, 746, 747, 750, 751
着席　相席……436
喫煙・禁煙……440
分割……437
注文する
おかわり……465
おすすめ料理……451
食器……466
つまようじ……469
調味料……466
追加注文……464
飲み物(茶・水)……468
速い料理……450
料理の量……452～455
注文をとる……441, 442
調味料……743, 744, 752
調理法……458, 740, 742, 749
取り寄せ　調味料……467
取り分け……757
ドレッシング……445, 459
人数……435
配膳品確認……470～472
ビール
サイズ……448, 461
種類, 銘柄…446, 447, 460, 461
満席……438
メニュー……463
持ち帰り……474
焼き加減　ステーキ……444, 457
料理
日本の伝統料理……745
たずねる……456, 748
料理に合うワイン……462

料理名……739, 742

<食事(会食)>
飲食のすすめ(追加)
受ける・断る……728
おすすめ(酒)……729
締めくくり……730, 731
調味料……727
料理の味……725, 726

<食事(接待)>
飲食のすすめ
受け答え……702, 703
開始……695, 696
会食中……697, 698
お礼(後日)……706
酒が飲めない　受ける……709
酒が飲めない　辞退……707, 708
誘い……676～679, 683
誘い(受け答え)……684～692
締めくくり……699, 704, 705
食べたいもの……680
食べられないもの……681
迎え入れ……693, 694, 700, 701
おすすめ料理……717

<食事　注文>
未決……724
断る……722, 723
注文内容の確認……716
飲み物……710, 711, 718, 719
料理
オードブル……712
単品……720
デザート……715
フルコース……714
メインディッシュ…713, 720, 721

助言……117～120
助言への感謝……123, 124
フォロー……125
求める……121, 122
調べる
インターネット……103
電話番号……102
資料要約……107
新入社員……11

す

<据え付け>
あいさつ　工事開始……1092
アップグレード
……1127～1130, 1134
員数検査
確認方法……1099
機器リスト……1097, 1098
切り出し……1096
欠品……1101, 1102
調達品確認……1100
エラー原因
配線ショート……1136
エラー対応……1137～1140
開梱……1096
既設装置との接続完了
……1131, 1134, 1135
工事
アース……1112
位置(既設機器)
……1106～1108, 1111
機器設置……1110
ケーブル切断……1114
固定方法……1113
実装……1118
水平確保……1109
図面提示……1103
接続……1117
取り付け……1116
配線図……1104, 1105
はんだ付け……1115
業務分担……1095
工事開始
協力依頼……1094
作業効率……1093
作業手順……1134
動作確認
……1119～1126, 1132, 1133

すすめる
お茶……759, 760
ごはん……754～756, 758
試着……492
着席……636, 667
飲み物……711

せ

税関審査
開梱検査……329
完了(検査)……330
申告品……326～328
製品紹介
売れ行き……545
おすすめ商品……548
切り出し……542～544
資料送付……549
特徴……546
低価格……547
セキュリティー・チェック
禁止品……347～349
荷物検査……342, 343
ボディーチェック
……344, 345, 346

そ

早退　申し出……28, 31, 33

た

<タクシー>
行き方
高速道路……415
速い道……414
道指定……417
安い道……416
行き先……410～412
借り切る……426
精算
つり銭不要……424
領収書……425

待機　依頼……422, 423
トラブル
　運転者態度……421
　方向違い……419
　道違い……418
　メーター……420
戻る・戻らない……413

＜たずねる＞
アポイント有無……630
意見・苦情……594, 597
売れ筋商品……599
売れ行き……596
おすすめ料理……449, 717
機内食……618
切り出し……44～51, 404
欠陥……592
時間配分……1030
食事経験……753
所要時間……429, 616
旅の様子……613, 614
注文書……580
使い心地……590
提案・考え……943
伝票番号……581
名前……530, 551, 600, 632～634
飲み物……710
品質……593
不都合な点……591
用件……631, 634
要望……598
予定……682
来日回数……619, 620
料理……748
　オードブル……712
　デザート……715
　フルコース……714
　メインディッシュ……713

＜立ち会い検査＞
打ち合わせ　切り出し……1038
開始　切り出し……1031, 1032
機器確認　確認依頼……U140
検査完了……1086
試験
　試験方法確認……1049
　装置選定……1047, 1048
　保証範囲（機器）……1050, 1051
試験開始……1058, 1064
試験期間……1037, 1058
試験機器　確認……1056, 1057
試験結果
　受け答え……1063
　正常・エラー……1085
　提示……1062
試験終了……1060, 1063, 1078
試験手順
　客先提示……1072
　手順提示……1071
　変更要請……1073, 1074
試験範囲
　指定（温度、湿度）…1054,1055
　受諾（保証範囲）……1053
　提示（保証範囲）……1052
　保証範囲……1053
　保証範囲外……1054, 1055
試験方法……1059
システム試験……1080～1085
事前打ち合わせ
　切り出し……1029
　時間配分……1030
　進行手順……1029
終了予定……1037
証明書　署名依頼……1088, 1091
書類　部数……1089, 1090
進行　次の試験……1080
進行手順……1034～1036
単体試験……1056～1070, 1079
データ記入……1087
データ提示……1061
当日変更対応……1075～1077
内容説明……1033～1036
補足説明……1038

＜頼む＞
1人前の料理……455
言い直し……530, 823
医者を呼ぶ……494
確認……578
宿泊延長……363
宿泊先確保……337
資料入手……903
精算……475
送付・返送……105, 582
地図を描いてもらう……430
データ記入……1087
手伝い……65～67
電話　かけ直し……175
荷物運び……356
名刺……518
目的地到着通知……409
領収書発行……425

ち

チェックアウト
　切り出し……373, 380, 381
　請求書提示……382
　請求違い……378, 379, 385, 386
　請求取り消し……387
　請求明細回答……384
　請求明細確認……375, 383
　請求に覚えがない……376
　伝票確認……377
　部屋番号……374
チェックイン
　空室確認……353
　予約済……350, 351, 357
　予約なし……352
　宿泊カードの記入……355
　荷物運び……356
　部屋の種類……354
遅刻　申し出……28, 32, 34
注文（受け）
　お礼……557
　確認　切り出し……556
　在庫切れ……568
　在庫状況……566
　締めくくり……557
　受注　切り出し……550

　数量……………………………554
　生産中止………………………570
　注文主名………………………551
　注文主連絡先…………………552
　入荷予定…………567, 569, 571
　納期……………………………555
　品名・型番……………………553
注文（発注）
　切り出し………………558, 559
　注文内容確認………560～563
　型番・数量違い………………564
長期出張…………………………173

つ

次の機会…………………………303

＜伝える＞
会えた喜び………………………524
行き先………………408, 410, 411
近況…………………………525, 526
品違い……………………………572
出張目的…………………………529
紹介者……………………………515
数量違い……………………565, 573
生産中止…………………………570
セール商品…………………489, 490
代替品送付………………………584
担当者……………………………675
中止（会議）……………………776
名前違い…………………………563
日時（会議）……………………774
入荷予定……………567, 569, 571
乗り場……………………………408
変更（会議）……………………775
待ち時間…………………………439
満席………………………………438
未着………………………………573

て

データ保存………………………104
手伝い
　頼む…………………………62～67
　引き受けへのお礼………………70
　引き受ける………………68, 69
　申し出…………………71～73
　申し出を受ける…………………74
手短に……………………………815
出迎え
　歓迎のあいさつ………pp. 167
　切り出し………………………603
　自己紹介………………………602
　人違い…………………………604
　本人確認………………600, 601

＜電話＞
あいさつ　世話へのお礼……200
相手の呼び出し……193, 197, 212
　担当者…………………………198
アポイント
　欠席……………………………313
　受諾……………………298～300
　打診（日程）
……………293～295, 304～306
　打診（変更）……………314, 315
　中止……………………………313
　都合がつく……………307, 310
　都合が悪い……………308, 309
　出向く…………………………297
　日時確認………………………312
　日程調整………………………U41
　変更理由………………………316
　見送り…………………301～303
　面会申し出……………………292
　用件伝達………………………296
　了承（日程）……………………311
依頼
　かけ直し……225, 230, 256, 275
　かけ直し（指定あり）………235
　かけ直し（携帯）……………238
　かけ直し（至急）………233, 234
　再説明…………………………258
受け答え
　担当違い………………………158
　保留後切り出し………………183
　連絡（折り返し）……317～319
受け手確認………………195, 196
お礼　相手の配慮に…………248
切られそうなとき……………208
切り上げる
………………284～288, 290, 291
切り出し
　朝………………………………149
　折り返し電話…………217, 218
　国際電話………………………199
　個人直通………………145～147
　再度かけ直し…………………231
　社名……………………142, 148
　深夜・早朝……………………206
　代表経由………………………144
　担当直通………………………143
　取り次ぎ経由…………164, 165
　初通話…………………………207
　繁忙時…………………………206
締めくくり………………280, 283
　お礼……………………………281
　伝言あり………………………282
打診　自宅連絡の許可………239
たずねる
　意味……………………………259
　書き方（漢字）…………254, 257
　かけ直し（時間）……………205
　帰社予定………………………226
　都合を聞く……………201～203
　用件……………………………221
　連絡先…………………236, 237
多忙中対応………………213～215
伝える
　かけ直し（承諾）……………216
　緊急……………………………232
　伝言受領………………………223
　訪問意向………………………297
　用件…203, 209, 210～212, 296
伝言
　受ける……5, 184, 185, 190, 191
　断る……………………245, 246
　頼む・切り出し…………240, 241
　内容伝達………………242, 244
　内容補充質問…………………189
　復唱切り出し…………………188

　連絡先……243
トラブル
　言い直し依頼……249, 252, 253
　いたずら電話……270
　意味確認……259
　意味不明……261, 262
　回線不良……264
　勧誘電話……270
　聞きとれない
……250, 251, 255, 260
　番号違い（発信）……273
　間違い電話
……265～269, 271, 272
　無反応……263
取り次ぎ
……150, 151, 157, 160, 161
　担当者……154, 156
　転送……159, 163
　用件伝達……162
内線呼び出し……194
名乗る　……192, 199
名前確認　……152
　同姓複数……155
不在対応
　意向確認……176, 177
　会議中……168
　外出……170
　かけ直し……175, 178
　帰社予定……172, 173
　帰宅……171
　休暇……171, 174
　緊急案件　対処……182
　出張中……170, 173
　接客中……168
　代理の人……179～181
　昼食……170
　出られない……166
　電話中……167
　未出社……169
　用件確認……187
　離席中……168
　連絡先確認……186
保留打診　待機……227, 228
申し出　かけ直し
……204, 224, 229, 247, 264, 289
　復唱切り出し……260
用件確認……153
留守電……274～279
詫びる……220
　不在……219, 222

と

搭乗
　搭乗ゲート……331
　トラブル　確認……pp. 93-5
　キャンセル待ち……pp. 93-3
　別便空席……pp. 93-2
　離陸見込み……336, pp. 93-1・4
搭乗手続き
　重量オーバー……340
　チケット提示……338
　超過料金……341
　乗り継ぎ地確認……339
同僚……179
泊まりがけ……116

な

名乗る
　会社名……514
　名前……1, 391, 651, 868, 869
　部署……1005
　役職……1092
　留守電伝言……277
名前が思い出せないとき……519

に

入国審査
　完了……324, 325
　宿泊先……321
　滞在期間……320
　訪問目的……322, 323

＜入札＞

応札
　書類提出……914
　名乗る　会社名……914
　メール送付……913
　持ち込み……912
応札準備
　応札書類……906, 907
　公開質疑応答会……908, 910
　個別打ち合わせ……909
　仕様の訳出……905
　資料入手……903, 911
　入札書類……903, 904
開札　結果……915, 916
入札公告……U122
　開札時間・場所……900, 901
　対象製品……895
入札書類
　価格……896
　販売時間……898
　販売場所……899
　郵送料金……897
　入札番号……893
　募集企業……894
　連絡先……902
入札評価
　質問状……918
　納入実績の資料……917

ね

願う　再会……626
　滞在中の順調……624

の

乗り継ぎ
　欠航……335
　宿泊先確保……337
　遅延……334
　搭乗ゲート……331
　搭乗ミス……332
　乗り継ぎ地確認……339
　紛失……333
　離陸見込み……336

ひ

引き受け　仕事の承諾……79
　手伝い……68, 69

久しぶり……520

＜病気＞
医者を呼ぶ……494
医務室へ行く……493
症状
　風邪……497
　頭痛……496
　たずねる……495
　のどが痛い……496
　発熱……499, 500
　めまい……498
薬局
　切り出し……501
　薬アレルギー……503
　薬の飲み方……505～507
　薬の副作用……508
　処方箋……502
　服用薬……504

ふ
ファックス……95, 96

＜プレゼンテーション＞
機会を得た喜び……864, 865, 870
切り出し……663, 863
自己紹介……867～869
質問に答える
　あとで回答……886
　切り出し……880, 885
　時間……881～884
締めくくり……887～889
　テーマ復唱……890
準備……854
　会場……858
　機材……856, 857, 859
　全体確認……860
　ネット接続……861, 862
　必要品……855
招待のお礼……866
所要時間……878
テーマ提示……871～873
デモ案内……891, 892
話の構成……874～877
要点……879

＜プロジェクト終了局面＞
クレーム
　機器トラブル……993
　修理完了時間……992
　修理品返送……991
クレーム対応
　確認後連絡……994
　技術者派遣……996
　納期提示……995
懸案事項
　切り出し……990
　対応……994～996
　提示……991～993
最終引渡し……U135

紛失……333
文書作成……108

ほ
訪問時　切り出し……595
訪問(得意先)　意見……597
　売れ筋商品……599
　売れ行き……596
　お礼……595
　要望……598
ホチキス留め……94

み
見送り　申し出……43
道に迷う……431

め
名刺交換……516～519
面会
　あいさつを受けて……658
　会えた喜び……652, 653, 654
　アポイント有無……510～512
　歓迎のあいさつ……655
　切り出し……651, 509
　紹介者……515
初対面……656, 657

も
申し出
　医務室へ行く……493
　休暇……27, 29, 30
　許可……41, 42
　早退……28, 31, 33
　チケット購入……403
　遅刻……28, 34
　午後出社……32
　申請見送り……43
　手伝い……71～73
　取り分け(料理)……757
　理由……35～40
　両替……366

ゆ
郵便……97～99

り
リコンファーム……U54
両替……U51

れ
レポート　作成……87
　提出先……106
連絡(客先)遅刻……57, 58
連絡(社内)……54～56

わ
詫びる……587～589
　遅れそうなとき……57
　切り出し……586
　禁止品携帯……349
　遅刻……40
　人違い……604
　不在……219, 222
　待たせた来客に……642
　間違い電話……273
割引(率)……490

著者略歴

塚本慶一（つかもと・けいいち）

1947年中国生まれ。北里大学、早稲田大学を経て東京外国語大学中国語学科卒業。日本英語検定協会の委員、NHK中国語講座応用編の講師、日本輸出入銀行（現・国際協力銀行）の参事役、神田外語大学中国語学科教授ほかを歴任。現在、杏林大学大学院国際協力研究科教授、北京語言大学客員教授、サイマル・アカデミー中国語通訳者養成コース主任講師、海外職業訓練協会アドバイザーほか。長年、中国語通訳・翻訳の第一人者として日中ビジネス、政府間交渉などの最前線で活躍。その経験から編み出した独自のメソッドで後継者養成に力を注ぐ。

著書

『中国語通訳』（サイマル出版会）
『中国語通訳テキスト版』（サイマル・アカデミー）
『実戦ビジネス中国語会話』（白水社）
『日中英対照実戦ビジネス中国語単語集』（白水社）
『ビジネス中国語キーワード600』（語研）
『最新実用中国語会話』（鳳書房）
『いちばんやさしい中国語会話入門』（池田書店）
『中国語通訳への道』（大修館書店）ほか

訳書

『東京集錦』（東京都庁）
『京劇集錦』（国際交流基金）ほか

石田智子（いしだ・さとこ）

1965年神奈川県生まれ。大学在学中、文部省交換留学生で北京外国語大学へ留学。東京外国語大学中国語学科卒業。貿易・物流会社、法律事務所で中国関連ビジネス業務に従事。現在サイマル・アカデミー中国語通訳者養成コース講師、中国語通訳者・翻訳者。